深度工作7步法

谷歌精英如何提升自己

ART THINKING

How to Carve Out Creative Space in a World of Schedules, Budgets, and Bosses

[英] 埃米·惠特克（Amy Whitaker）◎著
黄延峰◎译

北京联合出版公司
Beijing United Publishing Co.,Ltd.

前言

艺术，商业，深度工作

我只想鼓励人们不要等待觉知的理想状态。它们开始示人的必定是当前的方法及其错误。

——约瑟夫·博伊斯（Joseph Beuys）

艺术家

在我成长的过程中，并不完全理解工作是什么。我的父母对他们所做的事情充满激情，几乎可以说是有点异常了。我的父亲是神经学家，醉心于研究，以至于把自己"最喜欢的酶"的蛋白质序列当成了他用自动柜员机时的密码；而且每天不吃午餐，因为那会大大拖慢他的研究进度。我的母亲是中世纪史学家，读研究生时也是天天不吃午餐，为的是集中精力研读手稿。

有人曾经问我父亲，他和我妈处于不同的领域，为何相处得如此融洽。他说他做的事情是拯救生命，而她从事的是让生命值得拯救。他们的职业并非如乍看上去的那般差异巨大。事实上，他俩的角色始终在翻转。他帮助人们解决与生活质量有关的问题，比如使人虚弱无力的头痛，或意外发生的使人害怕行走的神经损伤。她则教人基本的生存技能，比如如何写出完整的句子。“拯救生命或让生命值得拯救”这一概念体现了文科与理科的一般关系，它正好体现在我父母身上，也与本书要讲述的艺术和商业的关系相吻合。起初，一个看起来悠闲，另一个是生活必需，一个像幻想，另一个则建立在分析的基础上，只是常常难以分辨哪个是哪个。

2008 年 1 月 17 日，英国航空公司飞行员约翰·科沃德（John Coward）驾驶一架波音 777 在伦敦希思罗机场（Heathrow Airport）降落。该机从中国返回，已在空中飞行了十几个小时。在此次飞行的最后两分钟，也就是在 5000 英里（约 8046.72 千米）航程剩下不到 2 英里（约 3.22 千米）的时候，该机引擎失灵。科沃德与机长迅速应对，机长调整了襟翼，而科沃德则将飞机拉到刚刚掠过围篱，以机腹着陆，降落到机场的草地上。没有人受重伤。

在描述这一事件时，航空专家菲利普·巴特沃思－海耶斯（Philip Butterworth-Hayes）说道：处理这种情况时，飞行员“没有受过培训……仪器提供不了任何帮助”。在未知的领域，他们的行为在某种程度上既有分析，又富有想象。150 吨重的飞机是一件技术的杰作，但要安全着陆，他们必须将飞行物理原理与更多人类的独创性工具和瞬间的反应完美地结合起来。正如英国航空公司飞行员协会所说，包括空乘服务人员在内的全体机组成员撤离了飞机，他们是“做出非凡之事的普通人”。

我的父亲和母亲都在各自的领域里专注研究，他们恰如其分地诠释了艺术和商业的关系。同时也诠释了“深度工作”的状态——他们尽量排除干扰，专注进行职业活动。这给也了我启示：艺术与商业的结合或许可以丰富当今职场“深度工作”的内涵。

艺术与商业结合实现深度工作

像很多专家父母的孩子一样，我们兄弟姐妹都成了通才。我的哥哥是干首席运营官或首席财务官的料，热情、机智却含而不露，还有点暧昧的尚武倾向。我们的妹妹则涉足市场营销和商业开发。我则成了万事通式的人物。倘若当初向其他方面发展，我可能会成为科学家或政策专家，现在却当了艺术家，从自己的生活自己拼装这个角度讲，我是一位艺术家。

尽管我们的父母处于不同的专业领域，我们却是一个史诗般的和不言而喻的加尔文主义者的新教伦理家庭。我一直喜欢画画，但发现在艺术创作领域很难看到公共服务的影子。即便“拯救生命或让生命值得拯救”存在道义上的复杂性，但如果让民选官员排序，决定拨款是用于修路、癌症研究还是艺术教育的话，不难看出谁会排在第三位。

比如帮助病人和修复破损的东西这种紧急需求易于看到。但是从长远看，艺术与想象力密不可分，而想象力与癌症的治疗密不可分。创造性也是经济成功的后盾，而经济成功之后才有可能修建道路。道路则又让人值得花时间到世界各地走走，而不是待在枯燥乏味的、被分隔开来的小房间里，哪里也不去。“让生命值得拯救”自有其存在的必要性。艺术和科学、休闲和工作、发明和应用是同一系统的有机组成部分。

大学毕业后，我去了艺术博物馆工作，因为我觉得它们是公共图书馆，自然要用到艺术想象力；结果，它们的内部运作却充满了经济气息。我就选择去读商学院，希望有朝一日可以成为博物馆的经理。我的生活到2001年开始分裂，也就是商学院毕业后的那个夏天。一个月之内，我们的父亲突然去世，我选择入职的公司跟我解除聘约，还有就是“9·11”事件的发生。一年后，我做出了一个人生决定，差不多也是一个职业决定，那就是申请去伦敦斯莱德艺术学院，读油画专业硕士学位。

2004 年，就在我从艺术学院毕业的那年，丹尼尔·平克（Daniel Pink）在《哈佛商业评论》中撰文指出：艺术硕士是新的工商管理硕士。詹姆斯·克拉默（James J. Cramer）写道：华尔街的分析师应该去读艺术学位，以便可以像杰出的现代主义者一样，抢在其他人之前发现被低估的美国电话电报公司（AT&T）的股票。

校园的文化差异着实有趣。商学院教的全是框架，所以，我们可以拿着同一个框架套用到人口控制和牙膏营销上去。我觉得自己的深蓝色面试装很一般，于是，在西服的翻领上，我别上了航空公司羽翼状的塑料航徽标志，并穿着它参加了万圣节。

相比之下，艺术学院则到处可以碰到形式不定和奇异的事情。一天，我沿着斯莱德学院大厦宽大而磨旧了的大理石台阶拾级而上。在平台上，有人放了一根香蕉，上面写着：“请把我插到你的屁眼里。”艺术学院唯一穿西装的人是研究生画家尼克·布朗（Nick Brown）。曾经有一次，他去了学院外面一家滑稽脱衣舞夜总会，玩了个通宵，然后，径直走进工作室画起画来，只是他当时还戴着一个三件套的细条纹尾巴。

截至 2004 年，我获得了艺术硕士学位和工商管理硕士学位，这事让我有点异乎寻常，但不无惊讶的是，我意识到了如何让所有人的创造力和商业活动结合在一起。

本书是一次沉思，一本手册，一份宣言和一个充满爱的故事，意在说明显然具有创造性的艺术如何与商业相结合，最终实现深度工作。它讲的是，在市场经济这个现实约束条件下，如何构建一种有创意且有意义的生活。职场之上，要顶着非常实际且呈结构性的压力完成工作，还要赢得赞扬和吹捧，并且致力于增加利润，因此，职场必然存在着脆弱性和失败的可能。如何在充满行程的工作里挤出私人的创意空间？如何在预算限制的条件下实现创意升值？如何提高工作时间的使用效率？如何在被不断打扰的环境中保持工作联结的状态？简而言之，如何在新经济时代实现深度工作？这是当今每个职场人面对的现实问题。本书讲的就是艺术如何与商业结合实现深度工作。

我的远景规划不是当行业的领头羊，而是成为一个这样的人：肯花十几年的时间，在两个大相径庭的世界里研究，享受其中的乐趣，并且思考如何将它们结合在一起，这两个世界就是艺术与商业。

最终，企业体现为力量、艺术和灵活性。要成为一名运动员，一个健壮的人，你需要力量和运动场地。你决定将艺术与商业以特殊的方式结合起来，这就是发明及其应用。这种方式源于许多不同的问题，本书结束之前我们将逐一讨论。

何谓艺术

为了真正地将艺术和商业放到一起谈论，我们首先要做的是对“何谓艺术”下一个比较通用的定义，它就像瑞士军刀一样有多种用途。

传统上，艺术意味着绘画或雕塑等物品。最近该词又包含了高度概念化或“非技能化”的作品，它们出现在博物馆和画廊里，让人们很伤脑筋。艺术的混乱不是什么新鲜事。1926 年，康斯坦丁·布朗库西

（Constantin Brancusi）的雕塑《空中之鸟》（*Bird in Space*）被海关拦截，并称之为“厨房用具和医院用品”，不认为它是艺术品。德国艺术家约瑟夫·博伊斯（Joseph Beuys）说过一句名言：“人人都是艺术家。”1974年，他策划了一件艺术作品。构成要素包括：锁在房间里的他、一只与他同处一室的郊狼、一张羊毛毯、一根手杖和每天送达的《华尔街日报》。我们在本书提交的定义更具普遍性，并不需要你把自己与新闻源和食肉动物锁在同一个房间里。在1947年发表的短文《艺术作品的本源》（*The Origin of the Work of Art*）中，德国哲学家马丁·海德格尔（Martin Heidegger）尝试着对艺术加以分类。似乎是为了证明这件事有多么难做，从1930年到1960年，海德格尔坚持不懈地研究自己的观点，并在杂志上发表文章。我确实认为给“艺术”下定义是件难事，他一直研究到1976年才停止，因为那一年他去世了。

修改后的海德格尔的定义为：

艺术作品是这个世界的新生事物，它会改变世界以栖身。

（你可以暂停，读几遍这句话，借此模拟阅读海德格尔原文的体验。）

改变世界以栖身

在此发展模式中，你之所以能够前进，不仅是因为赢了比赛，而是创建了比赛本身。

如果你在任一生活领域创作艺术品，不会从已知的A点到已知的B点。你会创造一个B点。不管是物品、公司、想法，还是你的生活，你所新创的作品必定会为自己争取生存的空间。在此过程中，它改变了世界，只不过程度有大有小而已。

基于此定义，艺术更多的是涉及探索的过程，而非物品。在艺术世界之外，许多东西是艺术，比如计算机和波音 747、维稳手册和商业模式、富有创造性地度过的那些下午和一生。而在艺术世界之内，许多东西反而是在艺术市场上交易的高档品牌商品，这些物品具有很高的辨识度和稀缺性，足以替代货币。

腾空而起

商业看重的是能够决定物品的价格，并提前知道其价值。然而，如果你正在创造 B 点，与此同时，你不得不在 A 点所处的世界投入金钱、时间和精力，却无从知道它的结果。这是商业的核心悖论：经济学的核心假设为效率、生产力和可知的价值。当企业正常运行时，这些假设会发挥最大的效用，但在企业的创始阶段，它们却无能为力。这就好比是它们能让处于巡航高度的飞机正常飞行，却无法让飞机起飞一样。也即是说，从目前情况看，企业的历史始于那种不以结果为导向的创造性工作，创新让我们走到了今天，而这也正是企业要勉力为之的事。

创新一直都是企业理论的一部分。1942 年，约瑟夫·熊彼特（Joseph Schumpeter）新创了“创造性破坏”一词，以此描述对不断变化和再造的需求。熊彼特认为，资本主义有赖于变化，一直做同一件事的公司最终只会出局。发明是生存所需。比着葫芦画瓢，而不是创新模式，只会让你止步不前。设计这些模式的人开始时并没有模板。看到别人如何创立了一家 1 亿美元的公司，并不能保证你也会得到相同的结果。功效会因复制而减弱。

变革和再造是基业长青的关键。通过跟踪投入与产出之比，《经济学人》杂志得以对经济增长做出预测，其中，投入包含劳动力和资本，而产出则用国内生产总值（GDP）来衡量。非资本和劳动力创造的那部分国内生产总值则归因于创新。在美国和英国，说不清道不明的这部分产值已经占到了国内生产总值的一半以上。“简而言之，推动这个世界运转的是创新，而不是资本和劳动力的应用。”

如果换一种说法，那就是公司通过两种方式成长壮大，要么将生产效率提升至最高水平，进而实现增长；要么借助创造力的魔法，富有艺术性地实现增长。

大头针和铅笔之谜

企业结构和开放式流程之间的摩擦源自两个比喻：一个是大头针，另一个是铅笔；前者讲的是效率，后者讲的是已知价值。

在其1776年出版的《国富论》一书中，经济学之父亚当·斯密谈到他曾经参观一家大头针厂，发现如果单个工人自己从头到尾制作大头针，每天可做20枚，但如果10个人分别完成不同的工序，他们的生产量相当于每人每天制作4800枚大头针，提升达240倍之多。劳动分工有助于更快地生产大头针，却无助于制作质量更好的大头针，也无助于理解如何从零开始制作大头针，不管什么样的“针”皆是如此。

铅笔的故事来自伦纳德·里德（Leonard Read）1958年发表的文章《我

是铅笔》（*I, Pencil*），该文以铅笔的视角，讲述了一支铅笔迷人的制作之旅。其结论是：没有谁可以凭一己之力制成一支铅笔。1980 年，米尔顿·弗里德曼（Milton Friedman）重提“价格体系的魔法”，借用了这一概念。我们说就是这个魔法让所有的制作者通力协作，其中包括伐木工人、石墨矿工、干燥炉操作工、漆画家等等。

定价体系之所以行之有效，乃是因为大家认为价格代表价值。但如果你是第一次制作某种东西，在开始制作之前往往无从知道它的价值。

大头针的故事讲的是深度，即如果你唯一能做的事情是制作某件东西，那么，怎样快速地完成它。铅笔的故事讲的是宽度，即如何协调其他参与者，将小零部件装配成成品。二者合在一起，则体现出执行的效率和交易的可能性。但是，它们描述不出开始时的混乱，也无法让人看到想方设法创新 B 点时的不确定性。

按照传统的定义，艺术本身会让效率的概念变模糊，此事由来已久。自从摄影技术发明以来，作画简直就成了一种故意追求低效率的行为。

信息时代也会改变当初对高效的界定。成功的时尚品牌飒拉（Zara）并不让其工厂全部运行，而是保持 50% ~ 85% 的产能，以便在旺季时对新出现的趋势做出响应。公司可以从其商店获得哪种商品正在畅销的反馈信息，然后利用额外的产能，生产更多此类商品。效率变成了横向的。能够协调复杂的系统变得与快速生产具有同样的价值。

铅笔和大头针的故事揭示了市场的核心能力，即规模化运营，利用相对稀缺的资源生产大量产品的能力。然而，从这些故事中可以看出，市场的能力不只是交易，还有劳动分工，这意味着你在工作时只会盯着自己加工用的大头针或铅笔的小部件。艺术思维不仅仅局限于铅笔和大头针故事的寓意，它让你得以进行全局性的观察，致力于铅笔或大头针的发明，而不是眼里只有零部件。艺术思维会保护“之前”的景象，这个“之前”指的是铅笔或大头针被设计出来之前的时代，或甚至沃森（Watson）和克里克（Crick）都不知道何为双螺旋结构，以及它为什么会如此重要的时代。市场是讲求效率的，这股力量很难为探索和发现留出空间。留出空间是人要做的事，而不是市场行为，但它也需要市场工具，而且方式会出人意料。

实现深度工作的 7 个步骤

艺术思维是保护探究空间的一种框架和一系列的习惯。它有助于你树立远大志向，既让你完全超然物外，又不至于与现实脱节。它涉及如何组织不求特定结果的、有可能失败的探索，并为之预留出空间；涉及如何通过询问大量散乱而重要的问题，从而取得进步，而不在乎你知不知道这些问题能否回答。这是一种面对不确定性的乐观主义。

借助这些思维方式，你会看得一清二楚，并在经历笨拙的创新过程后取得进步。然后，艺术思维则在企业经营的框架内利用风险、回报和投资管理的工具。这些思维方式和工具又会形成合力，赋予你像艺术家一样思维的优势。像艺术家一样的思维方式包含脆弱性、失败的风险、真正的失败、谈判和惊讶，也会让你不求特定结果地心胸开阔地创造自己想要的工作和生活。

本书的章节也沿着这条路径一步步展开，最终实现深度工作。

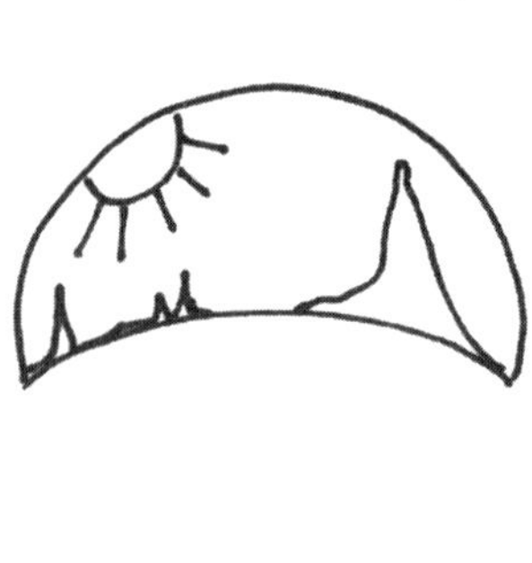

1. 准备工作：合理管理精力和时间

经济理论将基于目标的有效生产产品的方法模型化，但你的生活实际上是一个围绕着客体的生态系统。你的工作和休闲并不总是截然分开的。正如球囊扩张导管发明人托马斯·福格蒂（Thomas Fogarty）的情况所示，突破性的想法可以随时随地产生。你需要养成一种习惯，我将其称为创作室时间（studio time），即为你的人生画面留白的方法。不无矛盾的是，为充分利用这些优势，你需要放松下来，不要紧盯着目标不放，也不要总想着保持效率，甚至放松到感觉你是在浪费时间。

2. 已经开始，如何坚持：把重点从结果转到过程

哈珀·李（Harper Lee）的小说《杀死一只反舌鸟》（*To Kill a Mockingbird*）[即《杀死一只知更鸟》，《杀死一只反舌鸟》实为正确译法。——译者注]写完后，开始显示出这是一部杰作。因为它先后售出了4000万册，获得了普利策奖，并被拍成了电影，由格里高利·派克（Gregory Peck）主演。在写这本书时，她在航空公司做预订员已经多年，用她的话说，就是整天坐在一张桌子前，光是蓝色牛仔裤就穿破了三条。看其他人的创造性项目时，你是从外部看，事成之后才会看到。看自己时，你是从内部看，置身于草丛中。为了抵消这种偏见，你需要换个角度，从仿佛一位外人判断自己的工作变成在工作过程中认识自己。你无法在过程之中对工作做出判断，因为还没有结束（你尚未完成它）。你必须接受它的脆弱性，因为实验正在进行，尚未得出结论。

3. 坚持的过程中，如何把握方向：提出指引你前进的问题

考虑到置身于草丛这一现实，导航之法不是寻找解决方案，而是从问题出发。质疑变成了指引你前进的灯塔，而且是朝着你的B点前进。问题可能产生于一般意义上的“这可能吗？”就像罗杰·班尼斯特（Roger Bannister）第一次不到4分钟跑完1英里（约1.61千米）时心生此问，或者源自对你企业的宗旨、自己的专业知识，或者作为一个人的一般性体验产生的疑惑。

在电影中，推动情节发展的问题要比剧情本身埋得更深。用编剧话说，它叫作首要戏剧问题（MDQ）。你的灯塔问题就具有这种更深的特性。将你个人的真实性和外部环境联系起来，就会推动你的人生剧情向前发展。

4. 深入过程中，如何规避风险：做好收益规划

即便提出了引导性问题，你仍须冒着风险，投入时间和资源探索所有事情。你如何做出这些决定？此时，你需要市场工具。你需要以投资组合的思维来考虑灯塔周围的项目。在短期内，某一领域的收益可以支持另一领域的投资。但在较长的时间内，项目的收入就起到了多元化投

资组合的作用，一个领域的收益会弥补另一领域的损失。为了让有些事情起步，不管是作为个人，还是作为公司，你都会像许多艺术家一样，需要在早期自筹资金。要获得这些收益，你需要以某种形式拥有自己成果的股份。

收益规划至关重要，因为在创造性工作中，风险通常表现为失败。但失败只是风险之一。真正的风险管理还意味着为成功的可能做好规划。为控制跌价风险，你需要用其他领域的稳定收入弥补收益最不确定的项目。为了控制涨价风险，你需要重新设计你获得薪酬的方式，将股权纳入其中。

事实上，大多数行业的结构所有权已经过时了。除拿版税的音乐家和作家以及保留股权的企业家外，很多人并不拥有他们所创造的一部分。享有股份更容易分配现在还不得而知的价值。技术让比以往任何时候更容易地管理零星股份的网络变得更简单。

5. 初具规模，如何做大：分配角色，设定进度

若要艺术思维在企业环境下茁壮成长，你需要创造一个有利于创造性工作的环境。管理者变得更像是艺术学校的老师或导师。正如在皮克斯（Pixar）这样特别成功的公司看到的那样，你需要我称之为“同行朋友”的那种人，他们了解你的专业知识，也认为你会像对待家人和朋友那样慷慨地对待他们。

你可以先后指定具体的角色，它们有助于在创新的理想与实施的现实之间搭建桥梁。若从电影制作来归纳，制片人会参与类似将创意推向市场的创作过程。通过改编电脑程序员所用的项目管理工具，你可以围绕开放性的灯塔问题，指定角色，设定进度表，并且制订大规模的作业流程。

6. 规模扩大，构建商业模式：成为企业艺术家

无论是出于热爱，还是为了赚钱，你制造的任何东西都有其成本结构。不管它是一栋房子、一顿饭、一副眼镜，还是一份咨询报告或大学教育，概莫能外。而这个成本由固定成本和可变成本构成。固定成本指那些无论你生产多少副眼镜，在短期内也不会改变的成本，比如租赁工厂的租金。可变成本指那些零部件的花费，比如镜架或金属铰链。固定成本和可变成本的组合构成了支撑商业模式的内部骨架。企业赚到的钱必须足以抵补其成本结构，否则，企业就会倒闭。

固定成本和可变成本的特定组合会告诉你企业属于哪种类型，包括我们这个时代所特有的一些极好的商业模式。设计商业模式在某种程度上是一种艺术，它已经超越了为支持真正有创新性和成功商业模式的创建而创造利润的范畴。商业模式的创建者变成了企业艺术家。

7. 反思：培养跨学科思维的超通才

在很多复杂的项目中，艺术家其实是一个团队，而非形单影只。你如何精心安排对话，以创造此类超通才（meta-generalist）？超通才指由很多人组成的通才。大学是这种跨学科思维的实验室，这种跨学科思维是我们结合最重大的问题所需要的，比如环境、学生贷款、工作和生活的结构或经济本身的设计。个人的作用是界定自己的专业领域，以及培养能够针对任一领域提出问题的能力，即便不能回答，提出问题也好。

人人都是艺术家，也都是商人

无论是艺术家，还是商人，真实的情况是，每个人都不能置身于市场之外，只可能在市场之内活动。

对所有人来说，市场经济就是我们生活的结构。几乎没有人可以避而远之。人们要工作、领取薪水、经营企业、纳税、购物、投资和筹集资金，有时心里也暗暗地希望变得富有。医生掌握着保险索赔表。教师管理着图书预算。艺术家白天也会上班。学生背负着债务。反市场积极分子拥有自己的 Iphone。甚至蒙大拿州住在圆顶帐篷里的拓荒者也会购买布基胶带。

每天人们都会设法制造东西，开始做某些事情，从没有成形的起点开始，发展到为这个世界创造出新东西。传统经济观念反映的是一个单一向量的系统，那就是万变不离其宗的“获取利润”。但市场是一个更广泛和更灵活的工具。它仍然为早期制作的东西留有位置，把它们放置在那里，然后一步一步地走向自己设计的未来。

艺术、设计和创造性

艺术思维和设计思维有某些相似之处，设计思维指的是将设计产品的流程归纳为创造性解决问题的工具的框架。艺术和设计之间的区分多少带有学术味道，没有实用价值，特别是当概念化设计和思辨设计领域兴盛之后更是如此。而源于产品设计的框架始于一个外部的设计规格说明，规定要设计什么样的产品，并分派作业。在设计产品时，你可能会问：“做此事的最好办法是什么？”与此相反，艺术思维则发自个人的内心，它要问的是：“这也有可能吗？”

设计思维重视与用户的共鸣和快速建模，以便你可以制造一架更好的飞机。艺术思维就像莱特（Wright）兄弟那种情况，尽管需要强行着陆，他们仍然相信飞行是可能的。

艺术的定义无关乎 B 点世界的大小或量级，也不是跳跃着掠过湖面的鹅卵石，或发出雷鸣般响声的一发炮弹。创造力大师米哈伊·奇克森特米哈伊（Mihaly Csikszentmihalyi）是《心流》（*Flow*）和《创造力》（*Creativity*）的作者，他将创造力区分为“大 C”和“小 c”，好比是米开朗琪罗（Michelangelo）的杰作与普通人的做工精良的万圣节服装之间的差别。

这种区别在此已经不再适用。大 C 创造力和小 c 创造力相互独立的想法仍是老套路，只不过是“艺术家命中注定是天才”这一观念的延续。它等于是承认人们拥有太多马后炮式的算命占卜的能力。奇克森特米哈伊认为小 c 创造力是“这样一种创造力：只是因为我们有头脑，而且能思考，所以，我们都可以分享”，他描述了所有创造性工作的基础。

如果你革新了某种东西，开始时你可能都不知道它将是一个大 C 的

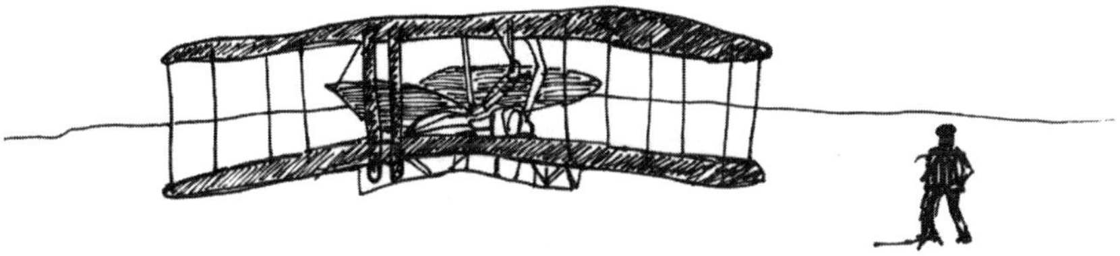

突破。即便是星巴克公司在最初开业时也只是一个小 c 咖啡店。1971 年，在华盛顿州西雅图的派克市场附近，它开了第一家店。想方设法追求大 C 创造力会扼杀探索过程。它会让你想要直接跳至结尾。创造力作为一个过程仅对目前有吸引力。

本书讲到的各种人物都找到了在市场经济中设计创意生活和整个组织的方式，他们中有作家、思想家、父母、教师、企业家、科学家和电影制作人，甚至是职业艺术家。相对于艺术天才的神话，他们的真实生活也有失败，在其他领域也拥有才能，从小事做起时也会让他们花费数年时光。他们的商业模式表明饥饿艺术家的足智多谋，以及对"人人都有贡献才有价值"的信仰。

本书自始至终，我用"business"这个词指代经济中的"组织形式"，要么是一个家庭，或一个非营利组织，要么是一家小微企业，或跨国公司。我用"art"（艺术）这个词指代人的探索能力和创造力，即用自己独有的方式思考和制造的能力。使用"art"一词，而不是仅仅使用像"creativity"（创造力）这种更常用的词，我是有意而为之，因为我想借它回到人类的那种老式的艺术世界。我用的"work"这个词比较笼统，是想用它来描述任何人从事的任何种类的工作，不管是有薪的，还是无薪的，也不管是公开做的，还是私下做的。

在我自己的生活中，我写这本书时还有一份全职工作，主要是作为一位教授向艺术家、设计师和艺术管理者讲授商业知识。跟其他人相比，我工作的环境不再单纯，跟政治开始沾边，涉及的人也更为复杂。我体验过爱和失去爱，一直生病，然后恢复健康，设法在窗户上安一台空调，支付账单，在互联网上看电视成瘾，还有就是活在这个世界上。我希望所有这一切给我一个更诚实的指南。本书中的问题并非是回答过一次，你就可以一劳永逸了，它们需要你怀着好奇心和质疑的态度再三地询问。

自相矛盾的是，艺术思维的最大优势在于这一观念：你无法控制任何努力的结果，并且你会失败。这听起来像是一个令人扫兴的鼓励，但在很多情况下，允许尝试和失败使得你可以问一些真正重要的问题。用设计师德罗尔·本舍齐特（Dror Benshetrit）的话讲，它使你“发现自己的诚信”。有一句拉丁语，说的是“生命短暂，艺术长存”，我发现，最令人振奋的是，最好的创造性工作来自人类和特定的核心。你越多地做自己，就越有机会做出自己的贡献，以及创造你自己的生活和工作。

现实情况是大多数人都需要一份薪水，找一个老板，并且感觉有那么几周，周一就像周二，周二就像周三，周五有所不同，只是因为接下来是周六。甚至在日常生活和职责领域，艺术创作过程的工具人人可得，我们可以用它们打造任何东西，从富有创造力的商业模式和管理结构，到充分利用的下午和有意义的生活。不管是一顿晚餐或一次交易安排，还是一组书立，如果每天从这种感觉开始：“嘿，我做这个！”那它就可以扩展成富有意义的大型创新项目。通过艺术与商业的结合实现深度工作，我们创造自己的生活，我们建立自己的工厂，我们设计自己的社会，我们打造自己的世界。艺术思维是方法，而企业是媒介。

达·芬奇会做什么？

莱昂纳多·达·芬奇（Leonardo da Vinci）被认为是有史以来最伟大的艺术家之一，称之为“天才”一点也不夸张。他是艺术家，也是一位植物学家、防御工程师、建筑师和科学家。

他是一位学识渊博之人。他的大脑就是一所装着各学科知识的大学。我经常在想：如果达·芬奇今天还活着，他会做什么？他会穿着时髦的高帮运动鞋，嘴里叼着烟卷，站在某所艺术学校外面，还是穿着仿制的黑色高领毛衣，站在讲台上，卖力地推销着第一代 iPhone？

我最近听说的最令人满意的答案来自弗兰克·瓦伊塔尔（Frank Vitale），他是视觉艺术学院的电视制作人和教授。他只是简单地说：达·芬奇会想方设法搞明白某些事情。做艺术家意在探索思想的过程，有时借助于制作物品，有时不用。从这个意义上讲，我们当中只有一部分人可以成为艺术家。

然而，想象达·芬奇在当代生活中的样子特别困难，原因主要有二，皆与教育和经济学有关。

现在做通才更难了。在信息爆炸的年代，教育之路更趋专业化。而在他那个时代，达·芬奇会头顶着他那独特的植物学家和防御工程师的帽子，尝试学习一切知识。

达·芬奇也有赞助人。现在，你常常必须自己先投入，以证明概念的可行。无数的组织起初都是以这种方式自己先投资的，我们现在认为这都是理所当然的。

达·芬奇的故事表明，我们现在需要设计创新流程体系，以协调横跨多领域的知识，并整合提前控制创新工作财务风险的新方式。

达·芬奇的优势很少有人拥有，但我们全都可以设法复制：虽然不是无所不知，但我们可以设想能问什么问题，并对所有事情抱有好奇心。我们可以就任何领域提出问题，并开展对话。

我们不需要模仿创造性的天才。我们需要找到真实的自己。我们可以用自己的术语进行自我描述，充分掌握跨领域的特定技能，而不是把自己归入早已存在的分类，并贴上相应的标签。我们可以当用户定制方面的通才，并界定自己的专业领域。

我们可以设计更多互助资金安排，比如许可证、版税和股权，以便在探索性工作的全部价值为人所知之前，更好地给予支持，而不是像达·芬奇那样，毕恭毕敬地前去拜访意大利赞助人的家或法兰西国王的王宫。

我们不必在其他人面前戴上一副天才的面具。相反，对于自己置身何处，我们需要做到诚实而坦率。不管是一部电影，还是一首歌，甚至是一个 PPT 演示文稿。当你赞赏一个已经完成的项目时，往往对其实现的困难茫然无知，感觉离自己很远。已经完成的作品会粉饰现实，让人看不到成功所需的坚持不懈和偶然性。这种距离感有害。它会让人很难起步。

毫无疑问，这个世界拥有几位现代达·芬奇，他们高高在上，轻松而优雅地站在天才之位上。但是，世界往往是由这些力量推动着前进的：粗野、真诚、尴尬、缓慢、安静、狭隘、出乎意料、效率低下和完全不可思议。作为一个国家，在推动社会向前发展、赋予个人的生活以意义和为组织创造价值方面，角色混杂的集体努力要比任何一位非凡的达·芬奇贡献更大。为艺术思维的过程留出空间让人得以开展令人惊奇的项目或创办企业，只是不免像我们大多数人那样，略显毛手毛脚、怯生生或稚嫩。

英国作家吉尔伯特·基思·切斯特顿(G. K. Chesterton)曾经说过："我们毁于没有好奇心，而不是对奇迹的渴望。"在其早期叙述市场故事的《我是铅笔》中，伦纳德·里德引用过切斯特顿的话。市场之内以及远离市场之外，世界充满了奇迹。这种对可能性的感觉不会导致只是关注工作，而是关注你整个人生的巨大的生态系统。然后，针对那些会推动你前进的问题，搞清楚它们的答案。

目录

第1步
001 准备工作：合理管理精力和时间

037 第2步 已经开始，如何坚持：把重点从结果转到过程

067 第3步 坚持的过程中，如何把握方向：提出指引你前进的问题

179 第6步 规模扩大，构建商业模式：成为企业艺术家

213 第7步 反思：培养跨学科思维的超通才

第 1 步

准备工作：合理管理精力和时间

一个人应该会换尿布、策划侵袭、杀猪、驾船、设计楼房、写十四行诗、算账、垒墙、接骨、临终关怀、接受命令、发出命令、合作、单独行动、解方程、分析新问题、施肥、编程、烹制好吃的饭菜、富有成效地斗争和勇敢地死去。

专业分工是昆虫才干的事。

——罗伯特 · 海因莱因（Robert A. Heinlein）
《时间足够你爱》（*Time Enough for Love* 1973）

托马斯·福格蒂是一位心血管外科医生，他发明了一种叫“球囊扩张导管”的医疗器械。若是见到他，你就会看到他那嘲讽式的眼神，但他亲切和蔼，就像自1978年就在加利福尼亚州北部拥有一家酿酒厂的某个知名人物。他不是那种身材瘦削而结实，似乎每天早上跑上10英里（约16.09千米）的外科医生，相反，他谈不上健康，更说不上超凡脱俗。他说起话来一口俄亥俄州腔，节奏简单而有冲击力，就像纽约地铁站里用一面鼓表演的音乐家敲出的声音。这让他说的话很多听起来像是抖包袱说的妙语。

造物主是公平的，福格蒂医生很精干。他有孩子般看透事物本质的能力，同时又能设法使其更好；既能注意到现代医学普遍面临的设计挑战，又能看到单个医学器械存在的问题。他属于那种讲述严重的疾病时不带任何感情色彩的人。比如，在说“他死于直肠癌”时，平静得就像是其他不是医生的人说一件普通的事：“我要去商店买橘子。”他并非冷酷无情之人，他的父亲就是那样死的，那时福格蒂还在上小学。5岁左右时，他看到自己的父亲被

带去收容所，身体用紧身衣束缚着。

福格蒂医生属于年轻时就干成了大事的那种特殊人群中的一员，不是那种投出了一个致胜球的橄榄球队队长，而是一个调皮捣蛋却头脑灵活的孩子。他发明了一种医疗器械，从而开辟了无创心血管外科，而且现在仍然每年会拯救 30 万人的生命。福格蒂的故事源于我所谓的“全景生活”思维方式。他的洞察力不是来自于将他的工作和休闲截然分开，而是将二者结合起来，从而赋予他一个更宽广的视角。

福格蒂生长于 20 世纪 40 年代至 50 年代，他从未招惹过大麻烦，却自我标榜是失足少年。这些人要么忙着惹是生非，要么受人管教。趁老师不注意，他会从窗口跳出去，找地方用假蝇钓鱼。因为不知道他去了哪里，他的老师会打电话给他正在干活的妈妈，而他妈妈靠在一家干洗店打工养活三个孩子，福格蒂称这家干洗店“不管怎么说都是一家血汗工厂”。所以，读到 8 年级时，福格蒂在俄亥俄州辛辛那提市的好撒玛利亚人医院（Good Samaritan Hospital）得到一份工作。他能去那儿工作的唯一原因是该医院不受《童工法》的约束。那时他才 13 岁。

福格蒂开始做的是中心供应室的洗碗工，清理洗胃器，每小时 18 美分。清洗工作很是让人讨厌，于是，他发明了一种新型洗碗剂，把时间缩短了一半，而这种清洗剂是用绿皂、乙醚和小苏打制成的。中心供应室是医院的枢纽，这让福格蒂可以借工作之便接触医院的多个科室，从而让他装满了文氏图（Venn diagram）的大脑变成一部心智百科全书，收纳了各种可用的结构。比如，某种形状的胃部手术剪刀，如果缩小尺寸，并略微改变一下角度，就可用于眼科手术。福格蒂的观察力很强，很多时候医生都会让他列席旁听。15 岁时，他已经看过两次尸体解剖。“很多事情不用特意学习你就学会了。你只需观察，惊叫‘天哪’。”[文氏图，也叫维恩图，指在不太严格的意义下用以表示集合（或类）的一种草图。英国哲学家和数学家约翰·维恩于1881年发明。它用于表示不同集合之间的数学或逻辑联系，尤其适合集合之间的“大致关系”，常用来帮助推导关于集合运算的一些规律。——译者注]

福格蒂已经形成了综合思维，动手不足已经让他失去了耐心。他想要做些事情。15岁左右，福格蒂成为擦洗技师，它属于手术室里的助理岗位，专门为外科医生杰克·克兰利（Jack Cranley）的手臂消毒。克兰利博士有10个孩子，而福格蒂基本上成了他的第11个孩子。克兰利博士外科手术中的一个主要流程是清除血栓。若要寻找血栓，外科医生必须切口，被阻塞的动脉有多长就切多长，并完全打开。有时病人因此致死，或者不得不截肢。痊愈了的人往往在胸口或腿上留下长长的难看的伤疤。“他们做手术，通常大约8个小时，然后一天或两天后再做，病人会返回手术室，而他的腿会被切掉。当你看到这一幕反复出现时，就会说：‘一定有比这更好的办法。’”

福格蒂向来是一个喜欢鼓捣小器具、小发明的人，也是一位企业家。小时候，他用肥皂箱制成汽车和飞机模型，做得棒极了，还把它们卖给了邻居。他用18美分购买模型飞机零部件，再以7到8美元的价格将制成的飞机卖给其他孩子。他是母亲的私人勤杂工，只要是要求他修理的东西都能修好。

福格蒂甚至到一家主要修理小轮摩托车的维修店兼职。换成低挡后，摩托车的手动离合会惹麻烦：“如果正上坡，你的身体打了一个趔趄，突然间，你的屁股着地，摔到了马路上，而车子蹿到了前方9米远左右的地方。我的想法是让换挡变得平滑……”为防止骑摩托车的人摔到路上，福格蒂和他的朋友发明了离心式离合器的前身，直到今天它还在广泛使用。

他们没有凭借该发明而获利，因为修车店主通过“雇主权”而声称拥有其知识产权，福格蒂把这件事记在了心里。（后来，当他的导师克兰利博士劝他找一位知识产权律师时，他遵从了建议。）

血栓的问题要比从摩托车上摔一个屁股墩严重得多。克兰利博士要求福格蒂寻找更好的解决方案，因此，这位擦洗技师开始尝试。他利用的是导尿管和乳胶手套，只是他把乳胶手套的小手指套切掉了。因此，小手指露在外面，而导尿管是一节乙烯基的塑料管，就像一小段花园中浇花用的软管。

他想制作一种器械，在压缩的状态下，它可以经由动脉穿过血栓，然后扩张，向后固定住血栓，通过一个较小的切口把血栓拉出体外。“我认为我尝试过的两到三种其他东西不奏效，但自从产生了那个想法，我就非常清楚它会奏效的。”

1959 年，福格蒂在医学院读到了第四年，仍在他的阁楼上摆弄球囊扩张导管。他刚刚下定决心，要成为一名心脏外科医生。[正如他曾经说过的那样：“（心脏病专家）现在肯定能做很多事了，但在当时，他们所能做的不过是读心电图，以及宣称病人死亡。”]

他想象到了球囊扩张导管是什么样的，但他面临的主要挑战是，在20 世纪 50 年代末至 60 年代初，没有可以把乳胶和乙烯基粘在一起的黏合剂。福格蒂的突破是将器械连接在一起，他用的是假蝇钓鱼绳结，这是他在逃学时学到的。“我总是扎假蝇，做诱饵，所以，那是很自然的事情。”

自从诞生那天起，该器械挽救了2000多万人的生命，或保住了相应数量的四肢。事实证明，这种今天仍在使用的器械并非出自专业人士之手，或大型医药实验室，而是出自一个哈克·费恩（Huck Finn）式的孩子及其想象力。费恩喜欢从学校的窗口跳出去钓鱼，当他的想象力从假蝇诱饵跳跃到设计挑战时，黏附剂便应运而生。[哈克·费恩指马克·吐温的小说《哈克贝利·费恩历险记》（*The Adventures of Huckleberry Finn*）中的小顽童主人公。——译者注]

全景生活思维方式的意思可以从多个角度理解，比如你的工作和休闲并不总是分离的，必需品和奢侈品有时会出现交叉，以及整体促进了部分的成功。全景生活思维方式的想法引起人们对前进道路和创造性工作习惯的广泛思考，提出了诸多问题。而要迈出的第一步是把你的生活看成是一个不可分割的生态系统。

80/20法则有待改进

2005年，在凯尼恩学院（Kenyon College）的毕业典礼演讲中，作家大卫·福斯特·华莱士（David Foster Wallace）讲了鱼的故事：

两条小鱼一起游泳，碰巧遇见一条老鱼迎头游来，它冲它俩点点头说道："早晨好，小伙子们，感觉水怎么样？"两条小鱼继续游了一会儿，终于，其中一条鱼看看对方，忍不住问道："到底什么是水？"

经济学假设了一个有利可图的产品世界。这是一个鱼的世界，而不是水的世界。全景生活思维将世界看成是一个整体系统，并加以模型化，将水下生活的方方面面全都考虑进去。"鱼"可以是被孤立看待的任何东西，比如一份报告、一个数字、一个人、一件产品。当你专注于它时，生活的背景全部消失，犹如变成了制作电影特效用的绿幕，而你看的对象仿佛是飘浮在这个绿幕前。这种基于目标的思维可导致不同领域的人为分离。它会引导你对何者重要或不重要过早地做出判断，错过解决另一生活领域所产生问题的时机。

在其 2003 年出版的《思维的版图》（*The Geography of Thought*）一书中，社会心理学家理查德·尼斯贝特（Richard Nisbett）回顾了他的研究生增田孝彦（Takahiko Masuda）是如何开始研究的。增田是一位橄榄球运动员，身高 1.89 米，那时他刚从家乡日本直接抵达密歇根大学，首次观看十大联盟比赛，兴奋无比。但在安娜堡（Ann Arbor）巨大而群情振奋的体育场里，周围人的行为让增田愣住了，他认为那些人很粗鲁。在日本，他受到的教育是"注意左邻右舍"，即注意自己的位置，免得影响他人。但在密歇根州，球迷们径直站在他的眼前，完全没有意识到挡住了他的视线，让他无法观看比赛。于是，增田设计了一个实验，看看他能否单独研究一下这种文化差异。

增田假设东方观众和西方观众无非是以不同的方式感知世界。东方视角就像是举着一个广角镜头，替他人着想，并留意周围的环境；西方视角则集中于一种管状视野，从行为者本人的视角出发，认为环境是既定的。为了测试这个假设，增田召集了两组学生，一组来自密歇根大学，另一组来自京都大学。他设计了 8 种动画场景，时长皆为大约 20 秒，描绘的是水下生活，全都是鱼、植物、岩石和气泡。

在每一场景中，至少有一条“受关注的”鱼，它横贯屏幕，比其他鱼更大、更明亮，速度更快，色彩也更加艳丽。将作为研究对象的动画逐一放映两遍后，增田要求学生描述他们看到了什么。美国和日本的学生都把注意力集中在了那条受关注的鱼上，提及它的次数大致相同。但日本观察者描述受关注的鱼时，与其背景元素关系的看法多出两倍，事实上，比对照组的美国学生高出了 60%。“有条大鱼，可能是鳟鱼，向左游。”美国学生如此开始描述受关注的鱼的可能性高出日本学生三倍。而日本学生更有可能从描述整体环境开始：“它像一个池塘。”

在基于目标的世界里，如果有人向你展示一张海洋的水下照片，你可能叫得出鱼、海葵或鲨鱼的名字。在基于环境的世界里，你可能描述的是整个海洋。只关注单一产品的利润率相当于只盯着看单条受关注的鱼。体系是否可持续和整体是否健康需要你在整体环境中加以观察。创造力常常也有如此的要求。

以更宽广的视角观察可能性不如只看鱼更有效率。记住整个画面需要消耗能量。事实上，用管理顾问的说法，“好高骛远”是对低效、不专心态度的一种贬称。水至关重要，鱼儿离开了水就会死亡。然而，在以寻求答案为动力和以结果为导向的文化中，人们信奉 80/20 法则，两眼不再盯着鱼就会觉得有危险，而且不着边际。

80/20 法则是维尔弗雷多·帕累托（Vilfredo Pareto）经过观察之后于 1906 年提出的。他注意到 80% 的意大利土地掌握在 20% 的人手中，并且将帕累托原理概括为：80% 的收益出自 20% 的人的努力。强调 20% 的人创造了 80% 的成果，这种概念促使人们要保持专注。“好高骛远”与 80/20 法则相反。但有的时候，重要的是，改变世界的工作存在于最初看似效率低下的那部分工作之中。80/20 法则有助于你在已知的世界里有效地开展工作。但它也会让人囿于轻松实现了效率的局限，难以看到外部的巨大机会，它存在于湖中，而非鳟鱼。

福格蒂在科学上的突破源自他年轻时的空闲时光，他的生活对我们来说是一个提醒：人的整个生活有多么重要。这使得“工作比休闲更重要”这句话很难再说出口，引申开来，很难说科学要比艺术更重要，也很难说短期利润要比起初看上去不会有什么收益的长期投资更重要。它们全都是相互连接的。正如尼斯贝特指出的那样，“学校”这个词源自于“schole”这个词，它是希腊语“休闲”的意思。古代雅典的商人重视学校，因为它可以培养他们儿子的好奇心。

过上成人生活之后，生活得越久，你沉迷于纯粹好奇心的时间就越少，纯粹好奇心指的是在水里游来游去，而无须有所成就；并且必须掌握新事物的心劲也越来越小，因为你不但想到了这一过程有多么艰难和笨拙，也想到了你得很快要学会。在任一生活领域进行艺术创作就会有那样的感觉。

问题在于如何开始。你如何设立一套流程，将绩效评估、与其他部门或人员的合作以及达成精心设定的业绩目标等纳入其中？如果把自己人生的各个部分看成是一幅山水画，分布着丘陵、山谷、湖泊和城镇，观察各个部分如何关联在一起，你便能从中得出所需的工具。全景生活思维始于管理精力和时间，然后，在身心和管理方面，为探索、观察和发现铺设场地。最终你所做的就是对你的生活进行艺术构思。

管理精力和时间

2003 年，吉姆·洛尔（Jim Loehr）和托尼·施瓦茨（Tony Schwartz）出版了《精力管理》（*The Power of Full Engagement*），在这本书中，他们阐述了自己很多关于全景生活思维的观点。他们认为生活是一个系统，时常要管理的不只是时间，还有精力。他们提出了精力的四种通用类型：心理的、情绪的、精神的和身体的。根据洛尔和施瓦茨的说法，大多数人只用到两种类型。我们缺少一个受到管制的个人生态系统。工作多半会在心理和身体上消耗精力，这会让我们筋疲力尽。父母对孩子的教育可能更多的是在情绪和身体上付出精力。坐办公室的职员则是心理负担过重，而身体负担过轻，等等。

洛尔和施瓦茨的研究源于对优秀网球运动员的研究。他们提出了问题：为什么有些球员会在世界级的比赛中占据主导地位，而那些技术条件未必差的其他球员却赢不了？优秀运动员靠什么胜出的呢？洛尔和施瓦茨将运动员与脑电图仪（EEG）连接起来，以监测他们运动时的脑电波。因为动作组合有无数种可能，网球成为一个深度研究精力的特殊案例。洛尔和施瓦茨的发现令人吃惊，结果却是前后一致的。优秀运动员之所以成功是因为他们养成了良好的休息方式。他们的休息并非大脑停止活跃，而是切换方式。他们会让自己消耗其他形式的精力，并且习惯成自然。每次发球，球员都会用一种很特殊的方式挥拍击球。球员已经将集中精力打球和缓解放松的习惯练到浑然一体。洛尔和施瓦茨认为这种模式适用于所有人。我们不需要全部停下来休息，而是需要将某种活跃切换成另外一种活跃，从而得到暂时的休息。

洛尔和施瓦茨开始担任顾问，帮助人们重新设计自己的生活，以达到精力上的均衡。某位女士整天忙于工作，忽视体育活动。他们并没有告诉她每周要去两次健身房，而是帮助她找到一个专修课，帮助她养成每周二和周四去健身的习惯。她的精力生态系统以一组小气候的形式存在，体现为一种程序和习惯。她不会强迫自己去健身房，而是习惯拉着她去。

你可以花点时间想想自己的生活，看看你用得最多的是哪一种形式的精力。你可以凭想象构思四个象限，或实际动手做一下。具体做法是：取一张纸，将其分成四个象限，分别标上心理、情绪、精神和身体四个类型，并将搭配良好的活动用箭头连接起来。你便开始看到不同活动之间的关系，这些关系就表明了利用一种活跃替代另一种活跃，从而恢复精力的组合形式。你甚至可以大概说出你从来没有接触过，但似乎可以阴阳互补，从而让你恢复精力的活动。

对于福格蒂来说，在手术室中接触死于血栓之人的那些日子里，他精力充沛，潜心琢磨，其个性中形成了自己的阴阳组合，从而让他变成了顶级的修补匠。对我们来说，诀窍在于适当地搭配和组合我们的活动，设计出自己的完整生态系统，并使之尽可能地充满活力。一旦做到这一点，我们就可以在自己的时间表中创建一种空间黑箱，它就是一种受到保护的时间或地点，或是一种习惯。此时，我们不期待得到什么结果，可以畅游其间，不断探索。

在自己的日程安排中留出空间

用艺术创作的语言来说，这些从一个对象转移至一个生态系统的所有形式讲的是图（figure）和底（ground）。为了创作自己的生活和工作作品，你需要这些工具。

当你在一张纸上画一个花瓶时，你就可以谈论绘画中的图和底了。图是你要绘制的对象，即花瓶。而底是围绕着花瓶的空白，即背景。图是对象。图和底共同构成了整件作品。在一件成功的作品中，你的目光往往会先落在某处，然后才会四处游走。既有焦点区域，各个部分又和谐共存，如此，作品才会产生预期的效果。相反，如果一幅画形式单调，缺少变化，人眼就会疲劳，目光呆滞，无法觉察所有的细节。

区分图与底的关键在于，这会让你做到两件重要的事情。首先，让你在宽阔的视野和需要专注和区分优先顺序的现实之间求得平衡。其次，让你在自己的生活中保留几片空白区，即故意留作“底”

的地方。

不论是优先次序，还是空白区，这些构成工具使得你拥有更优雅和更富想象力的80/20思维方式：你意识到了效率的力量，但并不受其所限。在为之后的可能性留白的同时，你可以就现在把重点放在何处做出更好的选择。

达·芬奇之所以成为掌握图与底关系的大师，那是因为他对底本身感兴趣。在文艺复兴时期的许多肖像画中，背景（肖像主人后面的底）是反映某种形式景观的窗口。达·芬奇绘画作品中及其肖像画的背景中一片片的底反映了他对自然细致的研究。

关注全景要比只描述自然的细节意义更大。它等于承认某物周围的空白与该物同等重要，而在日常生活中，很多人对空白几乎没有什么印象，或视若无物般地径直看过去。底是图不可或缺的一部分。1503年或1504年，达·芬奇正绘制《蒙娜丽莎》，他写道："在我们生活中的众多事物中，空白的存在居于首位。"

达·芬奇的观察暗示了为什么生活中难以拥有这种宽广的视角了。依我自己的经验看，选择关注更宽广的环境，而不只是盯着眼前的目标，就要承认你生活中的风景是非常拥挤的。然而，如果只关注当前的目标，你最终会置身于一个全是图而没有底的空间。那就没有未被使用的空白。花瓶就不是置于一张桌子上，而是挤在一片花瓶之中。

由于遍地是摩天大楼和鳞次栉比的建筑，纽约成为一个全都

是图而没有底的城市。如果哪个地方看似有一处空地，通常也是某人拥有，或是一个公园。但真实的原因是，某政府机构允许商业开发者在它旁边建一座更高且更有利可图的大楼，交换条件就是将它变成一片绿草地。在曼哈顿，甚至现有建筑物上方的空间权也是有主的，没有空地或无主的空间。摩天大楼的垂直高度就像是这个城市居民的欲望高度，总是忙忙碌碌，总在努力奋斗，总盼望着干点什么和建造更多的高楼。如果从飞机上俯瞰曼哈顿，你会看到空间有多么拥挤。这种密度相当于没有间歇的个人日程安排，会议接连不断，如果某事被取消，总会有其他计划等在那里。步行到地铁站也是查看电子邮件的机会。对我们许多人来说，我们的生活全是图，需要有更多的底。

风险资本家威尔·罗森茨魏希（Will Rosenzweig）是茶叶共和国（Republic of Tea）[美国两大龙头茶品牌之一的著名茶饮料公司。——译者注]的创始人之一，在加州大学伯克利分校讲授社会企业家精神的部分基础课程，现在开办了一家食品商校。他注意到自己许多功成名就的朋友总是很忙，以至于没空生活，想见面就见面的可能性很小，连安排跟一位新朋友喝酒的时间也没有。他在这方面的策略之一就是尊重希伯来人的传统，在逾越节的晚宴上留出一个空位。空椅子象征性地表示为尊贵之人留出的位子，以及欢迎先知以利亚（Elijah）。[据《旧约》，以利亚是北国的先知。亚哈王在北国做王，行耶和华视为恶的事。以利亚领导群众为信仰而战，最后被上帝用火马车接上天。《圣经》预言以利亚将在末日审判前到来，并带来一段复兴时期。《新约》延续此概念。以利亚的精神一直存留在以色列人民的心中，时至今日，每逢逾越节，犹太人家族团聚吃饭时，会摆放一把空椅子，称之为以利亚之椅（The chair for Elijah），就是希望以利亚来的时候能到他们家，因为以利亚来，就代表救世主弥赛亚快来了。——译者注］罗森茨魏希说：“我总是想到这一点，因为在生活中如何为不速之客或意想不到的陌生人留出足够的时间，其实作用重大。”工作和生活的压力使得人们难以为创造性的工作留出象征性的空位，而这种创造性工作的运气会一闪而过。

就像威尔为以利亚留出的椅子，你需要某种有意留出而且受到保护的空间。想象来到一个露天音乐会，它在一个开阔的大草坪上举行，大家普遍席地而坐。你带了一张野餐用的毯子，铺下之后就相当于圈占了一片草地。经济资源的稀缺性就像一个座位已被指定的巨大圆形露天剧场，或者是一个其他人已经铺满了野餐毯子的草坪，如果你不能安顿好自己，即找到落脚的地方，并占住一片空地，草坪就会被他人占满。

创造力关乎行动，而行动要从现在的位置出发。它关乎铺下一张野餐毯子，关乎为探索留出空间，而非摩天大楼和垂直上升。

铺下的野餐毯子既可以是空间中的一张毯子，也可能是一张经济毯子。你要在自己的日程安排中留出空间。但这样做也意味着你需要为那个空间付出时间和精力，或者知道在那段时间里，你不会做有利可图的事情。那个空间就是你个人的研发部门。你可以进行思想的探索，却不用承受要得到某种结果的压力。

在我向艺术家和设计师讲授商业知识时，我观察到许多有创造力的员工在研发方面经历的这些困难，而这也适用于每个人。艺术家或设计师努力用商业模型来描述他们的所作所为，然后才意识到，他们最终需要的不是受雇去制作那些他们已经知道如何制作的东西，而是要在自己可用的财力范围内，调动资源，承担风险，创作出下一个作品。少量的给予，富有生产力的放松，短暂的停顿，它们给人一种宽敞的感觉，正是这种感觉构成了我所谓的“创作室时间”的基础。

20% 时间理念的拓展——创作室时间

创作室时间是你生活构成中的一片天地，它就像是底一样受到保护。它可以是一个你能前去的实际空间，也可以是一个允许你探索项目的惯例或习惯所占有的心理空间。就像真正的艺术工作室空间为职业艺术家所做的一样，它可以呈现同样多的个性特点。工作室空间的特点在于，不管是身体的、暂时的、经济的还是精神的，它都是开放的。举两个工作室空间的例子，涉及多种用途材料的发明：纸胶带和电子邮件。

在 3M 公司创立初期，有位叫理查德·德鲁（Richard Drew）的员工到一家车身修理厂拜访客户。在车间里，德鲁注意到有位工人正费劲地往弯曲的车身上喷涂双色曲线。要是这位工人有一种胶带该有多好，在涂另外一种颜色时，他可以用它“遮住”涂好的那种颜色，这样一来就不会渗色，他干起活来自然容易得多。

得到他的经理批准后，德鲁开始研究开发某种胶带。当他返回车身修理厂时，他发现自己做的胶带过硬，无法在弯曲的车身上使用。3M 公司决定将这个产品卖掉。但德鲁一直在思考如何改进它，他想让胶带可用。即便那其实已经不再是他的工作了，他还是一直在琢磨。

他的经理决定装作没看见，任其发展一段时间，这种做法相当于 20 世纪 70 年代家长学校传授的管理方法，即“善意的忽视”，让孩子处于一种相对无监督的状态，由他们自己创造游戏的方式。一天，在 3M 公司的办公室里四处走动时，德鲁碰巧看到一些公司生产砂纸用的背衬纸，认为用它可以生产出柔性较好的胶带。护条纸胶带因此诞生，3M 公司的整个胶黏剂部门也应运而生，后来它成为传奇的便利贴诞生之地。

德鲁的经理有意视而不见，给了他宽松的探索环境，即探索所需的空间和时间。装作看不见这种做法给德鲁以一小片创作室时间的天地。

你还可以将 20% 时间这一理念看成是创作室时间的一种形式。作为一项公司政策，谷歌公司使得“20% 的时间”这一做法尽人皆知，并在很早的时候被 3M 和惠普这样的创新中坚力量所接受，且有不同形式的变化。这些政策使其雇员得到了一小段自由工作时间，他们可以研究自己选择的项目，这在他们的时间和精力那幅风景图中是一张意义重大的野餐毯子。20% 的时间让人关注过程而非结果，这种自由促生了很多现在的标志性突破。任何人都可以从指定的探索空间和时间中受益，而非职业艺术家所独享，这些企业的成功使得该理念深入人心。

20% 时间最著名的案例之一当属谷歌工程师保罗·布赫海特（Paul Buchheit），他开发出了谷歌邮箱 Gmail，然后创建了为谷歌带来收入的谷歌广告联盟 AdSense。自从 20 世纪 90 年代在凯斯西储大学（Case Western Resreve University）读书时，布赫海特就想把电子邮件完全发布到互联网上。利用谷歌的 20% 时间政策，布赫海特着手研究。他在谷歌以前的编程工作之一是建一个色情过滤器，它可以识别某些形式的谷歌搜索关键字，并得出它们与色情有关的结论。

跟福格蒂观察一把剪刀，看到只要略加修改，它就能用于眼科手术一样，布赫海特意识到可以将他的色情过滤器加以修改，以识别任何种类的搜索词，并把该词与任何的定向广告相匹配。这个改造过的色情过滤器就变成了 AdSense，它是一个将搜索词与定制广告词配对的程序，也可以说是谷歌商业模式的支柱。AdSense 使得谷歌邮箱向用户免费提供基本的服务成为可能，因为它可能通过广告养活自己。相比之前按存储空间的等级收取费用的计划，布赫海特在 20% 时间开发的项目为基于网站的电子邮件带来了根本不同的、更具生产力的商业模式。

布赫海特事先从不知道他会成功。他只知道有一定的空间和时间允许自己去尝试。当他于1999年去谷歌工作时，没人会指责他的期望值过高，不切实际。正如他所说的：“我预期（谷歌）有可能会被大得多的远景公司（Alta Vista）压垮，但谷歌的人真的很聪明，所以，我认为在此过程中我可以学到很多。”

不能保证某些有趣的项目会出自你的创作室时间。你只需进入那块“底”就是了。

从有创造力的那类活动开始

若要启动创作室时间模式，办法之一就是选择一个具有创造性的活动领域，并专注于它。洛尔和施瓦茨认为，我们管理着多种形式的精力，表现在心理、情绪、精神和身体等方面。正如他这一观念一样，我们都会参与多种形式的创造性活动，从某种角度看，比其他人参与得更多，并能找到对我们行之有效的组合。

看看以下这些类别能否激起你的某些想法，产生要去探索一下的兴趣，或者你已经开始深入研究了也未可知。

· 社交类

增进友谊和发明游戏的做法

社交创造力的基本做法就是把人聚在一起，彼此交谈。我的朋友萨布丽娜（Sabrina）会主办手工之夜，而她别出心裁地提议在本书中添加一个类别。我的朋友杰西（Jesse）则主办小发明人俱乐部，参与者有他的女儿和其他的父女组合。我的朋友詹尼弗（Jennifer）主办一个女子喝酒俱乐部。你喜欢做饭，而且能邀请人参加吗？你能组织运动队吗？你会开辟一块街坊菜地，种植蔬菜吗？

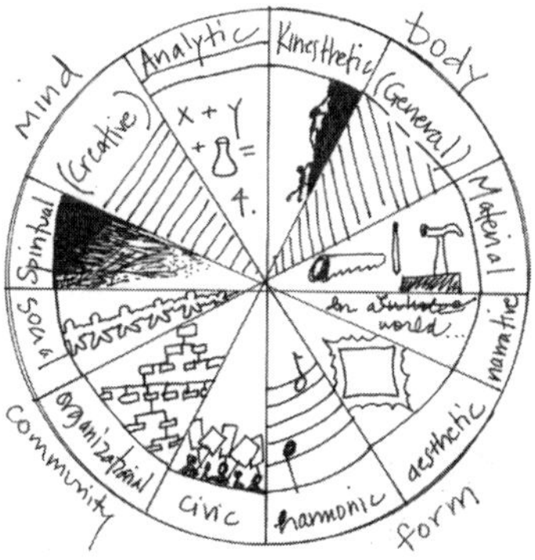

· 组织类

管理人，设计系统，运行流程

在其1962年出版的著作《战略和结构》（*Strategy and Structure*）中，小艾尔弗雷德·钱德勒（Alfred Chandler）首次描述了M形公司，这是一种大型公司的典型组织结构。戴维·彼得雷乌斯（David Petraeus）将军重新构建了军事攻势的结构。任务如何才能得到更好的分配或管理？各个方面如何整合在一起？协调各个部分的最好方法是什么？你是否足智多谋到能设计出一套系统，凭借它可以做一顿饭或安排好各项需办事项？在管理项目并找到办法让团队相互协作、共同完成项目方面，你是否有创造性？

· 公民类

公民参与和社会变革领域

“占领华尔街运动”将激进主义重新定义为一个过程，而不是按照议程进行的活动。1984年，鲍勃·格尔多夫（Bob Geldof）与米兹·尤尔（Midge

Ure）共同组建乐队援助（Band Aid），以援助饥荒救济，后来，与波诺（Bono）和其他人一直致力于发展统一行动（the ONE Campaign）。然后，2008年，还是总统候选人的贝拉克·奥巴马（Barack Obama）动员志愿者。你如何创造变革？你如何充分参与？会有激进主义者热衷于你每天的创新实践吗？

· **分析类**

在有限的条件内，在逻辑和独创性的交界处解决问题的领域

分析创造力包括精密工程、科学方法和很多其他设计实验和理解结果的方法。无论是历史或英语、数学或化学，多种形式的学术研究属于此类，但具体要根据其方法论而定。对于依据科学方法的工作而言，它可能合乎逻辑，却没有创造性，但这些方法也提供了了解如何向着意想不到的方向前进的方法，比如，用类固醇替代抗生素治疗自身免疫性疾病。在研究所需方法受到限制的情况下，如何才能证明某些想法，这方面有大量的创造性资源供人利用，让人探究。

· **精神类**

宗教和自我修养领域

精神创造力涉及对存在问题的探索和对作家米兰·昆德拉（Milan Kundera）所谓“内心世界的无限性”产生好奇心的方式。践行方式包括冥想、阅读、亲近自然、个人能力的培养或有组织的宗教。

精神创造力容易跟社交的和讲故事的形式重叠，但在其核心，它要做的是在知识和信仰、事实和信任、希望和绝望、意向和承认、归属感和孤独感、坚持和容忍之间找到平衡。这种创造性的做法在纽约中央公

园的三轮车夫身上有所体现，他们会在喧嚷之中暂时停下脚步，在地上铺下一小块地毯，面向麦加祷告。当脱口秀主持人斯蒂芬·科尔伯特（Stephen Colbert）在其主日学校教学中，习惯性地用智力竞答节目《危险边缘》（*Jeopardy*）的方式教授圣礼时，就可以看到这种创造性做法的身影。当不可知论者绞尽脑汁解决自己的信仰观念问题时，或信仰坚定者备受事实的折磨时，这种创造性的做法就会出现在他们的内修生活中。

· 运动类

在体育、舞蹈或任何一种运动中对身体的探索

2015年，汤米·考德威尔（Tommy Caldwell）和凯文·乔根森（Kevin Jorgeson）成为约塞米蒂国家公园埃尔卡皮坦山（El Capitan）黎明墙（Dawn Wall）路线的首次自由攀爬者。经过一次又一次的选择，他们在几乎是陡峭的岩壁上找到了向上攀爬的线路。很多形式的体育和户外探险活动都涉及运动创造力。对许多人来说，身体的最大创造性空间是性的亲密创造性合作。罗杰·冯·厄克（Roger von Oech）自封"美国硅谷的创意顾问"，正如他在自己1983年出版的自助书《当头棒喝》（*A Whack on the Side of the Head*）中所写，创造力就像是大脑的性行为。与此相关的是，性就像是身体的创造力；舞蹈亦然。

· 审美类

设计、艺术和其他形式的布局等领域

虽然与艺术相关，但审美创造力包括室内设计、个人风格、桌上物品的正式布置或任何其他视觉设计任务。审美创造力的一个部分是空间推理以及线条、形状、颜色和形式的组合工具。审美创造力看起来像是

为艺术而艺术。但在2014年情人节前后的两个月里，纽约长老会医院的术后护士将所有微创腹腔镜切口用的白纱布绷带切割成了心的形状。手术让病人感到脆弱、害怕和疲倦，术后醒来，会看到肚子或腿上覆盖着白色的微小的心。审美创造力包括为喜悦而设计，比如绷带这个例子，或是为简单而设计，就像列车时刻表和优雅的时钟那样。

· **物理类（材料）**

材料处理的神通广大

材料创造力是抛洒颜料作画的杰克逊·波洛克（Jackson Pollock）或将一块大理石雕刻成人像的米开朗基罗（Michelangelo）等艺术家大显身手的领域，也是修理工、水管工、电工、产品设计师和女裁缝发挥聪明才智的领域。材料智能化使得好奇号火星探测车（Mars Curiosity Rover）于2012年成功降落于该行星的表面；智能材料制成的特卫强（Tyvek）信封几乎牢不可破；而延伸到烹饪领域，比如用洋葱和盐做菜，便可以尽显其风味。炒洋葱比单独的洋葱和盐都好吃，这也是对于材料的一种智能化处理。虽然无论是铜管的特性，还是织物斜裁之后的弹性，还是用蘑菇做原料制成的建筑材料的特性，你会执着于认识或实现材料的原始能力吗?

· **叙事类**

关于过去或未来、现实或虚幻的故事结构

美国国家公共广播电台（NPR）、英国广播公司（BBC）或电影和其他电视节目等娱乐媒体，以及一起吃饭的朋友和书的世界全都是通过故事吸引我们，但我们大多数人是用某种形式讲故事的人。我们通过词语或动作、著作或表演来理解过去的事件，以及讲述未来的故事。正如哈珀·李在1962年采访罗伊·纽奎斯特（Roy Newquist）说到南方人时的那句话："我认为我们来自同一个地区，那里的人天生就是讲故事的好手……我们只不过是通过谈话让彼此快乐而已。"[美国人认为美国的南方人虽然输掉了内战，但他们往往是讲故事的好手，比如生活在佐治亚、亚拉巴马、田纳西等州的人。《杀死一只反舌鸟》的作者哈珀·李就是亚拉巴马州人。——译者注]

- **谐调类**

节奏与韵律的领域

谐调左右着音乐和舞蹈、口头或书面表达的模式以及唱歌。谐调包括韵律和诗歌的抑扬顿挫，它也是音乐构成和欣赏音乐的核心。

从多少创作室时间开始呢

若要在这些类别中开展创作，你怎么决定从多少创作室时间开始呢？扪心自问，你在生活中能经受得起失去多少时间？看看你已经耗费的时间，比如说你的上下班时间。或看看构成你被动休息的那部分生活，比如看电视的时间。看着你的工作日历，问自己每周一次的会议能否改成两周一次。不管这部分时间有多少，每天5分钟，还是每隔一周的两个小时，都要把它当成是创作室时间加以分配。给自己提出一个在那段时间里进行的"20%时间的项目"（无论时间是你一周的0.001%或20%）。你可以在上述创造力的某一类别中深入钻研，或只是发明某些有趣的东西。

你可以学习一种新的烹饪法，主持一项活动，或者在你的朋友之间策划一个研究项目。它是如何开展的？你从中学到了什么？它让你想继续下去或是试着进入一个不同的领域吗？

这里的想法不是让你调整自己的日程安排，或要优化它，而是本着试一试的精神暂时借用那段时间。创作过程关乎钻研未知领域的能力，但不求特定结果的工作开始时可能会让人不舒服。你可能会觉得很傻或者强烈渴望创作室时间会引导你走向某个特殊之处。虽然再发明一个谷歌邮箱或在创作室时间立即解决你最棘手的问题很了不起，但你需要放下要取得成功的愿景，以便真正地致力于它们。它有助于你从仅仅是自己喜欢的某件事情入手，并且以尝试的态度对待它。

在我将要写完本书的那段时间，我选修了一个视频课程，把它当成一个创作室时间项目。周一晚上，我必须跟我不太认识的几个有趣之人一起拍摄荒唐可笑却很简单的场景，同时学着使用摄像机。由于要向小组放映自己拍摄的视频，我认为大家都有示众的感觉。进行中的作业具有的弱点一览无余，确实让我对此有了一次人生体验。这样做本质上是要追求精益求精，并坚持到底。

任何人都可以拥有创作室时间，而且不局限于拥有一间真正的工作室的职业艺术家，或为一家奉行 80/20 原则的硅谷公司工作的技术员工。无论是一个自己动手的小制作项目，还是一个宏大的研究计划，创作室时间的心态意味着要选择让你感兴趣的项目，不在大小，然后，安排好用于研究的时间和空间。你花时间研究不是为了测试，而是实验，它是一个学习和实践的机会，无关乎成败。

从最基础的效仿、复制开始

成为一名艺术家并非是成为一种稀土元素。然而，你认为自己必须从一张白纸开始，而且立即就要创作出一幅杰作，因此，这很容易让你对成为艺术家犹豫不决。艺术更多的是依靠连续统一体而存在。该领域最终也许会出现空白画布的杰作，如果你非常愿意的话，但它还包括最近的成人涂色书现象。[2013 年，苏格兰插画家乔汉娜·贝斯福（Johanna Basford）出版了一本成人涂色书《秘密花园》（*The Secret Garden*），很畅销，在最初的两年里，它销出了 100 多万册。有些粉丝还召集“涂色圈”聚会，邀请他们的朋友参加。]

跟你可能步入柏拉图理想主义主导的其他类别的方式一样，通过闯进艺术家的神话类别，你便可以接触到创造性的活动。考虑到即便职业艺术家也有很多方式消磨时间，包括归档、管理、安排行程、申请经费、拉伸画布和准备创作等。

1943 年，社会心理学家亚伯拉罕·马斯洛（Abraham Maslow）在阐述人类动机理论时提出了需求层次论。马斯洛的需求金字塔从食物和住所的基本需求开始，经归属感和成就感，一直上升到自我实现的顶峰。创造性活动也可以用这样的图表示，从最基础的复制开始，经过改写和合成，最终从无到有，达到创新的顶峰。

复制（copying）是一种理解和观察的方式，也是职业艺术家的一种主要训练方法。从 17 世纪中期到 19 世纪中期，欧洲的富家子弟会在大学毕业前选择进行大陆旅行，他们会围绕着重要的城市和地标性景点游览一圈，以便形成自己对文化的认知。通过复制在博物馆里的所见，他

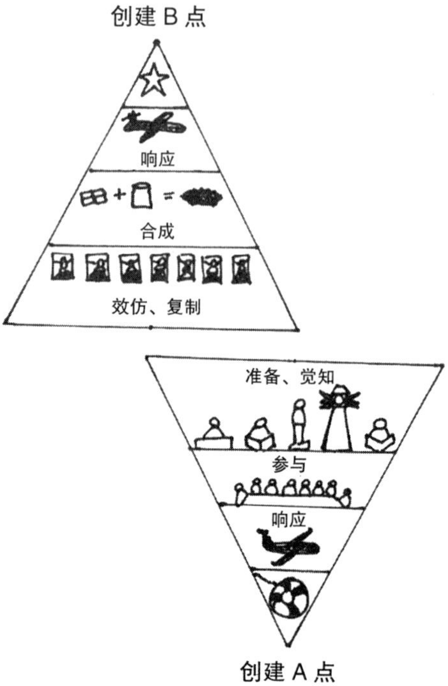

们中的大部分人学到了知识。复制是一种近距离观察物品是如何制成的形式，也能理解什么是不能轻易复制的，或什么是只能小心翼翼复制的。

效仿（emulating）是一种复制，不但要复制其表面形式，还要复制其内涵。它要采用一种模式，并适应它。谷歌人力资源主管拉斯洛·博克（Laszlo Bock）特别鼓励人们效仿让他们佩服的简历。如果模仿（imitation）是最真诚的奉承，那效仿就是最真诚的赞美，它要采纳一种模式，使之变成自己的，并从一种方式延伸至另一种方式。

合成（synthesizing）是一种把两个不同领域的东西拼在一起的方式。我一直喜欢20世纪80年代锐滋牌（Reese's）花生酱杯的电视广告，当其中的男中音带着指责的口气说："谁把他们的巧克力放进我的花生酱了？"听众能领会它所表达的那种妙语，能让人意识到这是一种非常好的食物搭配。这就是一种合成的行为。虽然效仿涉及观察和改变以用作他途，但合成涉及的则是将两个或更多不同的东西组合起来，产生独一无二的第三种东西，即一只隐喻意义上的锐滋杯。

响应（responding）是指提出新的或新颖的解决方案，即对立即需要它的情形做出反应。我与组织各个层级的人有过无数的交谈，这些组织声称，如果它们在重重约束之下，而不是在放空的状态下，找到一个创造性的解决方案，实际上能取得更大的成功，也就是在感觉受到约束，而不是处于休息或修禅的状态下做某事，效果更好。正如我们将看到的那样，有时市场会阻碍你实现创新目标，但这些障碍有助于你开发出更具创新性的东西。

在金字塔顶部的那种创造力包括从空白画布开始，自行设定问题，并寻求其答案。回到马斯洛的理论，致力于你自己提出的问题或概要是一种创造性的自我实现。许多创造性行为可以归入这个金字塔的不同区域，它们涉及一些复制，也要进行某种程度的改编，而某些部分会要求你从零开始创作。

空白画布创造力的田地通常始于别处。甲壳虫乐队并不是从一首原创歌曲起步的，而是1961年改编的一首摇滚歌曲《我的邦尼在大洋的那边》（*My Bonnie Lies Over the Ocean*）。那一版本的翻唱让他们未来的经理人布赖恩·爱泼斯坦（Brian Epstein）发现了他们，不仅使他们成为著名的音乐家，而且是国际明星，并且成为“甲壳虫狂热”的追逐对象。

如果不能肯定，你可以从每天小的爱心行动开始，比如饭菜、礼物或短暂的表示。如果观看一场纽约半程马拉松赛式的公路赛，你会在沿线看到很多富有创意的关爱性的表示。人们会做一些事情给别人加油。有一个标志牌上写着：No Time for Walken，而上面的照片是演员克里斯托弗·沃肯（Christopher Walken）。[No Time for Walken 是一个双关语，制作者用了电影演员克里斯托弗·沃肯的姓 Walken，他在詹姆斯·邦德系列电影《雷霆杀机》（*A View to a Kill*）中饰演一个反派，字面意思是“无暇做沃肯”，其实想表达的是 No time for walking，即“没有时间走路”。Walken 和 walking 读音差不多。——译者注] 再走 30 米，有个男人平静地站在那里，等待着他的赛跑选手，而在他穿着衬衫的后背上，随意地插着一个金属扫帚把，顶端叠压粘着信封大小的卷毛狮子狗的照片，那是让他一家不无得意的一只白色毛球。不管你是否有意玩弄克里斯托弗·沃肯这类的双关语，你都可以设法做出一些有创意的姿态，表示你的喜爱之情。如此，你便提升了日常生活的质量。

或者，如布赫海特在创建谷歌邮箱时那样，你可以从留心让你困扰的事情入手，并致力于解决它：

> 开始注意到，你总要等待某种东西，产品总是会让你稍感困惑或恼火不已，总有让人生厌的小毛病……我们在谷歌邮箱上做的事情，大多是我对某个方面厌烦透了，于是我们就会想方设法想出它的解决方法。

无论哪种方式，你都可以考虑不同类别的创造性活动，把它加入到创作室时间习惯的头脑风暴名单中，你可以想干什么就干什么，但不管设想多宏大，开始时都需要迈小步。

创作室时间的价值

创作室时间的秘密在于让人认识到：各部件整合在一起的整体效果大于个体。即便当时难以看清其贡献何在，但它们有利于整体是没有问题的。布琳·布朗（Brené Brown）是羞耻和脆弱的研究者，其著作有《脆弱的力量》（*The Gifts of Imperfection*）和《真正的勇气》（*Daring Greatly*）。2014 年，她给一位学生写了一封公开信，这位学生担心自己会纯粹为了工作而不是基于自己的爱好选择一份工作。布朗写道：

> 我信奉“世上无废物”。如果能从中学到所有的东西，你的学习、实习以及你的激情就会让你受益。我也许是一位研究人员，但我干过多年的酒吧招待，做过侍应生和客户服务的夜班值班，也担任过社会工作者和教师，我将自己的很多成绩归功于这些经历。这些工作教会了我移情和为人处事。

至于创作室时间，这些时间并没有浪费，因为它都用在了学习上，而且这是一种实践活动。

不管学到的东西是否立即用得上，都不表示它在将来有一天就不重要了。等到福格蒂知道打破规则的爱好会让他在医学发明上实现突破时，他跳窗去用假蝇钓鱼这事已经过去很久了。追随着你的兴趣爱好和激情，做自己喜欢做的事情，从来就不会白白浪费时间。把你说过要做的事情坚持到底，不管是完成一项艰难的任务，还是长时间地苦干，从来都不会浪费。

在发明的史册上有很多似乎是浪费时间的故事。莱特兄弟在俄亥俄州代顿市开了一家自行车店，虽然他俩热衷于发明“飞行机器”，支持他们那样做的很多工具却源于这份工作。虽然奥维尔（Orville）从伤寒病中逐渐康复，但倘若兄弟俩没有经营那家商店，或者没有读过很多飞行力学的书籍，他们可能永远不会发明飞机。[奥维尔（Orville）即莱特兄弟中的弟弟奥维尔·莱特（Orville Wright），他得过伤寒，但痊愈了，而哥哥威尔伯·莱特（Wilbur Wright）于1912年5月30日死于伤寒。——译者注]

1901年，西奥多·罗斯福（Theodore Roosevelt）就任美国第二十六任总统，但在1884年2月14日，他得知自己的妻子和母亲在同一天先后去世。失去了亲人之后，他走向了大自然，有3年的时间，他生活在现在的北达科他州的牧场上。当今时代，除非主动治理一个州或讨好捐助者，任何有野心做总统的人似乎都不情愿离开华盛顿特区环城高速公路超过3周的时间，相比之下，看到罗斯福简单地过着自己的生活，对于自己未来的抱负不做任何打算，一定会让你耳目一新。若想到在其总统任期内，罗斯福划拨出2.3亿英亩的土地作为国家公园，在北达科他州度过的那段时间也就没算浪费。（作为一个体弱多病的孩子，在纽约城制作动物标本的那段时间也没有浪费。）

在你自己的生活中，很容易发生同样的事情。你为某人做过某事，只是想帮个忙，但多年以后，那个人给了你想象不到的帮助。这不是一种交易，你并非是期待以同样的方式得到回馈才伸出援手的。这一切是同一生态系统的一部分。其实解决方案一直就在那里，就像推理小说或惊险电影，作者其实早就埋下了伏笔，你读到或看到过，却没有料到它是一个破解谋杀之谜的重要线索：突然之间，随意写下的细节成为情节展开的中心，视野所及，原先你几乎未曾注意过的东西移至舞台的中心。你睁大双眼，以便能看到更广阔、更多样性的景色，这些景色包含了激情和消遣、义务和伤心事以及错误和不成功的开始，结果证明，其中任何一项都很重要。

在你考虑想做什么，或如何妥善地解决一个特殊问题时，你可以从这一事实得到慰藉：即使你无法看到结果或解决方案，你也必须要相信纯粹的工作本身会促使进步，增进理解。正如教宗方济各（Pope Francis）所说："工作不只是追求利润这个经济目标，首先它的目的是尊重人及其尊严。"不管是从事文字工作，还是目前生活中从事任何职业，创作都有其尊严。在 1957 年去神学院读书之前，教宗方济各做过化学实验室的技术员，也在夜总会里当过保镖。

虽然工作总有其尊严，但并非做了工作就能解决每个问题。有些解决方案是间接得到的，甚至出乎人的意料。艺术家汤姆·萨克斯（Tom Sachs）在其《写给华尔街日报的十大要点》（*Ten Bullets for the WSJ*）一文中对创作过程进行过描写，他承认创新计划并不总是只要有付出就会有结果。它们需要人们付出努力，但有时也会意外地得到解决。下面是他的第九点：

> 延迟：如果一开始不成功，立即罢手，转而做一些其他的事情，直到那变得无法忍受，然后，再次往前进，绕回到第一个问题上。至此，你的潜意识就会琢磨它，有几分像是睡觉，只是更省力。

无数的创新计划是在休息之后得到解决的。工作和休息实际上是不可分割的。它们是一个整体的两个组成部分。如福格蒂的案例所示，模糊工作和娱乐之间的界限不只是不断发明的方法，也是保持好奇心，以及在认识自我的那一刻活在当下的方法。

教育、商业和神经科学等领域差异性很大，但来自它们的研究都证明了这一点。1929 年，经德国神经学家汉斯·贝格尔（Hans Berger）首次证明，即便大脑好像是在休息，它也仍然处于十分活跃的状态。到了 20 世纪 90 年代，随着大脑成像技术的进步，通过为流通神经网络的血流造影，功能性磁共振成像（fMRI）已经可以显示大脑休息时仍很活跃的图像。这些观察结果发展成为一个理论，即大脑有自己的“默认模式网络”。当大脑似乎处于休息状态时，一个活动的兴奋丛（constellation）就会出现。这些活动使得大脑可以对其习得的东西进行综合、消化吸收和组织。

拥抱无聊

即使科学证明似乎什么都不做实际上也有生产力，人们仍然对于看起来像是没有努力工作深感焦虑。一直忙活着让人感觉舒适。若将某些事情从自己的待办事项清单中划掉，这会让你感觉一切尽在掌控之中。然而，万万想不到的是，你那创造性的自我真正需要的却是休息和停顿。它需要空荡荡的空间将你所有孤立存在的经验凝结成一个有意义的整体。

2012 年，玛丽·海伦·爱莫蒂诺－杨（Mary Helen Immordino-Yang）、乔安娜·克里斯托杜卢（Joanna A. Christodoulou）和瓦妮莎·辛格（Vanessa Singh）在《心理学展望》（*Perspectives on Psychological Science*）发表了论文《休息是有益的》（*Rest Is Not Idleness*）。本文作者发现这个消化吸收和反思的默认模式实际上是形成自我的基础，尽管此时大脑看起来正在休息或没做任何事，但它正在为发挥创造性的作用蓄积力量。如果你太专注于不得不完成外部世界中的任务，你就没有那种维持个人边界所需的“清醒的休息”和内省的时间。

为了将休息的重要性落实到工作之中，哈佛商学院教授莱斯利·佩罗（Leslie A. Perlow）和研究助理杰西卡·波特（Jessica L. Porter）指导波士顿咨询公司（BCG），在员工中实施了一项多年的计划，并于 2009 年发表了他们的研究成果。他们对实验进行了设计，不仅让管理顾问们休息，还是事先安排好的休息，他们可以预见到何时休息。在其中一组管理顾问中，每位成员会在每周的工作日中间休息一天。在另一组，所有成员均要同意：在某个指定夜晚的 6 点钟之后，不再查阅电子邮件或忙活工作。经过最初的焦虑之后，他们有意选择其中一组了解情况，因为这些人正处于高度紧张的企业并购后的重组之中，员工反馈称：感觉精神焕发，工作效率更高。该实验也加强了彼此之间的沟通和信任。自 2014 年起，在世界各地超过 75 家办事处的数千个项目团队中，波士顿咨询公司实施了“可预见的休息时间”。

许多现代公司逐渐将办公时间设定成不分昼夜地尽义务，即每天 24 小时且每周 7 天。其实它们并不是时时刻刻都需要员工，但员工有时候会忽然接到通知的可能性逼着他们要不时地查看电子邮件，而且一般还要随叫随到。佩罗的实验表明了程式化的、可预见的休假存在的重要性。2014 年，继休假对个人业绩和幸福感的影响研究之后，佩罗又进行了另外一项研究，即协调休息对整个团队生产效率和福祉的影响。

在跨国公司，对于经营管理来说，意味着太阳永远不会落下，日常工作中充斥着会议，而且随时有被打断的可能。在这样的公司里，佩罗发现人们会把工作带回家，即使公司文化期待员工在朝九晚六的时间段里工作，也不管用。如果团队在工作上能保持同步，并在同一时间休假(即佩罗所谓的“提升效率的日子”)，这种可能性显著提升了团队的整体工作效率。这些举措使得团队更加快乐，员工留存率更令人满意，这一事实表明，休息为大脑精力旺盛地投入工作提供了养分，甚至进行了修复。

不知道的好处

谷歌的全球总部位于加利福尼亚州的山景城（Mountain View），沿公路而行，就在离它不太远的地方，福格蒂医生正管理着一家创新研究所，办公地点设在了埃尔·卡米诺医院（El Camino）。他刻意将办公场所设在一家社区医院，而不是一个纯粹的学术研究中心，因为他想要接地气，切实了解患者真正需要的是什么。正如他所说的：“患者第一。患者第一。患者第一。”他研究的问题现在既涉及整个系统，比如医生接受培训的方式，也包括单个器械的使用方式，比如球囊扩张导管。福格蒂说，当他和他的团队探讨一个复杂难懂的问题时，他会要求一个对此一无所知的人加

入他们的研究，从而增进他们之间的对话。让多个领域的人聚集在一起是一种聪明的全景生活思维方式。邀请其他领域的某人加入就像是在对话期间摆放一把以利亚之椅。

人们很容易忘记，当球囊扩张导管第一次用于手术时，它有多不安全，第一位用它的外科医生有多勇敢，以及有多悬，这个器械差点制作不出来。制造导管和推广使用它的创造性劳动不单单是想出它的设计，还包括通过福格蒂所在领域的传播途径，比如医学期刊、设备制造商和外科医生等，将它推向世界。

正是福格蒂的导师克兰利博士首先用该导管做了几台成功的手术。就算现在，福格蒂还是找不到一家权威医学期刊发表他们的研究结果，或找到一家公司生产这种器械。在找到一家公司愿意生产它之前，有20家公司将他拒之门外。

如同任何独创和真实的故事一样，福格蒂所走的道路与众不同，有些东西无法直接复制。虽然它不是一个可复制的模式，却可以提醒人们从何处开始。起点在于为好奇心和观察预留出空间，不必一味地坚持一定要为每项研究找到对应的解决方案，应留出探索的空间。正如福格蒂谈及他早期的尝试时所说：“事实上，我不是很清楚它是否可用，这是不知的好处之一：你不会因害怕而作罢，我认为好多新东西通常就是这样接受实验的。”在他现在看来，那是很久以前的事了，他的生命已经是一片很古老的树林。或像福格蒂自己所说：“球囊扩张导管是很久之前的事了，人们认为我死了。他们认为我是托马斯·福格蒂的儿子。”

经验在于，艺术往往很少产生自单纯地完成目标，更多的是产生自个人各个生活领域的加总。如果你想画一幅更大的工作和生活的山谷风景画，还需要包含福格蒂那种零星的自由时间，不必只完成规定的任务，而是探索和玩耍。乳胶、乙烯基等属于风景的构件，如何将它们连接起来，取决于在任何特定的下午或几年内，你有多么用心地去揭示。

第 2 步

已经开始，如何坚持：把重点从结果转到过程

在内心深处，任何生活都只不过是一连串的失败。

——乔治·奥威尔（George Orwell）

1949年，来自亚拉巴马州的一位女士辍学，搬到了纽约，当时她23岁，人很谦逊。在上东区，她找到一间不供暖气的公寓，并开始在一家书店打工。第二年，她找到一份为航空公司做机票代理的工作，工资涨了一倍。在为东方航空公司工作了几年后，她跳槽去了英国海外航空公司（BOAC），即后来的英国航空公司。大多数人认为她害羞，普普通通。她穿着破旧的蓝色牛仔裤，理了一个假小子头。有位朋友说："我们认为她不会怎么样。她说正在写一本书，仅此而已。"

在为航空公司工作十多年后，该女士出版了她一直在写的那本小说。她的编辑提醒她期望值不要过高，或许能卖出2000本，大多数小说处女作也就是这样的成绩。然而，得到读者肯定的迹象渐次显现。《读者文摘》要求在3月发表它的简写内容。全书则于1960年7月11日正式出版，受到如“夏日暴风雨”般的高度赞誉。出版 3 周后，这本小说《杀死一只反舌鸟》名列《芝加哥论坛报》（*Chicago Tribune*）和《纽约时报》的畅销书排行榜。1961 年，它的作者哈珀 · 李获得普利策奖。

1964 年，电台播音员罗伊·纽奎斯特为其纽约 WQXR 电台的节目《对位》（*Counterpoint*）采访李。（WQXR 是这家电台的呼号，用作电台名称。——译者注）按照惯例，采访地点选在广场饭店（Plaza Hotel），纽奎斯特问李的问题跟问其他 250 位作家的有所不同，并没有问其职业抱负或“工作理念”。当他问李在书出版时，她设想过会发生什么时，她说出了以下的话，成为讲述她创作过程的一句著名引语：

> 我万万没想到反舌鸟这书会成功。我没期望过这书销量会第一。我相信书评人很快就会仁慈地判它死刑，但与此同时，我多少希望也许有人会喜欢它，并给我点鼓励。公开的鼓励。就像我说的，我希望得到一点儿，结果却相当多，在某种程度上，跟我预期的那种快速、仁慈的死亡一样，也吓到了我。

从其 1964 年拥有的有利位置看（现在更是如此），可以看到哈珀 · 李是如何从 A 点抵达 B 点的，这些点好比是地图上插着的工字钉。但在 20 世纪 50 年代，当她日复一日地创作时，B 点尚未存在。她并不能像一只鸟儿一样，从高空俯视自己的人生之路。她还处在草丛中。

第二个艺术思维模式产生自杂草和鸟瞰图之间的区别。为了栖息于创作某种东西的草丛中，你必须与目前还没有形成的创新的脆弱性友好相处。如果你是第一次尝试做某事，比如打算大着胆子换工作，寻找配偶，创办一家公司或反复琢磨一个想法，甚至是写一本书，你的经验不外乎如李所说："坐在一台打字机前，两脚踩在地板上一动也不动。"而不是想着获奖。这是有人要求哈珀·李描述自己的写作过程时，她说的一句玩笑话，事实上她就是这样做的。

将你的希望重新调整为在草丛中感觉舒适，并最终富有成效需要用到三种方法，它们都注重过程，而非结果。首先，你必须改变对判断的看法。你必须把评论家的判断换成是制造者的鉴赏。为了做到鉴赏，你需要在几个时间段有意识地对工作的好坏延迟做出判断，而不是问自己：什么有效，以及更有效的是什么。第二，对于自己好或坏的感觉，你需要稍具达观和怀疑的态度。事实上，经过较长的时间之后，我们的判断会发生变化。现在看上去会成功或失败的过后看起来可能就像是其对立面，或结果证明这只是漫长道路中迈出的一小步而已。第三，你必须对当下非常警觉，类似于那种正念冥想的过程。集中注意力有助于你专注于创作，而不是被作品是好是坏的判断性思维搞得心烦意乱。

通过这些方法更易于做到在创作进程中毫不动摇，使你得以处于上一章所说的创作室时间。如果你成功了，完成的作品会显得比实际更容易实现。就像李，你必须从内心里一步一步地发现自己的作品。

对于任何领域的艺术家来说，置身草丛是必需的。它是一个绝对相信自己的过程，相信如果与真实的自我连接，并且全心全意地表现，就能创造出有价值的东西，而不管前进道路上不同时间点的成败。只要是尝试去做就是胜利，最终你会发现，与一路之上总是前思后想，从而放缓前进的脚步相比，如此一来，成功往往要大得多。

其实，一无所知这个弱点反而是实现突破的唯一门户。正如哈珀·李在《杀死一只反舌鸟》中借用书中人物斯科特（Scout）的父亲阿提克斯（Atticus）的话说："真正的勇气是……在开始之前，你就知道已经输了，但你无论如何还是要开始，并且不管怎样，都会勇往直前。你很少赢，但有时你会赢。”置身草丛要求你要勇敢一点，保持乐观，并且在自己愿意冒风险研究的问题的选择上坚定不移。

创新过程与创新成果

1971 年，社会心理学家爱德华·琼斯（Edward Jones）和理查德·尼斯贝特（Richard Nisbett）描述了一种现象，他们称之为行动者与观察者的归因偏差（actor-observer bias）。它阐释了从草丛中观察和从空中俯瞰之间的差异。

按照琼斯和尼斯贝特的说法，我们往往视自己的行为是依情况而定的，而他人的行为则是固定不变的。我们碰上了坏天气，而你是一个笨蛋。我们匆忙赶去接孩子放学，现在必须左转。如果你做同样的事情，那就是一个可怕的司机。我们自己的行为因情形而变，而你的行为反映了你的基本特质。我们自己变化不定，而你是一个固定不变的点。行动者与观察者归因偏差描述了考虑自己进行中的创作和其他完全成熟结果之间存在的心理差距。

人们很容易混淆开始和结尾，并且忘记不成功的开始和一路走来犯过的错误。当看到别人已经完成的工作时，很容易就会想到要把它与自己尚未完成的工作相比较。当你那样做时，你的工作几乎是不可能开始的。你是拿自己正想写的歌与甲壳虫乐队已经上市的专辑作比较，而不是与他们在餐巾纸背面潦草写下的歌词相比。承认差距，即承认过程与结果之间的差距，承认致力于研制某些东西的草丛和能看到完成作品的鸟瞰图之间存在差距，有助于让你记住大多数事情的开端很可能是笨拙而杂乱无章的，或看似不重要的。事后你常常可以讲一个很有条理的故事，但那个故事通常是事后的解释。

我曾经参加过一场婚礼，新娘和新郎非常快乐，十分相爱，祝酒词说得既真诚又热情洋溢。这场婚礼如此美好，以至于我跟自己的朋友说：我无法想象还会有什么人比他俩爱得更深了。他转向我说："你知道不，第一次他提出约会时，她都没有跟他去。"创新过程与此类似。

对于哈珀·李来说，她的经历说起来很简单，注定是一条直线的人生道路：1926 年 4 月 28 日出生，在亚拉巴马州的门罗维尔（Monroeville）长大，那里是县政府所在地，与《杀死一只反舌鸟》的故事发生地梅康镇（Maycomb）惊人地相似。她的父亲与阿提克斯这个人物也极其相似。她高中的英语老师指导过她。有几年的夏天，杜鲁门·卡波特（Truman Capote）会到他姨妈家住，而他姨妈家正好与李家是邻居，他俩很快就成了好朋友，在她第一次搬到纽约之后，他俩仍然保持着朋友关系。虽然在《杀死一只反舌鸟》之前，除了给学生报纸写过几篇文章外，李并没有写过任何东西，但她喜爱文字表达，她的父亲为她和卡波特买了一台黑色打字机，他们非常喜欢，甚至出去玩的时候也带着它。

李从女子精修学校亨廷顿学院（Huntington College）转学到了亚拉巴马大学，开始为校园幽默杂志 *Rammer Jammer* 写文章，从其短文中，不难看出她似乎已能熟练地处理种族关系问题了，当然这是事后看出来的。（作为杂志名称，*Rammer Jammer* 没有实际意义，只是亚拉巴马大学橄榄球队粉丝们在橄榄球比赛时的一种加油呐喊声。——译者注）李还表现出了个性中独特的一面。很不可思议的是，她既是女大学生联谊会的成员，又是一杆老烟枪，一根接一根地抽，还喜欢穿男式睡衣，动辄恶语相向。即便在认为女生是为找老公而修“太太学位”的大学校园里，她依然是特立独行的。她是她那个时代的蒂娜·菲（Tina Fey）式的机智人物。因此，哈珀·李才能写出那样的故事，但只在事后我们才得见。[蒂娜·菲，美国剧作家、演员和制片人，多次获得艾美奖、金球奖等奖项。——译者注]

李的生活情节因为一个好奇的事件而展开，而这个事件起因于失望。1956年，因为没能从工作中抽出足够的时间，李无法及时赶回家过寒假，一如既往，她只好留在纽约，与她的朋友乔伊（Joy）和迈克尔·布朗（Michael Brown）一起庆祝圣诞节。乔伊是一名芭蕾舞演员，而迈克尔为公司音乐剧（industrial musical）作曲，公司音乐剧指由伊莱克斯这样的公司资助的大型演出，目的是为其产品做广告，而剧作的水平堪称百老汇级别。[公司音乐剧，又叫corporate musical。从20世纪50年代至80年代起，美国的许多大型上市公司专门为其员工（特别是销售人员）举办现场音乐剧表演，除宣传公司外，也激励员工更好地为公司工作，取得更好的业绩。——译者注]

那一年，布朗一家收入不错。他们没有像通常那样，仅仅是和李象征性地交换礼物。在布朗的孩子们拆完给他们的礼物之后，乔伊和迈克尔指向了他们早已藏在常青树里的一个信封，信封里面有张纸条，上面写的内容是：他们想要给她一

年的工资，如此，她便可以写她的书了。

几周后，李在给朋友的信中写道："他们并不在意我写的东西能否赚钱。他们是想鼓励我认真对待我的天赋，当然，这会让我性格中和蔼可亲的一面摧毁殆尽，但会让我走上一条写作的职业道路……除了对此提议表达我的感激和惊讶外，我还有一个可怕的感觉，这会是我走向成功的起点……"

即便如此，李仍不得不为自己找到代理人和编辑，然后，她完全重写了早期的一部手稿，如我们现在知道的那样，后来才单独出版，取名《守望之心》（*Go Set a Watchman*）。写作《杀死一只反舌鸟》让她的情绪多次起伏不定，以至于有一天李沮丧地把手稿扔到了窗外。她给自己的编辑塔伊·霍霍夫（Tay Hohoff）打电话，塔伊用好话哄劝，她只好穿上高筒雨鞋，走到屋外的雪地里，把书稿一页一页地捡回来。

从头至尾，李都在埋头创作。她对自己未来的神话一无所知。

不能满足于判断，要学会鉴赏

处于创作的早期阶段时，你会有两种形式评价自己的作品，即"判断"和"鉴赏"。充其量，判断是理解你作品的一种行为，但也是把对作品的评价简化到"好"或"坏"的一种形式。判断会让你从行动者变成观察者。要以自己作品创造者的身份前进，你需要更精巧的鉴赏工具。若判断是对成功确定的、瞬间的评价，鉴赏就是一个理清什么可行或不可行的过程。如果判断是一个贴标签的过程，鉴赏就是一个学习的过程。

有个地方可以看出鉴赏在很早期的阶段所扮演的这种角色，那就是谷歌 X，它是谷歌内部的研究孵化器。里卡多·普拉达（Ricardo Prada）博士是一位心理学家，他领导着谷歌 X 的核心设计团队，而谷歌 X 就在谷歌全球总部的山景城校园（Mountain View campus）。里卡多温文尔雅，谦虚又友善，属于那种富有创见的研发者，其工作要求他要有先见之明，在那些看似科幻般的产品投放市场的前几年就要确认它们的可行性。[谷歌员工昵称山景城总部为 Google campus，因其拥有大学校园般的美丽环境，有各种球类运动场、户外用餐区和不同主题的餐厅。——译者注]自动驾驶汽车项目似乎难以理解，未来感十足，当一家新闻电视台首次揭开它的面纱时，里卡多的团队早在几年前就首先注意到了这一理念。他的团队由设计者、开发者和研究人员组成，对于推出既有改变世界的潜力，又有商业价值的产品，该团队负有不可推卸的责任。这就要求他们考虑是否很早就要启动那些项目，而在那个期间，他们成功达到 B 点的可能性还很抽象。

为了将这些想法变成真实的产品，他们需要高水平的辨识能力，并把其中的细微差别表达出来。他们的工作必然涉及评价。因为不可能什么事情都做，他们不得不否决某些事情。然而，他们也不是一成不变的批评者，简单地将事情贴上"好"或"坏"的标签。正如里卡多所说："告诉人们某个主意是好还是坏，帮助并不大，但聊胜于无。这里不好，正是你要修改之处。或者，你知道的，此处真的很棒，你要使之好上加好，这样说可能会更好一点。"这样的辨识过程有很强的解析性，是研究的结果，但它也源于人更为基本的能力和洞察力。里卡多可能会分析电子表格，或依赖社会学的方法，但最终，他的团队是正穿行在草丛中的一群人。

判断和鉴赏之间差异的核心反映了斯坦福大学社会心理学家卡罗

尔·德韦克（Carol Dweck）关于学习心态和固守心态差异的研究。德韦克发现，拥有学习心态的人遇到失败不会心灰意冷，因为他们视失败为学习的过程。相比之下，固守心态的人视失败为公众对他们聪明才智的投票。固守心态的人认为，若是将他们的生活安排得像睡莲，就可以从成功跳到成功，永远不会沾染到失败，他们就会不断地强化作为聪明人的自我概念。学习者不会将东西标识为“好”或“坏”，而是当成信息理解它，并与自己所得的经验综合起来。

无论你正致力于何种创新项目，它都不是对你的智力或基本美德的一种检验。它是一个探索性的过程，制造某种东西，然后使之更好。普通的工作环境很难培养出那种学习心态，特别是如果你感觉自己的智力或基本能力正不断受到评估时更是如此。如果不断有人要求你对自己的工作做出解释，你很容易就会产生防御之心，或感到气馁。在工作场所，判断当然有作用，但初始点最重要，即当你决定雇用某人、开始做某个项目或同意合并之时很关键。

短期内，带你从防御或止步不前的“轮胎打滑空转”状态走出来的是好奇心。要努力工作，想方设法让自己的好奇心更强烈点，而不是在任何时候都绝对正确。至于如何树立这样一种文化，本书后文会再次探讨这一主题。

自问你是判断还是鉴赏的一种方法是想象自己是一名画家。如果站在一个画架前，你要么是站得足够近，以便用画笔在画布上涂抹颜料；要么退后到足够远，以便能看清整幅画是什么样子。同时做这两件事情通常是不可能的。在大多数艺术家的工作室里，某个地方会摆着一张旧式的扶手椅。你可以坐在那里，审视并体味自己的作品，或是创作。两者都很重要。坐在扶手椅上有助于你鉴赏正在做的事情。但如果坐在椅子上时间太长，你就什么事情也做不了了。

在莱昂纳多·达·芬奇那个著名的笔记中，他就如何在判断和鉴赏之间切换，向其他画家提出了建议。其中有一段，莱昂纳多这样写道：“如果你固执地坚持工作，你就会自己骗自己。”他说这句话的意思是，如果你持续创作，而不退后一步，也就不会知道自己的作品什么样。他建议画家在附近放一个平面镜，以便可以定期地停下工作，举起镜子反向观察他们的作品。通过左右快速翻转观看，他们将会对熟悉的东西感到震惊，并且能够察觉到作品的长处和弱点。达·芬奇想要传达的是这样一个想法：要在站在画架前和坐在扶手椅上二者之间取得必要的平衡，即在创作和看到它的样子之间取得必要的平衡。

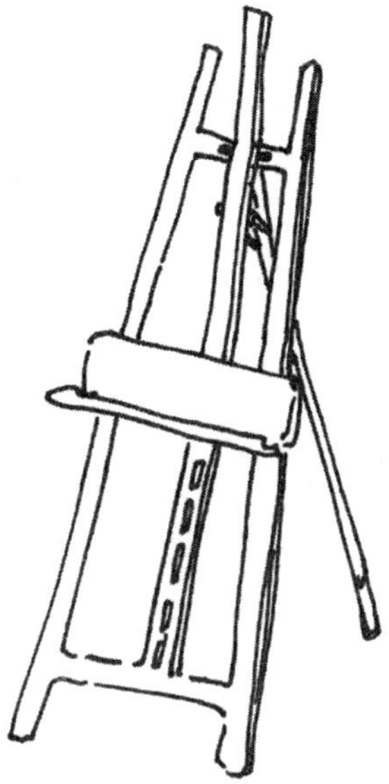

请注意，他并非说你应立即往后站才会知道自己的作品是好还是坏。他主要是建议要有这方面的意识。在创作一幅画或在开展另一个项目的情况下，你只需能够看到自己已经完成的作品。观察是鉴赏的关键。想要跳过观察直接下判断是向终点冲刺的比赛，而非置身于草丛中。

艺术早就与观察紧密相连：要想画出某个东西，就要真正地看到它。肯尼思·克拉克（Kenneth Clark）是英国艺术史学家，也许最让他知名的当属英国广播公司的《文明的轨迹》（*Civilisation*）系列纪录片。他在 20 世纪 30 年代也写过几本有关莱昂纳多·达·芬奇的书，特别有影响力。他写道：“人们常说莱昂纳多画得非常好，是因为他了解它们；

更确切地说，他了解它们，是因为他画得非常好。”这位艺术家为了看而画，并且为了画而看。在创作方面，鉴赏与观察活动相连，这种观察是真实的、详细的和充满好奇心的。克拉克还写道：达·芬奇“无疑是所有人中最好奇的人”。再说一次，好奇心成为鉴赏的引擎，而鉴赏推动着创作的进程。

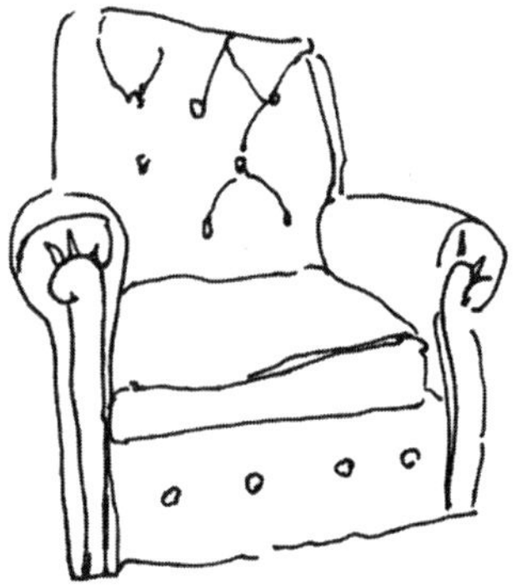

在工作日的任一时刻，与一群人互动或致力于一个单独的项目时，你会坐在扶手椅上或手拿画笔站在画架前吗？你能确认感觉坐在椅子上不愿意动弹的那个时刻吗？或你能想象是在其他人的画布上作画吗？打个比方说，你会站在画布前，却感觉不到在你作画时，有人正越过你的肩头评判你的画吗？处于草丛中的最理想状态就是工作本身，以及经常退后，以便看清自己的作品是什么样。我到底创作了什么？我如何使之更好？

对于尚处于初期阶段，需要加以保护的作品而言，判断是一把钝器，这就是避免判断的最重要的原因之一。作为皮克斯的创始人之一，埃德·卡特穆尔（Ed Catmull）写道：

独创性是脆弱的。在其最初时刻，常常远非那么吸引人。这就是我把我们电影的早期实物模型叫作“丑孩子”的原因。它们不漂亮，将要长大，但现在是成人的微缩版本。它们真的很丑：笨拙、不定型、脆弱和不完整。

但是，很自然地有一种冲动，要把早期的拍摄比作已经完成的影片，我的意思是说，按照只有成熟作品才满足的标准要求新作品。我们的任务是阻止我们的人过快地下判断。我们的任务是保护新作品。

保护新生事物并不意味着支持平庸的作品，而是以严谨和慷慨的态度进行鉴赏。严谨是指无论早期作品离标准有多远，都要以高标准要求它们。慷慨是指对有可能的东西持乐观态度，并对你现在看来已经没有问题的东西持怀疑态度。

慷慨的理念值得深思。至少可以说，在企业战略的字典里通常找不到“慷慨”二字。当我给艺术家讲授商业知识时，我经常告诉他们：需要他们慷慨，在获得回报之前，他们要先给予。任何领域的创造性工作都要求你先冒险提供一些东西。

不只要对市场或观众先付出慷慨之心，对自己和同事也要慷慨以待。你会有陷入困境的时候，他们也一样。韦斯利·特哈尔（Wesley ter Haar）是媒体僧侣（Media Monks）的创始人，媒体僧侣是一个全球数字制作工作室，创立于阿姆斯特丹（Amsterdam）。他说他注意到一个现象，在他手下工作的经理人往往比他这个首席执行官更不轻易原谅错误。他说他提醒管理者注意：几年前当他们开始工作时，可能比现在犯错的人也好不到哪里去。不无矛盾的是，对可能之事慷慨以待和保持乐观情绪其实标志着你处于所在领域的顶层。自身优秀的人对人对事往往有耐心，而之所以如此通情达理，乃是源于自己经历过，作为先行者，曾经置身于草丛，在众人的注视下孤独地跋涉前进。

通过观察已经获得奖项和荣誉的人是如何开始致力于新项目的，你便可以从他们的学习心态领会到很多东西。当我为本书的另一部分内容与作家安东尼·多尔（Anthony Doerr）交谈时，他刚刚因其小说《所有我们看不见的光》（*All the Light We Cannot See*）得到普利策奖。安东尼亲切和蔼，受人尊敬，也很冷静。他说自己未必比在它之前写的那 4 本书更喜爱它，他的工作始终是在书桌前坐下来，开始写一本书。他每次都不得不冒着故事可能会中途崩溃的危险，但在开始写的时候并不知道这是否会发生。写到最后他也不知道自己的作品能否被人接受。推出产品或创立公司的任何人都经历过同样的处境。

我们都有管理人生、体验混乱和不可预测性的工具。多尔的工具是想出了一个奇异的故事情节。他试着从荒谬的事情开始写起，以便消除压力。在《所有我们看不见的光》中，他说道："它讲的是一个盲女和一个纳粹男孩的故事。在 ×× 页之前，他们甚至都还没有遇见！"

在自己的生活中，当你轻易地在固守心态的休息站安营扎寨，故步自封，虽积极却因判断而失去勇气时，你希望能注意到拐点，即奖励、加薪、升迁和较小的成功等。在那些时刻，你仍然希望选择一种鉴赏的心态。你需要选择接下来做什么。你的持续成功就取决于它。

设定一段宽限期

进行鉴赏的最好的办法之一是主动决定将判断推迟到未来。你会承认，有些时候你想知道事情是好还是坏，但你可以允许自己以后做判断。延迟判断。通过设定一段宽限期，从而在评判之前有更多的时间进行创作。

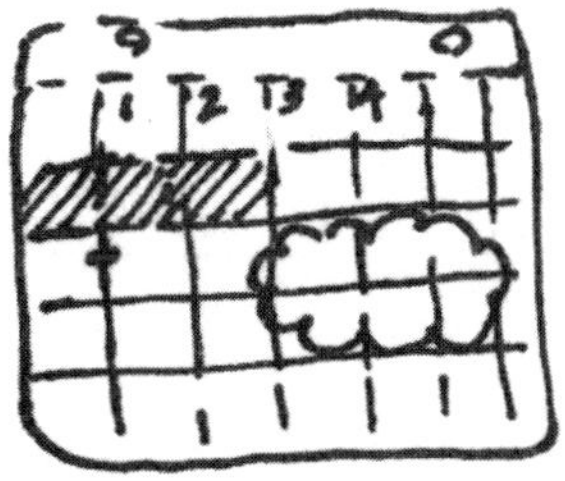

想想迫在眉睫的重要任务吧，它是你觉得必须要修复、完成或完美解决的任务。在你不得不做任一任务之前，你能留出多长时间？可能是 30 分钟或 1 年。比方说，我有一位研究生，她想要一次性找到自己的职业道路。问题和决定很有吸收力，而且有一种急迫感。但真相是，她可能并不真的需要知道接下来的两周会发生什么，甚至是接下来的几个月内也不需要，在接下来的两小时里更是绝对不需要。如果她能让自己在那个时候置身于草丛中，她就可以暂时不必考虑一定要得到结果，将那段时间用于学习。

一旦设定自己的宽限期，她就可以为自己构思一个研究计划。她可以自问：需要知道什么才能做出决定，然后，如何才能获得这些信息，而不是停留在思维的批判空间里，老是琢磨："我现在知道吗？答案是什么？"

在那个特定的情况下，她需要对话，需要问自己问题，以及需要她能做的研究。最有可能的是，她的职业生涯就在这个自我探究的过程中自然产生。通过不想方设法跳至结尾，她找到了解决办法，驻足自我决定的画架前，而不是坐在扶手椅上，希望它一下子就能实现。

当你为目标设定了宽限期，并开始推进项目时，这会发生什么事情呢？1901 年，威尔伯·莱特说过："再有 50 年，人也飞不起来。"然而，仅仅两年之后，他和他的兄弟就试飞了 4 次。1903 年 12 月 17 日，飞行距离从 120 英尺（约 36.58 米）提高到了 852 英尺（约 251.46 米）。要不急不躁，着眼于长远，而不是立即解决问题，如此，才可以有更多的时间进行创新性的思考。它赋予你探索的空间。确实，最后期限等于是创建了一个坩埚，工作要想完成就要抓紧熔化，但最后期限给不求特定结果的工作带来的压力，有时会让你只要满足可以接受的最低标准就赶紧交付，这也是真实情况。如果有人告诉莱特兄弟1905年以前他们必须飞起来的话，或许他们就会造一架滑翔机。

因精益创业运动的推广而流行开来的一个方法是“最小可行产品”，设定宽限期的策略可与此方法互补。根据埃里克·里斯（Eric Ries）在其《精益创业》（*The Lean Startup*）一书中的描述，最小可行产品指的是最大限度地拼凑，但可以拿出来示人的产品。制造一个最小可行产品是测试和改进创意的极好工具。但要小心的是，在制造最小可行产品的过程中，你不要制造一个类型完全不同的东西，比如造了一架滑翔机，而不是飞机。[最小可行产品（minimum viable product）指具备最基本功能的初期产品，简称MVP。它可以让你在耗费资源和用时最少的情况下，尽快了解市场的需求，获知用户的反馈。比如音乐或歌曲的小样、产品介绍视频或APP等，不一而足。——译者注]可以肯定的是，莱特兄弟制造飞机就是先制作出样机，再进行测试的。但在努力完成制造飞机这个更大目标的过程中，他们允许自己失败。在循环进行测试和制造样机的过程中，你可能仍需要有意识地保护探索和创新的空间，而不是分阶段执行。

科琳娜（Corinna）是我的一位艺术家朋友，她曾经告诉我，她若离开工作室一段时间，所有她想做的事情就会像宏伟的计划浮现在她的脑海中。但是，当她真的付诸行动时，在工作室里的感觉更像是在悠然地做着轻松的事。变动最后期限是一种为自己的实验和学习创造生产空间的方式。延迟判断会让你慢条斯理地做事。

培养坚持不懈的能力

经过较长的一段时间之后，很容易就会发现我们的判断实际上相当不可靠，我们认为是好的或坏的结果可能正好相反。

猫王埃尔维斯·普雷斯利（Elvis Presley）没上过音乐班，而且在一次演出之后被大奥普里剧院（Grand Ole Opry）炒了鱿鱼。奥普拉·温弗瑞（Oprah Winfrey）最早担任电视新闻节目主持人时被解雇。弗雷德·史密斯（Fred Smith）在耶鲁大学的学期论文得了个 C，但正是在耶鲁时，他产生了建立联邦快递的想法。迈克尔·乔丹（Michael Jordan）被其高中篮球校队裁员。苏斯（Seuss）博士的第一本书被拒 27 次。在第一次试镜时，弗雷德·阿斯泰尔（Fred Astaire）得到的答复是一张字条："不能唱。不能有动作。略微有些秃顶。可以跳一小段舞。"

斯蒂芬·金（Stephen King）的第一本书《魔女卡丽》（*Carrie*）被 30 家出版商拒之门外。获知外部的判断也容易让人对自己下一个判断，以至于金感到灰心丧气，把《魔女卡丽》的手稿扔掉，也就不足为奇了。他的妻子从垃圾篓里又把它找了出来。同样，当出版商评估苏斯博士的第一份手稿《想起我在桑树街见过它》（*To Think That I Saw It on Mulberry Street*）时，《戴高帽的猫》（*The Cat and the Hat*）或《绿鸡蛋和火腿》（*Green Eggs and Ham*）更是难以看到未来。就像哈珀·李的人生故事一样，后来理解其中的关联比较容易。艺术思维要求接受失败或拒绝，也要求领会对赢或输的感觉可能是一个漫长的过程。

当你置身于制造某种东西的草丛时，尤其容易错误理解成功和失败，或错误估计成功或失败的程度。当谷歌邮箱的创始人保罗·布赫海特回想起在谷歌的早期岁月时说道："我还记得它是一个很小的创业公司，没人听说过，我不得不向人解释，它就像是除了搜索引擎之外其他特征都没有的雅虎。人们只是用难过的表情看着我，似乎是说：'我很抱歉，你没能找到一份真正的工作。'"

1915 年，温斯顿·丘吉尔（Winston Churchill）被迫辞去第一海军大臣职务。也就是从那时起，他开始把绘画当成一种爱好，并写出一篇散文《以绘画为消遣》（*Painting as a Pastime*）。尽管他担任过各种政府职务，但他不知道自己会在 1939 年再次成为第一海军大臣，而且在第二年成为首相，并成为第二次世界大战期间自由世界非正式的拯救者。本来丘吉尔应该很容易就感觉自己失败了，或把这件事看得过于严重，推测自己将会永远失败。用丘吉尔的话说，你永远不知道何时是你"最辉煌的时刻"。看上去像是到了珠穆朗玛峰的顶峰，其实呢，还在大本营。又或者，从丘吉尔的情况来看，看起来突然之间的颜面尽失只不过是走在更宽广道路上的轻微损失而已。

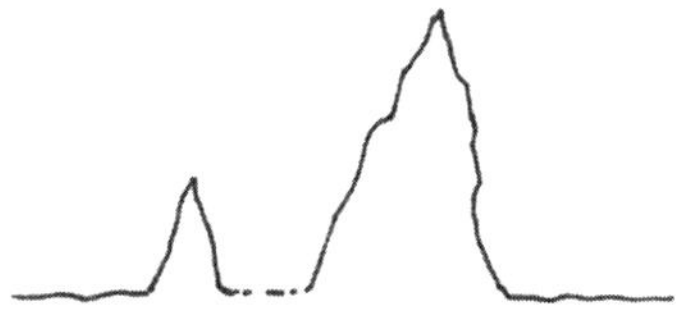

即使后来因为攀登上珠穆朗玛峰而为人铭记，人生也没有备忘录标明它会发生在哪一时刻：亚历山大·格雷厄姆·贝尔（Alexander Graham Bell）29 岁时发明了电话；露丝·汉德勒（Ruth Handler）43 岁时设计出第一个芭比娃娃；作为雕塑家，路易丝·布儒瓦（Louise Bourgeois）70 多岁时才在博物馆首次举办大型展览；在成为一名优秀编剧之前，艾伦·索金（Aaron Sorkin）的演员之路并不成功；贝比·鲁斯（Babe

Ruth）也是一位失败的演员；雷蒙德·钱德勒（Raymond Chandler）40多岁才开始写犯罪小说，而且是在被石油公司从高管职位上解雇之后不久；当60岁的大卫·塞德勒（David Seidler）因《国王的演讲》（*The King's Speech*）获得奥斯卡奖时，他说："我的父亲总跟我说：我是一个大器晚成的人。"

整个公司也有处于草丛中的时候。如果你对3M公司成立后不久的成败加以评估，看到的应是这样一群人：他们意识到自己买下明尼苏达州的一整座矿，挖出的矿物却不是他们需要的，不得已只能寻找另外一种方式制造砂纸。该公司的股票于1901年4月公开上市，当时，每股价格10美元。到1904年末，其"酒吧交易"价格是"两股只够喝一小口威士忌，而且是廉价的威士忌"。当时你不会知道100多年后该公司仍然存在，更不用说以800亿美元的市值在纽约证券交易所进行交易了。

2008年10月，雷曼兄弟倒闭和全球金融危机爆发之后，美国信贷市场收紧银根。若此时寻求金融交易，你就好比是在平静无波的海面上冲浪。托马斯·弗里德曼（Thomas L. Friedman）为《纽约时报》写了一篇评论文章，鼓励银行冒些风险，如此，信贷市场才不至于彻底枯竭。对于那些基本面良好，而且尚未成功的公司，银行有责任回应它们的融资需求。

弗里德曼问道：如果1998年前后，身穿T恤的两个小伙子走进一家银行，要求为一个他们叫"谷歌"的"搜索引擎"贷一笔款，情况会怎样呢？"他们告诉你：在电脑屏幕上的一个方框中键入任何单词，点击'手气不错'按钮。涌出的是一大堆与此词相关的网站。"弗里德曼试图说服银行家不要偏颇地将需要贷款的初创公司都比作行将末路的企业，正如皮克斯电影公司的卡特穆尔所说：不要用只有成鸟谷歌才能满足的标准来衡量羽翼未丰的谷歌。

杂草遍地都是。我们现在看到的一切都有一个掩藏在草丛中的前身。你知道的每一个人差不多都还没有出生。每对夫妻必定在某个时间相遇才会喜结良缘。除了一些例外情况，每个人都是经过面试才干上目前所做的工作的。最大的跨国公司首席执行官的第一份工作是什么？你最钦佩之人的第一份工作是什么？世界拥有经度、纬度和设定了本初子午线的公共时钟约150年。我们认为理所当然的一切皆是创造出来的，电话、互联网、可口可乐莫不如是。甚至已被我们超越了的技术曾经也在草丛中，比如八轨磁带、盒式磁带和随身听。

你可以花一天或一生在脑子里想象现在遇到的所有成年人小时候的样子，或想象你居住的土地在300年、50年或5年前是什么样子。雄伟的曼哈顿岛最初大部分是垃圾填埋场。波士顿进行垃圾填埋工程的历史跟殖民地的反抗史一样长。烟雾笼罩下的伦敦曾经每平方英里有6吨煤灰，穿城而过的河流就是一个开放式的下水道。不管你生活在哪里，购物中心曾经是草地还是垃圾填埋场？在你生活的地方，生活层面发生了什么变化？

在给学生讲授商业课程时，我总是对当今应用的各种电子表格工具感到震惊和振奋。几十年前或几百年前，曾有论文或书把它们描述为一种全新的理念。想到这些一度被人创造性地提出来的想法，会让你在思考时为创造的机动性留出更多的空间。

成功的一半是要记住其他人也在草丛中，另一半是培养对无常过程的一种冥想式的觉知和坚持不懈的能力。置身草丛中的关键未必是一定要以不同的方式做事，而是要以不同的方式思考。无论其他人怎么从外部看，他们也在那里。如果他们不在草丛中，那就可能被困住了。置身草丛中表示还活着。

专注是生产力的引擎

诗人玛丽·奥利弗（Mary Oliver）曾经写道：“这是我知道的最狂野和最聪明的第一件事：灵魂是存在的，完全因专注而产生。”从诗意的角度讲，专注是灵魂的组成部分；但若从经济的角度看，它是我们最为稀缺的资源。

置身于草丛时，专注是生产力的引擎。它会让你安心地投入工作本身，而不是想立即跳至结尾。置身于草丛会让你焦虑不安。若不清楚去向何方，你就难以把工作坚持做下去。然而，待在画架前是有可能完成创作的唯一途径。专注就是让你在那里坚持下去的力量。

20 世纪 60 年代，越南的一行禅师（Thich Nhat Hanh）创办了社会服务青年学校（School of Youth for Social Service），教学生们“入世佛教”。毕业生进入战区，试图利用同情心的习得来调停交战各方。他们的方法被人误解，一些佛教徒被绑架和杀害。1974 年，该校的一位职员给一行禅师写信，要求他解释什么是冥想。一行禅师收到信时，正流亡法国。但他回了一封长长的信，坦白而热情，此信后来得以出版，由摩比·侯（Mobi Ho）翻译，取名《正念的奇迹》（*The Miracle of Mindfulness*）。

在一个非常切题的段落中，一行禅师写道：“洗碗的方法有两种。第一种是为了把碗洗干净而洗碗，第二种是为了洗碗而洗碗。”专注是为洗碗而洗碗的练习，站在水槽前，两手沾满洗涤液，全神贯注地投入，满心好奇，而不是一门心思地冲向碗已经洁净的未来。

“正念”这个词本身就可以让一些人退避三舍。丹·哈里斯（Dan Harris）是美国广播公司（ABC）的记者，他在《多出 10% 的幸福》（*10%*

Happier）一书中，记述了自己初次尝试冥想的经历，用他的话说，这个领域存在“严重的公共关系问题，很大程度上是因为其最著名的拥护者说起话来就像是他们永远有一个排箫在伴奏”。对某些人来说，“冥想”听起来像是它自己的正统观念，即存在正确的做法，如果你做得对，它就会带来确切而真诚的好处，但这一切与正念本身的真实想法是背道而驰的。

我想到了一些关于礼仪的老建议所说的正念。1926 年，特鲁布里奇夫人（Lady Troubridge）在《礼仪书》（*The Book of Etiquette*）中写道：“当人们服从一些更高尚的规则，如善意规则，而不用顾及受到惩罚时，在特殊场合下，违背礼仪就应比遵守礼仪更受尊重，这才是对社交规则的真正认识和理解。”如果你坐在某人旁边，而他不小心把自己洗指碗中的水喝了，正确的反应不是告诉他做了什么事，而是你也喝下这碗中的水，因为礼仪的目的不是强制执行规则，而是让人舒适。同样，正念的目的不是强行保持充分的冥想（本身是矛盾的），而是养成一种意识上的习惯，之后你还可以回到那种状态。实践精神要比规则更重要。

我会称之为专注，但你可能会叫它正念，它们是一种在保持清醒的同时又意识到自我的状态。尽管置身于草丛有其不足之处，但它是一个很有用的工具，有助于咬定青山不放松。

专注可以是一种松懈的练习，类似一种表演和展示。就像上一章提到的以利亚的椅子，它是占有空间的一种方式。你的冥想练习可以打断，暂时休息一下，做做运动，或拿出片刻时间，清理一下自己的思绪。初级保健医生克里斯托弗·舒尔茨（Christopher Schultz）说过他在划船时冥想。不过他指着一瓶医用消毒洗手液说：如果盯着那个瓶子 30 秒，他就会觉得精力集中，也会感觉心情更平静。

暂停的那一刻表示存在但什么也不做的一种行为。它代表看到和接受，是什么样就什么样，即使现实并不美好。暂停带来了稳定和开放，创造的灵活性因而得以培育，这有助于你获得更全面的能力，尽管此时你并不知道自己到底去向何方。

近十年来，正念禅修在美国各地的公司大行其道。像苹果、耐克、谷歌、塔吉特（Target）、麦肯锡、德意志银行、通用磨坊（General Mills）、高盛和 HBO 电视频道这样的公司，通过开办课程或提供完整的培训计划，都在大力推动冥想的开展。医疗保险公司安泰（Aetna）是美国百强公司之一，马克·贝尔托利尼（Mark Bertolini）是该公司的董事长兼首席执行官。他开始开设正念禅修班，这是在经历了 2004 年濒临死亡的滑雪事故后，他做出的许多改变之一。

过去几年里，1.3 万名安泰员工参加了瑜伽和冥想班。由于从事的是医疗保健行业，安泰开始用实验研究冥想的影响。他们从安泰的员工中挑选出 239 名志愿者，将他们分为 3 组：有两组分别做瑜伽和选修正念班，第三组为对照组。三个月后，在可觉知到的压力水平方面，坚持练习瑜伽或正念冥想的员工显著下降。

2015 年 1 月，贝尔托利尼决定将公司的最低工资标准从时薪 12 美元增加到 16 美元。他将自己的决定归功于托马斯·皮凯蒂（Thomas Piketty）的《21 世纪资本论》（*Capital in the 21st Century*），也把他敢冒创造性经营管理风险的能力归因于自己的冥想体验。

20 世纪 80 年代末，心理学家玛莎·莱恩汉（Marsha Linehan）将正念吸纳进认知行为治疗（CBT）的方法体系中，莱恩汉采用的方式既支持专注，也能回到你与判断的关系上。莱恩汉的辩证行为疗法（DBT）既利用正念揭示思维模式的扭曲，例如，将某个事件概念化，以预测普遍存在的厄运，也使用认知行为治疗的工具重新训练人们的思维。

正念这种做法始于一种叫“全盘接收”的习惯，你要接受正在发生的任何事情，即那些发生在你的生活、工作、创作室时间和在杂草丛中探索时的事情，并通过让自己去注意它，从而确认它的存在。无论消息多么令人失望，“全盘接收”会指引你与自己的体验建立密切的关系。它是积极强化专注于工作本身的一种方法，而不是希望自己处于其他状态，或对过程越来越不耐烦，想要直接跳至结果，从而抗拒正在发生的事情。用正念大师塔拉·布莱克（Tara Brach）的话说，“全盘接收”是“彻底接受”正在发生之事的做法。

事实是，最有创造力的过程深植于失败之中，就是这么回事。你很有可能致力于某事已经很长时间了，然后，有一天意识到“全盘接收”此路不通，你需要废止，重新开始。没有多少人谈过这样做有多么重要。把某些胶片丢在剪辑室的地板上与把它们放进电影同样重要。置身于草丛要求你能够全身心地投入自己的工作，然后，如果需要的话，改变方向，继续前进。

在很多具有创新思维、引领潮流者的实践中，你会开始注意到这些专注和贯彻始终的迹象。诺曼·李尔（Norman Lear）是一位传奇的电视编剧和制片人，他把自己工作的心理习惯描述为“结束和下一个”。从外部看，我们知道李尔创作了惊人成功的电视剧，比如《全家福》（*All in the Family*）和《杰斐逊一家》（*The Jeffersons*），它们在更大的范围内改变了文化和电视行业本身。俯瞰电视史，李尔就像是你从飞机窗口可以看到的灯火辉煌的城市。但李尔本人，跟我们一样，不得不努力地穿越草丛。他制作过轰动一时的电视剧，在播放了几集之后，他把被删掉的镜头也播放了出来。他会告诉你他喜欢那些被删掉镜头的什么。凯特（Kate）是他的女儿之一，她形容他是一个“经历过人生巅峰和低谷，同样令人惊奇”的人。

李尔是这样描述自己内心的罗盘的：

无论多么伟大，事情总会过去，希望结束时没有后悔，因为下一个立即可得。后来，经过反思之后，我想象在“结束”和“下一个”之间有一张凸肚的吊床，并意识到：这里正是努力争取活在当下之处。

那张向下鼓出的吊床正是研究实际发生的空间。它是你试着寻求探索和创作的地方。

置身于草丛的最重要之处是与自己的想法交朋友。通过确认它们的存在，“全盘接收”有助于你与自己的想法交朋友。即兴喜剧有一个习惯，就是在幕间要说“甚至还”，从来不说“不”，这种习惯也会有帮助。“全盘接收”可以确认你的想法的存在，“甚至还”可以对它加以扩充，不管想法是什么。若同意坚守你的想法，那你对待它们的态度就好比是对待不好应付的亲戚一样，越少判断，越随他们的便，就越容易与他们相处。试图避而不理一种想法，只能使之更顽固地缠着你。即使是积极的，但纠缠你的想法会滞碍你前进的能力。

最终，与你的想法交朋友意味着用一种鉴赏的心态面对你的想法，而非一种判断心态，也就是说，视你的想法为一个学习的机会，而不是一成不变的观察。随着时间推移，内心那些或糟糕或绝妙的声音就被放在了长凳上，你可以一身轻松地继续前行了。

剖析成功之路，看到过程中的每时每刻

置身草丛的最后一个工具是选取一个成功的事件，想象在成功之前，你对它们的看法，观察其成功之路，以及在漫长创造之路上迈出的每一步。你看到了成功的结果，如上一章讨论的保罗·布赫海特创建谷歌邮箱平台的过程，剖析它，就可以看到迈向成功的沿途之上穿越草丛的每时每刻。正如布赫海特的谷歌同事克里斯·韦瑟雷尔（Chris Wetherell）描述的那样："你能想象要研究它两年吗？""看不到曙光。很少反馈。很多（界面）的迭代，很多。有些很差劲，以至于人们认为'这玩意儿永远不会投放市场，这是最差的东西'。"

像纽约马拉松比赛这样的大型综合赛事，刚开始搞的时候也是置身于草丛之中，条件很一般。2015年，纽约市的马拉松比赛接待了差不多5万名跑步者，而观众有100多万人，志愿者有1万人，还有纽约路跑协会（New York Road Runners）的工作人员175名。该赛事用了6万多加仑水和3万加仑运动饮料，光丢弃的服装就有20.7万磅，它们都捐给了慈善机构——善意（Goodwill）。

如果你退回到1976年的比赛，那是马拉松比赛头一年途经纽约市的全部5个行政区，当时的情况是这样的：参赛者有2000人，包括演员詹姆斯·厄尔·琼斯（James Earl Jones）71岁的父亲罗伯特（Robert）和戴安娜·奈德（Diana Nyad），2013年，戴安娜从古巴游到了佛罗里达州。

比尔·罗杰斯（Bill Rodgers）获得波士顿马拉松比赛的三次冠军，

你会看到他穿着借来的足球短裤越过终点线，因为他把自己的比赛装备忘在家里了。你也会看到罗杰斯借了该马拉松创始人弗雷德·勒博（Fred Lebow）100 元钱，到扣押场去提他的车，因为在比赛期间，它被警察拖走了。你会看到所有选手要重新填写登记表，因为操作当时最新电脑注册系统的那个男人被其女朋友赶出了家门，而她扣留了那些原始表格，拒绝归还。你会看到勒博开着自己的菲亚特 X19 亲自到机场接奥运选手弗兰克·肖特（Frank Shorter）。

如果时间再往后退，退回到 1970 年的第一次马拉松比赛，当时还只是围着中央公园转圈，你会看到消防员加理·穆勒克（Gary Muhrcke）赢了一只 10 美元的手表和一个旧的保龄球奖杯。时间再退后，你会看到勒博在跑他第一次的马拉松，那是 1970 年在布朗克斯区的樱桃山，他当时的装备跟其他人一样，穿着“有些让人惊异的秋裤和高领毛衣”，比赛组织者递给他们的不是水，而是由一位随机的观众递来的一杯波本威士忌，几乎每一圈都有这样的人。

置身草丛时的一个个快照瞬间拼接在一起，构成了一部有关创见的电影，在漫长的曲折道路上，一只脚总在另一只脚的前面。

有心栽花与无心插柳

一路走来，从技术上讲，你可能没有得到开始时想要的东西，却在别的事情上取得了成功。当我因为本书而研究哈珀·李的故事时，我旅行去了她的家乡亚拉巴马州的门罗维尔。时值5月的一个周末，跟往年一样，小镇草坪上正表演《杀死一只反舌鸟》，这里紧挨着法院，而法院坐落在该镇的广场上。这次旅行堪称一次人生探险，我天真地称之为"追寻哈珀·李的足迹"，直到我认识到，要达此目的其实需要很强烈的竞争意识：最近有个人做到了，那人买了一套房子，已经搬到了她的隔壁。与此相反，我所做的是提前打电话，跟当地历史协会的唐（Dawn）女士谈及此事，但我弄丢了她的电话号码，不过意识到这个6400人的小镇只有3家人姓唐，幸运的是，我再次见到了她，因为她在法院外摆了一个柠檬水摊。

如果此行的目的是要遇见哈珀·李，那我是失败的。但所发生的事情反倒是我在这个小镇得到的意外体验。他们送给我一份礼物，那就是与他们分享。

我没有遇到哈珀·李，比如在小猪扭扭（Piggly Wiggly）商店的谷类食品过道里碰到她，而是跟一位"大夫"一起闲逛，他是当地的兽医，在小镇广场上演的《杀死一只反舌鸟》中饰演坎宁安先生（Mr. Cunningham）这个角色。我要跟他及其演员同事站在一起，聚拢在一只深绿色垃圾桶的周围，桶上盖着一个有条栅的木方框，这就是"后台"，还兼作酒吧。在他们上台前，我们共饮了一杯金馥力娇酒（Southern Comfort）。表演的第二天晚上，我当了一回临时演员，戴着一顶软帽，乘坐在一辆福特 A 型皮卡车后面穿过一幕场景。我也被带去参加卫理公会野餐，唐跟我已成朋友，我在她那柠檬水摊的沙发上打过盹，在一个农舍吃过午饭，与杜鲁门·卡波特其中一位表兄弟漫步走过牧草地，见过演阿提克斯的银行经理、演布·拉德利（Boo Radley）的警察和演童子军的两个女孩。

就像任何人生大冒险或创造性过程一样，这些全都是随着日常生活的节拍发生的，从开车离开我住的汽车旅馆，经过他们称为“沃利世界”的沃尔玛[沃利世界（Wally World）是对沃尔玛的昵称。——译者注]，一直到看到唐用完她所有的冰，并且开她那位有趣且大献殷勤的朋友的玩笑：“市议会选举失利的最坏之处是交出制冰机的钥匙。”也就是说，我并没有做我准备要做的事情，但实际发生的事情要有趣得多。

任何真诚的尝试都可能是湮没无闻的，而且永远不会得出意义重大的成果。确认某个探索领域是一条死胡同非常简单，这对于一辈子在实验室里搞研究的科学家来说不成问题。整个职业生涯看上去跟新东西发现者在实现突破前的艰难岁月没有那么迥然不同。此外，如果实现突破的那一刻真正来临，人们很容易就会看出这是一个预料中的结局。由于大脑不喜欢认知失调，人们会努力争取一致性，这让我们不禁认为，无论发生什么总是命该如此。当然，1955 年默默无闻的哈珀·李终究会成为 1961 年的著名作家哈珀·李。

在商业世界，冒险致力于某个项目，却没有一个经过验证的解决方案，那就好比进入了前沿阵地。渐进式改进反而很诱人。当然，小赢可能是大得的敌人。提出大问题会招致风险，但也有可能把人引致某个意想不到的地方。巴克敏斯特·富勒（Buckminster Fuller）曾经说过：“常常是在我动身前往其他地方时，我才发现自己应该向何处走。”

只有通过改变我们跟判断和过程的关系，我们才能打开可能性的空间，并不是所有时间都是如此，但有些时候是这样。对于我们每个人来说，以运动员作比喻，正是开放和灵活的能力让我们实力强大。

一旦你接受置身草丛的优点，或更简单的现实，那就是不管是什么，恰好我们，在那里，下一个选择就是如何导航。置身于草丛中，你最大的导航工具就是照亮一个问题的灯塔，它会拉着你向前进。

第 3 步

坚持的过程中，如何把握方向：提出指引你前进的问题

倘若确实付出了真诚的努力，且不遗余力，那么，失败看上去就跟成功一样令人兴奋。

——罗杰·班尼斯特爵士

《第一次跑进 4 分钟》（*The First Four Minutes*）的作者

到目前为止，艺术思维框架是从拉远镜头以看到整体开始的。在那个更大的景观内，创作室时间会为你不求特定结果的创意项目留出空间。从内部看，可以感到这种工作就像置身于杂草一样，脆弱而不确定，结构化的、以绩效为导向的职场文化很难对它加以解析。即使你能容忍这种不确定性，设法变得像太阳马戏团（Cirque du Soleil）那般灵活，减少对进展中的工作的误判，你又如何决定要做什么呢？你怎样成功地起跑，开始一个创造 B 点的过程呢？

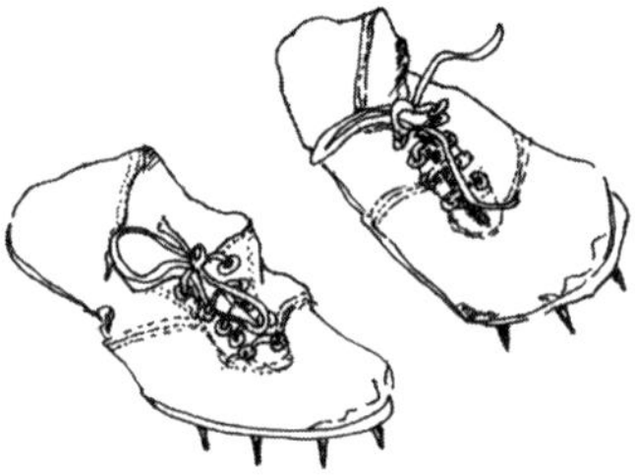

艺术思维本质上是以问题为导向的，不是建立在寻求解决方案的基础上。它要寻找的是前进的可能性。它的运动方式像波浪，而不是箭。（如果你略作停顿，考虑一下，波浪其实远比箭的力量强大。）从问题开始入手是作为过程的艺术的关键。商业是优化，艺术是提问题。商业达成目标，而艺术创造目标存在的世界。

在那种情况下，一个关于运动成绩的故事实际上指向了艺术方面。

这种技能可能源自一个可能性的问题，并开启了一个世界，此后不久就被超越。

1954 年 5 月 6 日，在牛津大学的伊夫利路田径场（Iffley Road track），罗杰·班尼斯特成为第一个 1 英里跑进 4 分钟的人，从而载入现代体育史。班尼斯特不是职业运动员，而是一位神经科实习医生，在午餐休息期间，他会进行跑步锻炼。当时，人们认为，如此快速地跑完 1 英里在生理上是不可能的。

19 世纪 60 年代，最优秀的成绩是 4 分 30 秒，这“几乎是超人般的成绩”。20 世纪 40 年代，4 分钟跑完 1 英里被奉为神话。这个极限看起来像是一条打不破的自然法则，世界纪录定格在了 4 分 1.4 秒，并保持了 9 年。20 世纪 50 年代初，有 3 位赛跑选手展开角逐，看谁率先打破 1 英里跑的极限，他们是英国的班尼斯特、美国的韦斯·桑蒂（Wes Santee）和澳大利亚的约翰·兰迪（John Landy）。只是这 1.4 秒就像一堵水泥墙一样纹丝不动。接着，班尼斯特现身，他拥有“像发动机组一样的胸腔”和“大步流星的步伐”，改变了人们对可能性的观念。

在 1954 年 5 月的那一天，班尼斯特的朋友诺里斯·麦克沃特（Norris McWhirter）用他那长篇大论的滑稽开场白宣布了竞赛结果：

女士们，先生们，现在报告第九项赛事 1 英里比赛的结果。第一名，41 号，业余田径总会（Amateur Athletic Association）和原埃克塞特和默顿学院（Exeter and Merton Colleges）的班尼斯特，创下了运动会和径赛新纪录。经批准，它将成为英国本土人、英联邦公民、所有来到英国的人、欧洲人、大英帝国和世界的新纪录。时间是 3 分……

喝彩的喧嚣让他不知所措，B 点世界得以创建。班尼斯特用 3 分 59.4 秒跑完了 1 英里。

一夜之间，班尼斯特轰动国际体坛，直到今天，他仍然是英国最著名的运动员之一。稀奇的是，班尼斯特的记录只保持了 45 天。他跨越了那堵墙，最后实现了看似不可能的成绩，而另外一人跑出了 3 分 58 秒，他就是澳大利亚的约翰・兰迪。

班尼斯特认为有些事情是有可能的，而且做到了。他踏入了未知的领域，并使之为人所知。他选择了一件看似无法做到的事情，并把它变成了现实。如果不是班尼斯特，而是由其他人去做，比如兰迪或桑蒂，也是可以的，若不是 20 世纪 30 年代的战争使之无法赛跑，甚至是路易斯・赞佩里尼（Louis Zamperini）也能做到。我们全都受制于所处的环境，并因为竞争而做得更好。

然而，这个故事引出了更大的问题：相信某事是可能的和去做之间的差距是什么？像班尼斯特和兰迪那样，知道它是可能的，并做得更好一点吗？两人都赢得了比赛，并创下世界纪录。但只有班尼斯特创建了 B 点世界。

质疑，指引你前进的灯塔

如果你正像班尼斯特那样尝试做一些之前从没做过的事情，那是没有模板可循的。没有地图，你如何航行？前进的道路是由一个富有启发性的问题定义的，正是这个问题把你拉向了可能性。这些问题就像是灯塔。它们采取的是最基本的形式：“如果……那不是很酷吗？”或“有可能吗？”帮助你获得更宽泛的可能性，从而不断前进。实现突破的时候，你的成功可能看起来像是预料中的结局，其实不然。你的灯塔问题为缺少证据的信念留出了空间。实际上提出这个问题还需要日常生活中的勇气。

从我们现在坐的位置看，就像是班尼斯特有一个训练目标，并达成了目标。在某种程度上，这个故事很简单，只是在 1954 年早期，跑得如此快的能力关乎一种信仰，而非证明它是一种事实。就不到 4 分钟跑完 1 英里这事而言，好比伽利略证明地球是圆的之前大家认为世界是平的。甚至正相反，证明了它的不可能。从 1942 年到 1945 年，两名瑞典人贡德·哈格（Gunder Hägg）和阿尔内·安德松（Arne Andersson）你追我赶，角逐这个头衔。1942 年，他俩在 4 分 6.2 秒上止步不前。到了 1945 年，哈格提高到 4 分 1.4 秒，该纪录从 1945 年以来一直保持着，直到班尼斯特 1954 年那次具有历史意义的一跑。

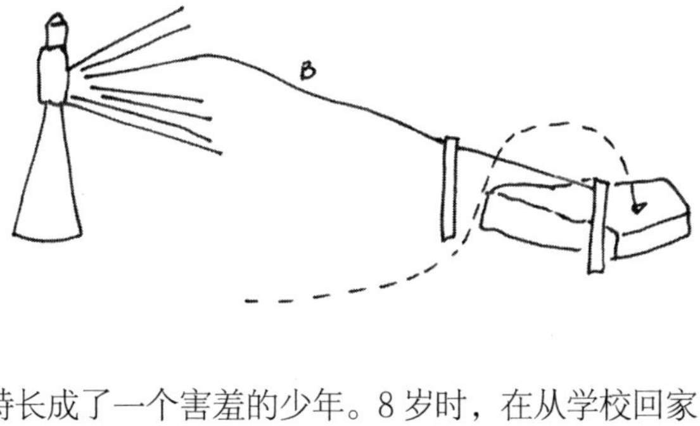

班尼斯特长成了一个害羞的少年。8 岁时，在从学校回家的路上，他要跑着躲开附近的小流氓。10 岁时，时值第二次世界大战期间，当空袭警报响起，他要跑向掩蔽处。为了避开伦敦的轰炸，他家搬到了巴斯（Bath），他又一次要奔跑，因为一枚炮弹落在了他家的房子上，在屋顶坠毁时，他们不得不逃出去。班尼斯特 11 岁时，参加了学校组织的年度越野赛跑，得了第十八名。第二年，即12岁那年，他得了冠军，然后，在学校读书期间，他一直保持不败的战绩。

1945年，班尼斯特的父亲带他到伦敦的白城体育场（White City Stadium）观看一场比赛。瑞典的阿尔内·安德松和英国1英里跑运动员悉尼·伍德森（Sydney Wooderson）之间展开了激动人心的较量。阿尔内人称“6英尺高的巨人”，而悉尼人称“勇敢的矮个子”。这是自二战结束以来首次国际赛跑。班尼斯特被迷住了。

一年前，班尼斯特申请了大学，并于1946年秋入读牛津大学。到达校园时，他做的第一件事是放下包，直奔体育场。他从没在跑道上跑过步，在发现没有人跑步后，悻悻离开。他有一位同班同学，身材矮壮得像是一位桨手，几天后，他说服这位同学跟他到体育场跑步。结束跑步时，场地管理员走过来，称赞班尼斯特的同伴步伐有力。著名的1英里赛跑运动员杰克·拉夫洛克（Jack Lovelock）是新西兰人，20世纪30年代，曾在牛津大学学习，他拥有与此相同的紧凑体格。球场管理员转向班尼斯特说：“恐怕你没大用。你没有跑步的力量或体格。”

尽管班尼斯特热爱跑步，但也只是隔三岔五地参加体育运动，时间相对不固定。1954年，英国全国只有11个田径场。相比之下，芬兰多达600个场地。班尼斯特跑起来看似非常轻盈。1946年，牛津大学90%的大学生是退役军人，在班尼斯特受邀加入牛津大学第三运动队时，队长埃里克·麦凯（Eric Mackay）以前就是一名上尉，但他是个老烟枪。麦凯曾在3英里跑的两英里半处安排一位朋友，在他跑步途中递给他一支点燃的烟，这件事让他出了名。

就在班尼斯特努力争取不到4分钟跑完1英里时，他也过上了有规律的生活，比克拉克·肯特（Clark Kent）更像超人。现在当成神话一样宁神静气地讲班尼斯特的故事当然很容易。我不知道当时的情况是否这样。20 世纪 50 年代，我的母亲住在阿肯色州，她不喜欢夸大其词，实际上，她说班尼斯特的跑步在当时确实如神话般伟大。她记得在新闻中密切关注过此事，当它真的发生时，还是感到了惊讶。它代表了人类要为之努力的新前沿领域。

这个新前沿非常有趣的部分是人。在伯爵宫（Earls Court）附近一间狭小的地下室里，班尼斯特过着凡夫俗子的日子。他要设法挤出时间洗衣服。他要亲自做饭，通常是炖汤，配上一片腌鲱鱼，以补充一些额外的蛋白质。他的医生实习工作花费很高。靠着奖学金，他在帕丁顿（Paddington）的圣玛丽医院坚持学习。在医院这种地方，无论如何，投机取巧是不可思议的。

“绅士业余运动员”一度是英国的传统，班尼斯特即属于这种传统的一部分，出于喜爱而参与体育运动。正如班尼斯特所说：“大学运动员首先是一个人，他要支配运动，而不允许运动支配他。他喝啤酒，想听教练指导时，他会去找教练。”班尼斯特认为那种风气“会培养出这样的男性：其个性和决心足以使他们平衡好生活……能忍受最激烈的竞争”。班尼斯特恰当地安排好时间，从其完成医疗实习的医院赶到运动场，锻炼之后返回，吃一顿三明治，这些全都在午餐的休息时间进行。

1953 年，班尼斯特认真考虑过放弃跑步。1952 年奥林匹克运动会上取得的成绩让他很失望。他在医院已经工作很长一段时间了，跑步也占用了他很多时间。两个月内，班尼斯特对于是否停止跑步十分纠结。最后，他决定再给自己两年的时间。（请注意上一章设定宽限期的方法）

同一年，埃德蒙·希拉里（Edmund Hillary）爵士成功登顶珠穆朗玛峰。他登山的新闻在伊丽莎白女王加冕典礼前夕传到英国。对于跑步者来说，4 分钟跑完 1 英里在当时就像是他们的珠穆朗玛峰。正如班尼斯特在其 1954 年出版的《第一次跑进 4 分钟》里所写，1 英里跑的极限是“对人类精神的挑战。该极限似乎藐视一切想要打破它的企图，不无讨厌地让人想到付出的努力可能是徒劳的”。4 分钟跑完 1 英里是一个极限，既需要想象力，也需要付出努力。

班尼斯特不想靠单打独斗打破这个 1 英里跑极限。他与两位朋友克里斯・布拉舍（Chris Brasher）和克里斯・查塔韦（Chris Chataway）一起训练。计划是布拉舍在第一圈和第二圈控制班尼斯特的速度，然后，第三圈由查塔韦控制速度，之后，班尼斯特独自跑完第四圈，也是最后一圈。班尼斯特的最后冲刺很出名。控制步速可防止他跑得太快，从而保持步频的稳定，直到最后一圈。班尼斯特医生后来解释说，1 英里竞跑的技巧在于速度的均匀，因为步速变化越频繁，跑步者消耗的体力就越多。目的在于匀速跑，最后全力以赴。

1954 年 4 月，班尼斯特、布拉舍和查塔韦将 1 英里的时间减少到了 4 分 4 秒，但他们不能跑得再快了，所以，他们停下来休整。布拉舍和班尼斯特开车到苏格兰高地，与他们的朋友莫尔（More）博士一起爬山。他们开的车是一辆改装过的阿斯顿・马丁（Aston Martin）赛车，身高 1.86 米的班尼斯特在座位后面的行李厢里坐了一路。在他们徒步旅行时，布拉舍摔了一跤，虽然他的绳子拉住了他，却把他们吓坏了，并意识到很幸运。短暂的休息对他们很有好处，返回家后，他们的用时降到了 4 分钟。

随着比赛日期渐渐临近，日常生活与巨大期望之间的差距在增大。5 月 5 日，在班尼斯特打破 1 英里跑极限的前一天，他在医院刚擦亮的地板上滑倒了。5 月 6 日是试跑的日子，即便按照英国的标准，那天的天气也是糟糕得很。班尼斯特去医院，打算将他新跑鞋的鞋钉磨尖。尤斯塔斯·托马斯（Eustace Thomas）是一位高山登山者，在班尼斯特告诉他自己只需要跑一次即可的跑鞋之后，他告诉班尼斯特如何买到重 4 盎司而不是往常 6 盎司的跑鞋。

万幸的是，那天在去牛津的火车上，班尼斯特遇到了他朋友的教练弗朗兹·施坦普夫尔（Franz Stampfl）。施坦普夫尔是一位英雄人物。希特勒掌权之时，他从奥地利逃到了英国，然后被当成“敌国公民”扣押，并押往澳大利亚，途中船只失事，在北海（North Sea）游了 8 小时后，幸免于难。在火车上，班尼斯特告诉施坦普夫尔，因为天气条件很差，他正考虑放弃此次尝试，保留体力，以备来日再战。“不管怎样，假如这是你唯一的机会，如何处之？”通过让班尼斯特思考这一具体问题，施坦普夫尔说服他不妨一试。

比赛定在下午 6 点开始，班尼斯特、布拉舍和查塔韦约定到下午 5 点之后再决定。班尼斯特一下午都与他大学时的朋友查尔斯·威登(Charles Wenden）在一起。那天查尔斯在火车站遇见了班尼斯特，并把班尼斯特带到自己的家，跟自己的妻子艾琳（Eileen）和孩子费利西蒂（Felicity）和萨莉（Sally）融洽相处，简单而舒适的家庭生活让班尼斯特其乐融融，暂时忘却了打破极限之事。

抵达跑道，开始热身后，班尼斯特仍然不知道是否能跑。当时正值暴雨过后，天空甚至出现了一道彩虹，直到比赛开始前几分钟，班尼斯特仍然以为自己跑不了。然后，当他们踏进起跑器时，班尼斯特看到附近教堂顶上一面旗子因为风暂停了而没有飘动。他向他们示意可以试跑。有人抢跑，但风尚停，他们再次起跑。

完整的赛跑纪录片仍保存完好。从中可以看出，查塔韦、布拉舍和班尼斯特与其他三位参赛选手一起起跑。布拉舍和查塔韦跑在班尼斯特的两侧，他们穿着白色背心和运动短裤，跑得飞快，就像是在一个灰色风衣和裤腿构成的静态背景前转圈跑。影片是在赛道的中心拍摄的，简直让人目不暇接。他们跑得速度既快，又显得轻松，让人误认为不是很费力气。班尼斯特双臂高抬，不停摆动，大步流星。

直到班尼斯特的故事写了很长时间之后，我才发现录影带。然后，我每天都看，看了一周。它如画般漂亮，犹如为其付出的努力和勇气画出的一道美丽的彩虹。可以看出人们如何从一般条件下起步，并为超越自我的目标而竭尽全力。从其团队的组建中，你差不多能看到他们多年坚持不懈的训练，以及目前结成的友谊。

第一圈，班尼斯特朝着布拉舍高喊“快跑”，但他没有理会，坚持原来一圈57.5秒的速度。班尼斯特后来感激布拉舍对步速的坚持，他写道：“他有可能成功。”第二圈，当查塔韦超过班尼斯特和布拉舍开始领跑时，你会感觉彼此的责任明确。班尼斯特信任并完全依赖他们。然后，最后一圈刚开始，班尼斯特就跑到查塔韦的前面，你看到有些人已经拼尽全力了。

回顾那1英里最后100码（91.44米。——译者注），班尼斯特说：“唯一真实的……是我脚下的跑道。终点线表示跑到头了，或许是希望破灭。我觉得在那一刻自己有机会做成一件令人非常满意的事。”班尼斯特撞线，然后几乎是瘫倒在地，昏了过去。他的父母前来观看比赛，而他并不知情，他们来到跑道，施坦普夫尔正用身体支撑着他。

班尼斯特是一位经验丰富的医生跑步者，但他不是一个孤独的艺术天才，与此神话正相反，他是在朋友的帮助下得到此成绩的，这是该故事最迷人的地方之一。“第一次跑进4分钟”是很多人协作和运用智谋的结果。班尼斯特最显而易见的合作者自然是布拉舍和查塔韦，他俩是他的领步人和训练伙伴，当然还有很多其他的人。在刚刚打破1英里跑的极限的那一刻，班尼斯特立即寻找布拉舍和查塔韦，绕场一周，庆祝他们的胜利。其实，班尼斯特当时两条腿无力之极，而且心智也没有完全恢复。但没有他俩，他是不会庆祝胜利的。

从SMART目标到戏剧的主要问题

现在回想起来，打破1英里跑的极限看起来像是一个目标，而不是一个问题，二者之间的差别细微，却很重要。很多管理基于目标，比如可量化的指标和以实效为本的可交付成果。人们通常认为是管理大师彼得·德鲁克首先提出的SMART目标。SMART取自specific、measurable、achievable、realistic和timebound几个英文单词的首字母，意思分别是“具体的、可衡量的、可达成的、现实的和有时限的”。

SMRAT目标看起来像是一个简单的工具，却也反映了一种信念体系，它是未来对特定可知计划的反应。SMART目标存在的问题是它们限制了你对未来的要求。它们没有给乱七八糟的问题或鲁莽的目标留出空间。SMART目标有助于把事情做好，比如申报纳税。但艺术思维需要一种不同的工具。你可以设置一个基于过程的SMART目标，即设定一个能显示日常研究或训练的目标。SMART目标可以构建第一章中的“创作室时间”。它可以帮助你保持一种习惯。

然而，你无法为4分钟1英里这类极限设定一个SMART目标。努力实现很多人视为自然法则的突破至少可以说是不现实的。为了探讨B点的可能性，你需要有一个问题拉着你前进，因为你打算去的地方难以想象。问题的引擎未必如表面般的具体，而是背后有更深层次的动机。

在这一点上，灯塔问题类似于“戏剧的主要问题”。电影剧本有两个引导性问题：情节问题和隐藏其下的戏剧的主要问题。在《当哈利遇到莎莉》（*When Harry Met Sally*）中，情节问题是：哈利和莎莉之间会发生什么？戏剧的主要问题是：男人和女人真的会成为朋友吗？在《哈利·波特》（*Harry Potter*）系列电影中，情节问题是：哈利会击败伏地魔（Lord Voldemort）吗？而主要戏剧问题是：善能否战胜恶之精英和恶之平庸，以及哈利能否同时既平庸又非凡。

至于班尼斯特，情节问题是：“他在伊夫利路田径场的跑道上跑得够快吗？”戏剧的主要问题是：“人能跑那么快吗？”甚至是“人类能力的边界比我们知道的要大吗？”就像一座灯塔，主要的戏剧问题就是地平线上的方位基准点。当它得到应答时，等于是打开了一个全新的世界。

物质世界的灯塔是地面之上的指路明灯，远远地即可看到。电影中的主要戏剧问题是故事表象之下的一股强力涌流。有时你的灯塔问题也会如此隐藏起来。它对于“你是谁”非常重要，以至于会把你拉来扯去，而你却浑然不知。将这种目的感带入意识会赋予它更多的能量。但是，不管承认与否，这些问题会决定你的生活的故事结构，以及你所在组织的发展道路。

班尼斯特有一个灯塔问题并不表示他或其他任何人保证能够成功。我们之所以知道他的故事，是因为他没有失败。20 世纪 50 年代初，他在午餐时间跑步这件事可能在个人的历史中湮没无闻。其故事的艺术性在于，他全力以赴，同时他也是活在这个世界上的一个普通人，跟其他人一样，他会工作，交朋友，约会，遭受挫折和走运。如第一章中福格蒂跟他的球囊扩张导管和第二章中李与她的机票代理工作一样，班尼斯特的成就来自他的一生。事实上，班尼斯特常说：他这一生最引以为荣的是在神经病学方面做出的贡献，以及对其家人的奉献。

灯塔问题

艺术学院毕业之后的几年里，我开始理解一件事，那些在各自领域取得了一些成就的朋友非常纠结地意识到：他们的生活正是自己不想问的问题的答案。当我第一次教经济学时，我打电话给一位朋友，就叫他本（Ben）吧，请他帮助我理解什么是转移定价（transfer pricing）。（转移定价指的是在企业内部建立内部市场，有时也是跨国公司用于在低税率国家实现利润的工具。）他跟我讲了一番国际税务策略，我还是糊里糊涂，之后他对我说："你知道吗，我一直想当一名室内设计师来着。"然后，便恶作剧般地突然哈哈大笑起来。

无疑这是对窘境的一种解嘲，但并不表示本应该停止做税务策划师，转而去当室内设计师，事情没有那么简单。这两个领域确实存在很大的差异，但唯一的差别其实是薪水的多少。更有意思的是，要设法揭示两个领域都吸引他的潜在道理，以便他能清晰地提出一个灯塔问题，从而借助导航，顺利地通过二者之间的灰色地带。

很多人的兴趣被黄土埋了半截，这在我与之交谈过的艺术家中间并不罕见。他们进行了很多惊人的创作，但若坦诚地跟他们交谈二十几分钟，他们就会说："你知道吗，我其实内心一直想做我没有做过的其他事。"即使那些按照专业分类致力于追求"艺术家"头衔的人也很难专注于自己最喜欢的事情，并且往往还要投入很多的资金。在某些方面，就像新闻记者会把导语埋没在报道之中那样，我们会置最重要的事情于不顾，专注于不重要，但当时看来似乎紧急的事情上。

了解你的灯塔是发现自己已被埋藏之兴趣的一种方法。不要选择像银行家、瑜伽教师、室内设计师或转移定价专家这样具体的职业道路，要在更深的层次上加以理解，而不是停留在自己相信的和与自己一致的层面上。灯塔问题是你的真实性如何在世界上呈现的试金石。

早期跑步是为了躲避地痞，后来看到安德松和伍德森在白城体育场赛跑，无论班尼斯特出于什么心理，他选择了与 4 分钟极限搏斗。“这有可能吗？”是他的灯塔问题的叙事结构。许多灯塔问题归结为证明某事是可能的，或问“如果……那不是很酷吗”的共性所在。

然而，对人、组织和整个社会运动来说，灯塔问题呈现的形式更加具体。它们可以是特定的学科，也就是说它们源于你的工作所在的领域，比如科学、安全、贸易、教学、儿童养育等，或者产生自对环境的反应，即是“哪儿扎根，哪儿绽放”版本的创造性。

正如我们即将看到的那样，计算机程序员惠特菲尔德·迪菲（Whitfield Diffie）是一位开拓性的人物，他的故事体现了具体学科的灯塔。律师路易丝·弗洛伦库尔（Louise Florencourt）的故事阐明了“哪儿扎根，哪儿绽放”式的灯塔之路，而这条道路产生于责任、能力和环境。

20 世纪 70 年代，惠特菲尔德·迪菲发明了公共密钥加密法，从根本上重新定义了计算机密码的破译。他的方法是将密码设置成两个密钥，一个是公共的，另一个是私有的，二者结合才会起作用。该项技术是他与马丁·赫尔曼（Martin Hellman）一起开发的，为因特网上的隐私保护奠定了坚实的基础。史蒂文·利维（Steven Levy）曾在《连线》（*Wired*）杂志及其《加密》（*Crypto*）一书中写过迪菲，用利维的话说，“将密钥分开”是“自文艺复兴以来最具革命性的加密概念”。

就像班尼斯特的贡献一样，迪菲的贡献始于自己特殊的故事。10岁时，他费力地从头到尾读完了《太空猫》（*The Space Cat*），在那之前，他没有读过书。上五年级时，他的老师科林斯（Collins）女士上了一节破译密码的课，大约就在那时，他的灯塔问题开始在他心里扎下了根。迪菲被迷住了，他要求在纽约市立学院（City College of New York）工作的父亲把图书馆中有关密码学的书籍都借出来。迪菲把所有的书读了个遍，它们既有写给成人看的，也有写给孩子看的。

若激发到他们头脑中固有的兴趣，便会一发而不可收，不可阻挡，但对于纯粹是分配给自己的任务，则缺乏耐心，我们大概都认识某位迪菲这样的人。迪菲是那种感觉学校生活枯燥，容易在课堂上走神的学生，但标准化考试成绩优异，被招入麻省理工学院（MIT）学习。在这个特定的环境中，他对密码学的兴趣开始培养起来。

1965年，迪菲从麻省理工学院毕业，当其时，与纯粹的数学追求相比，计算机编程仍被认为是俗气的新贵。斯坦福大学在1965年才刚刚建立计算机科学系。然而，与此同时，因特网萌芽，美国政府的隐私政策引起人们对保护隐私的高度重视。

迪菲最初选择为挂靠美国政府的MITRE公司做计算机编程和研究工作，从而避免被征兵，送往越南战场。美国国防部高级研究计划局（ARPA，后来的DARPA）只是为因特网奠定了基础。试验性的ARPANET采用分组交换，通过电子网络将研究型大学连成一个共同体。因特网的前身已初露端倪，20世纪60年代，其基础版本接受测试，并于70年代初扩容。

当时，研究人员自行决定是否与国家安全局（NSA）合作，美国计算机科学和密码学的研究走向了两个方向。国家安全局向IBM这样的公司提供一个浮士德式的交易：与我们合作，我们会分享所有绝密的研究，但你永远不准发表之后你独自发现的任何技术，或者独立研究，也不会知道我们已经解决的技术内容。

迪菲没有接受这种交易。正如他后来所说："我一直认为一个人的政见和他工作的特殊性是密不可分的。"迪菲的灯塔问题因其兴趣、天赋和环境的特殊性而浮出水面。用他妻子玛丽·费舍尔（Mary Fischer）的话说，他的"戏剧的主要问题"是："置身于一个到处是不可信之人的世界，你如何与一个值得信任之人做交易？"那个问题拉着他向前迈进。

迪菲成为一个研究个体户，并开辟出一条独创之路。他先后开过几个版本的日产达特桑510（Datsun 510），来往奔波于美国各地，阅读所有他能找到的书籍，并会见神秘人物，费舍尔那时还是迪菲的未婚妻，她认为"确实充满了刺激和悬疑……那些用大衣遮着脸的人……想知道……他是如何知道他们的名字的"。

通过一次偶然的介绍，他最终遇见了马丁·赫尔曼，就是将要与他合作的那个人。在IBM时，迪菲曾拜访过艾伦·康海姆（Alan Konheim），但他以国家安全局为借口，不愿与迪菲分享自己的研究，但康海姆决定告诉迪菲提出同样问题的其他研究者的名字。那个人就是赫尔曼。两人见面，赫尔曼雇用了迪菲，以便他们能继续交谈。

就像哈珀·李和罗杰·班尼斯特一样，迪菲发现自己在人生的这一阶段置身于草丛之中。他当时 30 岁，在加利福尼亚居住，名义上是赫尔曼的研究助手。他和玛丽为一位人工智能先驱约翰·麦卡锡（John McCarthy）代为看管房子，并照看麦卡锡的女儿。一天晚上，迪菲感觉情绪低落。他想放弃。玛丽说：“他告诉我说他应该做些别的事情，他这个研究者当得太落魄了。”

碰巧第二天迪菲心有所悟。作为埃及古物学者，玛丽当时为英国石油公司工作。如往常一样，他慢条斯理地为玛丽做了早饭。下面是迪菲对自己实现突破那一刻的描述：

> 我记得很清楚，第一次想到它时，我正坐在客厅里，然后，我下楼去取可乐，几乎失去这个想法。我的意思是说，正是这一刻我在想着什么东西。它是什么呢？然后，我想起来了，再没忘记。

那个想法是一种破译密码的方法，即“拆分密钥”。开发这种技术让迪菲和赫尔曼花了很长的时间，但一个拥有独创性思维和头脑有准备的人产生了顿悟，而且这个人已经围绕着关于隐私和信任的灯塔问题前行多年，并穷其一生不断探索它。

迪菲的故事表明你的灯塔是如何从你最特殊的经历和最被认为理所当然的基本信仰中显露出来的。这些经历过的故事其意义可大可小，大者如解决社会问题的隐私保护，小者如义不容辞的家庭责任感。

在迪菲的故事中，你还会注意到推和拉的存在。他的灯塔问题指引着他的探究，但他也对自己历史重任的迫切性做出了回应。

这种驱动和接受能力的混合对于停顿很重要。与环境相应答而发生的创造性过程与从疯狂的专注中产生的过程同样重要。还记得约翰·科沃德吗，他就是前言中介绍的那位飞行员。在引擎失灵后，他将英国航空公司的一架客机降在了草坪上，他的机智在于反应迅速。他在完全没有剧本时进入了创造性的空间。

在更为日常的生活环境中，路易丝·弗洛伦库尔具体表达了真实性和责任感共同构成灯塔的方式。路易丝（弗洛伦库尔小姐）是南方作家弗兰纳里·奥康纳（Flannery O’Connor）的表妹。佐治亚州米利奇维尔（Milledgeville）的安达卢西亚（Andalusia）是弗兰纳里·奥康纳的家乡，当我在那里就日常生活中的创造力发表演讲时见过她。弗洛伦库尔小姐头戴牛仔帽，身穿牛仔服，看起来优雅而精明能干。她的年龄已经不小了，但问年龄是不礼貌的。演讲之后，弗洛伦库尔小姐走近我说："你知道吗，我一直想当艺术家，却成了律师。"

直到后来我才明白，在她说自己是一名律师时，她是哈佛大学法学院毕业的首届女生。我认为这是一个处于B点世界的艺术项目。作先锋就是一个艺术项目。在不允许女生就读哈佛大学法学院时，她就处在A点世界。之后，她就成为创造B点世界的一部分，在B点世界，很多女生认为去法学院读书似乎再正常不过了。

后来通过通信，弗洛伦库尔告诉我她在大学主修政治学，但选修了很多艺术史和美术课程。毕业后不久的一个夏天，她在纽约的哥伦比亚大学选修了绘画课。她写道："教授选了我的水彩画，作为在西格拉姆大厦（Seagram building）大厅展览的一部分，这是我作为艺术家生涯的顶点。"她喜欢艺术创作，但也参加了法学院的入学考试。"我的想法是，法学学位可为生活提供出路。若当'艺术家'，我能预见自己会躲在阁楼里挨饿。而当艺术史学家，我能预见自己会在博物馆的地下室里为绘画和艺术收藏品拂拭灰尘。”

在某种程度上，弗洛伦库尔小姐的故事不禁让人想到：如果哈珀·李听从了父亲的劝告，没有从法学院辍学，成为一名律师，那会有什么事情发生。

弗洛伦库尔小姐的创造性大冒险在她退休之后展开。弗兰纳里·奥康纳的母亲让她搬到米利奇维尔，帮助她维护奥康纳的遗产。回顾往事，弗洛伦库尔小姐说她选择读法学院是出于现实的考虑。退休时决定到米利奇维尔是为了填补一项空缺。随之而来的是一种不同形式的艺术，不同形式的职业和再造。弗洛伦库尔小姐的灯塔来自于她对责任感和服务同样真实的信念，渴望养活自己，并有能力将自己的才华运用到所需的地方。

认为灯塔问题仅限于是天上掉馅饼的艺术、不可能做到的事情，这会形成一些偏见，即艺术是一种休闲式的追求，并不是平常过日子的必需品，以及艺术家是一些不切实际的天才。用著名经济学家和英格兰艺术委员会第一任主席约翰·梅纳德·凯恩斯(John Maynard Keynes)的话说：“妖气把他们吹到哪里，他们就走到哪里。”

对于职业艺术家和其他人来说，你的灯塔可以矗立在必要性的地基上。它可以随着时间的推移而改变。它从你作为在任何环境下能发现自我的一个人的正直和整体性发展而来，一架失速的飞机，手握法学院的录取通知书，接到家人的电话赶来帮忙，或两眼向下盯着跑道，一听到发令枪响就会突然冲向前方。

当临终关怀护士邦妮·韦尔（Bonnie Ware）记述临终之人吐露的人生遗憾时，提到最多的是没有为了追寻自己的理想而生活。忠于自己的理想而生活有这样一种简单的做法：不断提醒自己什么是对你重要的那个问题，无论这个问题源于责任或可能性，也无论它看上去大或小。相信必有一个独创性的贡献需要你去做，你可以将自己的出发点固定在一个问题上。

发现你自己的灯塔

如果你想彻底想清楚自己的灯塔问题，有多条路径可选。看看下面这些有没有适合你的：

· 选择你最近做过的取得巨大成功的一件事，一件让你真正感到自豪的事。它的利害攸关的潜在价值是什么？现在，选一件感觉像是失败的事，一次真正的打击，看看它暗含着什么问题。可能的话，把它们写下来。收起来放一边，过一天后再回看它们。这些事件背后有什么希望或问题呢？

· 如果你中了彩票，因此，现在钱已经不成问题，但你还得工作，你会怎么做？把你人生的这个下一阶段想象成是由你主演的一部电影。故事情节是什么？会发生什么？那个答案告诉你什么是你的根本问题了吗？

· 回顾自己的生活，不同阶段特有的问题是什么？无论你是按 10 年、1 年划分，或是采用其他划分方法，比如工作、学校、家庭或居住地，绘制一张自己生活的地图或时间表。你在不同的人生阶段探究了什么？有没有为自己的问题找到一个或多个答案？你可能看到了个人激情或责任和理财必要性的问题。探究某个阶段的问题如何导致并开启了下一个问题，而不是把它看成是成功或失败。

· 如果在你的生活、你所在的组织或更大的世界里，你有一根魔杖，你会用它做什么？这个希望蕴含着什么价值？你如何将此价值转入一个大小适合你控制的问题呢？

· 你的灯塔问题可能存在于不久的将来或遥远的将来。下个月或下一年你希望看到什么发生？接下来的 30 年里需要你思考的重要事情是什么？让你的大脑在一种科幻小说般的头脑风暴模式下自由畅想，然后，自问为什么你会在乎。那是否转化成了你现在所关心的？

亲友套餐：合作与支持

灯塔问题的主要困难在于：提出这样的问题会让你成为先行者。因为失去了往事已确立的模式的保护，它们会让你有超前的危险。如商业理论所述，这里有一个先发优势。你可能会在一个新市场中遥遥领先，首先设计出一个新产品，或者只是在任何事情上都抢先一步。但是，无疑地，当领头羊格外需要花力气。打个譬喻说，这会让你在一群赛车选手当中成为领骑员，这需要额外消耗体力，以抗击风阻，而不是由你的队友为你破风。

跟班尼斯特和迪菲一样，追问“戏剧的主要问题”需要额外的勇气。你顶风骑车的重要之处在于你不知道自己是不是疯到可以去尝试。从商业角度看，如果你成功了，其他人会以较低的成本快速复制你的做法。作为先行者，其风险巨大，而且非常脆弱，但潜在的收益更大。

一路走来，灯塔问题像灯塔一样照向未来，这些灯塔问题需要结构性的支持。在个人层面，这意味着朋友和合作者。在企业战略层面，这意味着市场壁垒，这是在你创造的 B 点世界保护你的成功的方式。

在班尼斯特取得伊夫利路田径场胜利的合作者中，他的朋友和领跑带步人克里斯·查塔韦是吉尼斯啤酒公司的酿酒师。他的另一位朋友和领跑带步人克里斯·布拉舍是美孚石油公司的管理培训生。布拉舍和查塔韦都是天才的赛跑者。在他们帮助班尼斯特打破 1 英里跑极限那天，查塔韦跑了第二名，成绩是骄人的 4 分 7.2 秒。1954 年和 1955 年，查塔韦继续在 3 英里和 5000 米的比赛中创下世界纪录。1953 年，在一场田径运动会中看到查塔韦的赛跑后，后来的工党政治家约瑟夫·马拉柳（Joseph Mallalieu）为《旁观者》（*Spectator*）的《体育日》专栏写了一篇文章，他写道："对于查塔韦来说，创纪录地跑 1 英里比我们跑着赶公交车还省劲。"

在更大的范围内，班尼斯特还有其他的松散合作者，如双胞胎兄弟罗斯·麦克沃特（Ross McWhirter）和诺里斯·麦克沃特。多年来，他俩为班尼斯特的比赛计时，接送他参加运动会，并让他得知海外竞争者的成绩。谈及他俩时，班尼斯特写道：

> 双胞胎兄弟诺里斯·麦克沃特和罗斯·麦克沃特的精力无限。对他们来说，没有什么大不了的麻烦事，他们欣然接受任何挑战。在牛津大学作为短跑运动员一起跑步之后，他们又合作从事新闻工作，不断把我在海外对手的成绩通报给我。他们经常开车拉着我参加田径运动会，以便我可以不慌不忙地抵达，不会太早，也不会太晚。有时，我分不清楚诺里斯和罗斯谁掐表，谁开车，但我知道，不管是谁，都值得信赖。

诺里斯即是在1954年5月6日那场比赛中宣布成绩的人，他凭一己之力让那天到场的记者相信是来着了。诺里斯还雇用当地的电工，接通扬声器，以便他可以宣布每圈用时，这很有帮助。多年来，他们一直在向班尼斯特通报约翰·兰迪和韦斯·桑蒂的进展情况，他俩分别是澳大利亚人和美国人，都争着想突破1英里跑的屏障。他们还告诉班尼斯特，1英里跑极限已经成为“近乎无法承保的风险”，因此，报纸开始为班尼斯特及其竞争者准备“讣告”。

跟班尼斯特一样，麦克沃特兄弟也相信突破4分钟大关是可能的。阿基里斯田径俱乐部（Achilles Club）是牛津大学和剑桥大学的联合体育俱乐部，在从意大利前往阿基里斯俱乐部途中，诺里斯曾与班尼斯特乘坐同一列火车。跟当初告诉班尼斯特应该放弃跑步的那位牛津大学球场管理员形成鲜明对比的是，他看着打瞌睡的班尼斯特说：“或许有一天，这里躺着的这个身体会证明其拥有地球上其他10亿男人所不及的身体素质。”

依靠友谊的力量实现成就，这种理念瓦解了独狼性格的天才单打独斗的想法。然而，难以理解的是，它也完全违反更为现代的合作和授权观念，作为高度个人化的、以成就为导向的创作者，这些观念恰是我们每个人理念的核心。谢丽尔·桑德伯格（Sheryl Sandberg）“向前一步”的想法很重要，可能是B点世界的一个工具。但是，的确，在某些方面，工作中的“向前一步”会被描绘成得到其他人的支持，你个人的职业抱负实现了，但最后，很多人从你的故事中被删除了。名义上，成就归了班尼斯特，但它是一个团队的努力结果。这一成就是在友谊和业余体育传统的基础上取得的。

遵循班尼斯特朋友们的方法，布拉舍继续与人共同创办伦敦马拉松比赛。查塔韦当时还是吉尼斯啤酒公司的学徒，他向罗斯·麦克沃特和诺里斯·麦克沃特介绍了该公司，二人对于体育比赛记录有着近乎摄影和百科全书式的记忆。1954 年，他俩创办了《吉尼斯世界纪录大全》（*The Guinness Book of World Records*），开始编辑和出版，该书也创造了一项纪录，即世界上最畅销的受版权保护的书籍，只有不受版权保护的《圣经》和《古兰经》比它的印量多。罗斯·麦克沃特于 1975 年被爱尔兰共和军杀害，诺里斯独自继续编辑本书，直到 1986 年。之后，他又担任了 10 年吉尼斯的顾问编辑。

先期成功要面对亦敌亦友的世界

在企业层面上，亲友套餐的做法仍旧适用；独特的领导者身边总是围绕着一些重要的团队。不过，先行者总要承受创业的特定风险。如果你能证明某事是可能的，你可能不得不在它上面大幅投资，以达成目标。如果你大获成功，并创建一个 B 点世界，你需要承担什么样的风险和投资才能阻止其他人模仿你，并从中获利呢？后发优势很强劲。

在揭示商业世界中的灯塔问题时，如果你取得了成功，那就需要特别考虑如何设立进入壁垒，以阻止随后进入的人复制你的成功。最常见的方式是专利和其他形式的知识产权，它们旨在奖励发明者，因为他们要承受巨大的风险。在专利不可用的情况下，你仍需找到其他方式，以阻止他人利用你自己的发现。Softsoap 液体洗手皂即有此经历，它不招摇，现在却无处不在，当然，对它的复制也是无处不在。

乳皂（Softsoap）是 20 世纪 70 年代和 80 年代明尼通卡公司

（Minnetonka）开动脑筋的产物，该公司位于明尼苏达州的明尼阿波利斯市，在查斯卡镇（Chaska）以西15英里（1986年的居民为8643人）。1964年，公司创始人罗伯特·泰勒（Robert Taylor）心怀梦想，用3000美元创办了明尼通卡公司。他是马里兰人，口袋里揣着斯坦福大学的工商管理硕士证书，并有在强生公司工作的经历。

直到20世纪70年代末，明尼通卡公司的市场与众不同，是嬉皮士用品和奢侈品的混合市场，它生产洗手肥皂，使之看上去像柠檬、青苹果或好时巧克力（Hershey）。在开车上班时，泰勒产生一个突破性的想法：液体肥皂。

第一个任何种类的液体肥皂专利颁发于1865年，但该产品除了在公共厕所里使用外，从没在其他地方真正流行开来。明尼通卡着手让这种液体肥皂成为一种奢侈品，他用陶瓷制成皂液泵头，并取名“可随时取用的乳皂”等，在20世纪70年代，这是个很妙的名称。

泰勒想要为大众消费市场研制一种皂液。但在这个大鱼游弋的行业，他只是一条小鱼。他很担心自己的成功之日可能就是他死亡之时，这种担心不无道理：如果他为液体肥皂开辟一个市场，其他厂商就会加入。拥有庞大营销和分销体系的大公司就有可能将他挤垮。

他需要某种有利条件，但很难找到。肥皂本身没有专利可用，但在查看了所有的配件之后，他发现了一个限制因素：泵送液体肥皂所需的独特装置有一项专利。整个美国只有两家公司制造这些泵头。泰勒买断了这些公司大约两年的生产量，相当于 1 亿只泵头。虽然每只泵头的成本只有 12 美分，他却不得不投资 1200 万美元，这已经超过了自己公司的价值。这是在孤注一掷。

果真奏效。从 1979 年到 1981 年，明尼通卡的收入翻了两番，达到 9600 万美元。乳皂产品抢占了当时 1.2 亿美元市场的 38%。因为明尼通卡垄断了所有泵头的制造，乳皂得以在高露洁 - 棕榄和联合利华等大公司前面领跑了一至两年。在其他公司进入市场之后，这种领先优势就荡然无存了，但它证明了为竞争对手设置路障的策略是有效的。没有进入壁垒，明尼通卡就不会从其创建的 B 点世界中获益。

买断所有的泵头是一种小而有效的阻塞机制。针对肥皂这样简单的东西，提出一个明确而大胆的问题，这往往是大型企业发展战略的缘起。

当小事已做，大事似乎太难时

在不同的时期，挑战会以不同的形式呈现。班尼斯特探讨的是一个前沿问题，那就是某事是否有可能实现。而我们经常面对的问题更多的是“某事能否得以改善”。在某种程度上，改善和渐进主义问题更适合当前的资本主义。它们是创造过程的一部分，这一创造过程目前已被归入谋利动机，而谋利动机是达成季度业绩目标、追求获胜的思维所接受的东西。但是，你能否稍加改进只是一类问题。

2004 年，班尼斯特为其早在 1954 年出版的《第一次跑进 4 分钟》增写后记，他写道：“越来越难以找到有价值的挑战。”业余田径运动指的是在午休时间进行的训练，似乎那个时代越来越难以想象。自 1974 年，

“业余”这个词就没在官方奥林匹克宪章中再出现。班尼斯特可能是正确的，我们已经解决了很多文明的大问题，从青霉素到钢铁，再到互联网。

也许“有价值的挑战”的新感觉远没有那么舒适，比如全球变暖，教育体制，工作和生活的设计，修理而不只是建造的需求，这些只有少数人可以从事，但这些人中没有一个取得成功，打个比方说，他们还没有跑进 4 分钟以内。他们目前可能是失败的。当挑战似乎太大时，人们就会试图重新调整，而不是真正地解决问题，或急急忙忙地寻找一个时髦的词汇，而不是按照基本原则行事。将自己限制在能回答上来的事情上，只会让你囿于已知的世界，而不是你的工作能创造出来的新世界。

企业确实有在自己了解的领域开展经营，并继续为众所周知的市场提供服务的时间和空间，但也存在可能知道自己的“戏剧的主要问题”，却不能解决它的时间和空间。追寻灯塔问题有其内在的风险，因为它们关注的是未知和不可知的未来，但依赖过去奏效的模式也很危险。世界总在不断变化。

有些习惯会让提出灯塔问题更容易。你可以组织一个“戏剧的主要问题”社团，在与朋友或同事的谈话中仔细考虑和探讨你的问题。像班尼斯特、迪菲或明尼通卡那样，你可以试着自问：你正设法达成的事情是否反映你打算要问的问题。如果你采取第二章中所述的“全盘接收”的态度，就更容易观察到你的日程安排和你更高目标之间的差距，而且用一种友善的方式，好奇多过批评。

可能之事并不总是一次飞跃。新世界可以包括战争和饥荒，或生意失败、长期的环境毁坏，对它们来说，渐进式的改善也许是不可能的。我们这个时代的某些重大“戏剧的主要问题”都是政治问题。它们未必都是借新闻之手而推到我们面前的问题，作为对事件的反应。它们都是我们自己想象出来的问题，是我们尝试理解世界时产生的问题，考虑什么是可能的，而不只是沉思刚刚发生了什么。

新的司空见惯

当班尼斯特打破了1英里跑的极限时，他让我们所有人穿越了平凡与非凡之间的隔膜，创造出一个真空地带。然后，所有最伟大的变革推动者（常态）蜂拥而至，填满它。在新的B点世界，成就再次变成正常状态。约有1300名跑步者的1英里成绩都不到4分钟，目前的1英里跑世界纪录（截至2016年1月）是3分43.13秒，是1999年由摩洛哥人希查姆·艾尔·奎罗伊（Hicham El Guerrouj）在罗马创造的。1英里跑4分钟仍然是一个黄金标准，令人印象深刻，但不是不可能的。同样，女性担任首席执行官和加入董事会，吃蔬菜而不是罐装食品，公民权和人权更广为接受，很多发展似乎在生活中仍很平常，这些依然令人印象深刻，但越来越有可能。在其《完美的一英里》（*The Perfect Mile*）一书中，尼尔·巴斯康普（Neal Bascomb）是这样写班尼斯特的：

> 最初，难以随着事件的发展看出谁是真正有血有肉的英雄。事实倾向于笼罩着一层神秘的面纱，记忆找到一个舒适的路线，就会延续下去。让这些人如此有趣的（他们的怀疑、脆弱和失败）常会受到修饰，他们的胜利会被定性为既成事实。但真正的英雄永远不会像他们第一次出现那样纯粹（谢天谢地）。因为这一事实，我们应该更加敬佩他们。

对任何人来说，灯塔问题是作为包含其他项目和活动的更大投资组合的一部分而存在的，它们通常不是某种全景生活思维所探索的对象。班尼斯特没有放弃医疗实习而去跑步。他靠当医生的薪酬养活自己，并寻找时间训练。他的训练计划是创作室时间的一种实践，自己生活的更大投资组合没有受到扰乱，因此，他输得起，在下一章，我们将对此进行更详细的探索。其“戏剧的主要问题”的其他重要方面在于他不是在个人英雄主义的真空中追求目标的，而是跟他的朋友们共同努力。灯塔还存在一个“人”的维度。

即使你不能回答自己的问题，即使起初问的问题是不切实际的，很可能注定失败，但还是有巨大的力量命名问题，并给它展示的空间。明确戏剧的主要问题会引导人们在平凡的生活中成就大事。有时，在你能够考虑解决问题之前，你必须用心保留问题很长时间，否则，你的灯塔只会在黑暗地平线上发射出一小束微弱光线。

我们全都日复一日地呼吸，在某种程度上，它就跟我们中间有个人在 1 英里比赛中第一个跑进 4 分钟一样非凡。相信事实既需要能力，也需要维持尊严。李、班尼斯特和迪菲的成就是从脆弱的基础上发展而来的，产生自杂草丛生的现在，比其他人领先一步，直至他们每个人都取得了成功。

在埃德蒙·希拉里和丹增·诺盖（Tenzing Norgay）首次登顶珠穆朗玛峰几个月后，班尼斯特戴着医生的帽子，给希拉里进行跑步机测试。登顶的壮举所表现出来的运动员的英雄气概很容易让班尼斯特和希拉里显得离我们很远，觉得他们很完美，比如，他们从来不会错过锻炼，安排好了就要照做，或者会忍住，不会多吃一块蛋糕。但当班尼斯特查看希拉里的测试结果时，他只是说：“我不知道你是怎么做到的。”这并不是说希拉里身体不强健，只是就像班尼斯特一样，他也不是超人。

在班尼斯特打破 1 英里跑的极限之前，一名法国记者问他怎么知道他自己不会死。而他的回答是“不知道”。他不知道他能做到，也不知道他不会死。他的成功并没有减少事先保留灯塔问题的脆弱性。设想随便某个星期四，趁着傍晚时分风暂时平静下来那段时间，这位又高又瘦的医生完全有可能在其朋友和父母面前，将不可能转化为事实，但不会引起世人的关注。在他做到之前，他必须相信这是可能的，正如我们任何人在落地之前必须先跳跃一样确定无疑。

你的顿悟时刻可能就在瞬息之间，如班尼斯特的几分之一秒，或迪菲走进厨房拿一罐可乐那种在时间上的巧合，或像弗洛伦库尔小姐返回米利奇维尔后对环境的反应。突破可能永远不会发生，但若发生，它不大可能在你第一次尝试时发生。

但在那一空间航行时，你拥有认知的灯塔，并会重新思考引导你的那个问题，并且允许自己问一个足够大的问题，而不关心自己是否能答得上来。下一个工具是通过将投资思维应用到你的灯塔，将你的问题置入到生活和工作的较大投资组合之中，搞清楚你如何管理问题的风险。

第 4 步

深入过程中，如何规避风险：做好收益规划

万事万物皆始于微末。

——西塞罗（Cicero）

当你接受自己置身于草丛，并借助一个问题来导航时，你如何表述和管理失败的风险，而不是只想着成功？你会尝试着从小事做起吗？你是自己投资，以便开始做自己想做的事情吗？若要有效地管理创造性工作早期阶段的风险，你需要两个工具，我称之为投资组合思维（portfolio thinking）和股权（ownership stakes）。投资组合思维有助于你避免投资贬值，如果你的项目失败了，也不至于收不抵支，如此，你尚能有片瓦遮身，而不会只剩下喝汤了。股权有助于你争取获得增值部分的收益，自己创造的价值，自己必须要分一杯羹。二者结合在一起就可以去做慷慨之举，发布作品，如果成功了，还能分享回报。为了解释如何做，以及为什么要做，我们需要先看看规模对商业和艺术的不同作用方式。

被裹住的国会大厦与推特网

克里斯托（Christo）和珍妮－克劳德（Jeanne-Claude）既是夫妻，又是艺术合作者。1995 年，二人利用 100 万平方英尺的织物，将柏林的德国议会大厦完全包裹了起来。10 年后的 2005 年，他俩又在纽约的中央公园创作了《门》（*The Gates*），他们竖起了 7503 个橙色的金属框，每个上面都有一块同色降落伞织物悬挂在顶端，就像是晾衣绳上的一条条床单。为制作这些作品，克里斯托和珍妮－克劳德从没接受过政府资金或私人捐助。虽然他们不会从是否接受资金而评判任何人，但对他们来说，接受外部的资金会妨碍其创作的完整性。相反，通过出售相关的绘图，他们自筹资金，支持自己的项目，这些图包括筹备用的草图，以及他们出版的图集。

一次，我跟一群学生讲解克里斯托和珍妮－克劳德的策略，其中一位学生问我：人们起初怎么会知道要去购买他们的绘图呢？我不知道答案。

事实证明，克里斯托和珍妮－克劳德从小作品着手，几十年间，创作的作品越来越大。1958 年，克里斯托包裹了一个汤罐。1962 年，他们包裹了一辆摩托车。1963 年，则包裹了一辆大众牌汽车。在开始考虑创作更大作品之前，他们就在如此规模上坚持创作了十多年。《包裹住的国会大厦》和《门》的创作始于 20 世纪 70 年代，分别为 1971—1995 年和 1979—2005 年，在这么长的时间里，他俩先后创作了这些不朽的作品。

一开始，他们从自己能实现的规模做起，所用的织物数量是自己能买得起的，覆盖的对象也是他们可以触及的，并亲自包裹。之后，随着时间的推移，辛苦工作换来了名声的扩大，手里的钱也有了一些盈余，他们才得以自费进行更大规模的创作。

考虑一下这个故事在构成上与推特网的成长有什么不同。2013 年 11 月 7 日，推特网以每股 26 美元的价格在纽约证券交易所上市。第一个交易日以 44.90 美元收盘。该公司于 2006 年创建，是从早期一个叫奥德奥（Odeo）的公司演化而来。埃文·威廉姆斯（Evan Williams）是推特网的创始人之一，他用出售自己博客平台的所得买断了奥德奥投资者的股权。从这个意义上讲，他跟克里斯托和珍妮－克劳德夫妇一样，都是自己出资做项目，并逐步做大规模的，但这也正是二者故事的分水岭。

2013 年上半年，在公司管理者看来，推特网赚了 2100 万美元。但从公认会计准则（GAAP）的角度看，该公司亏损了 6900 万美元。当然，之所以出现这种差异，部分原因是推特网在首次公开募股之前发行了股票期权，而这些期权不得作为费用报账。即使如此，推特网大概也是在没有任何收入的情况下成功上市了。

理论上讲，公司的价值基于其累积的未来收益（折成现值）。这意味着推特网靠想象力把自己推销了出去，即相信它将来会创收，只是现在还没有而已，而不是凭借赚到了钱的实际证据。

如果跟推特网这样，克里斯托和珍妮－克劳德本应该在 1979 年撰写一份商业计划，获取资金，1980 年就可以将项目做成。在没有创收之前卖出推特网的股票，这种能力使得它的创始人在公司盈利之前就获得了丰厚的财务回报。克里斯托、珍妮－克劳德夫妇和推特网之间的区别在于他们讲述的是一个思路相反的故事，即在项目价值还不得而知的初期阶段如何管理投资的风险，这种投资包括时间和金钱上的投入。

如果你像克里斯托和珍妮－克劳德那样自筹资金开展创作，形成一定的势能是需要时间的。你要赚到足够的钱，除了应付随时随地的开支，还要留出足够富余的资金，用于投资和发展。运行过很长一段时间之后，木质过山车才会吱吱嘎嘎地爬上第一个斜坡，然后，头朝下俯冲而下。为了利用这种能量，你需要设计管理风险和主张价值的工具，以便能够在当前保持平衡的同时，为或好或坏的未来做好规划。你需要从我将要称为收益组合（income portfolio）的角度加以思考，在创作的同时，要维持你的收支平衡，也要从传统投资组合的角度管理好你所创造之物的风险和回报。正如我们马上就要看到的那样，收益组合具有“交叉补贴”的特点，即一个领域支持另一个领域。从收入和投资两种视角看，你获得了多元化投资组合的优势。

投资组合思维

哈里·马科维茨（Harry Markowitz）1927 年生于芝加哥，其父母开了一家杂货店，1990 年，因其现代投资组合理论获得了诺贝尔经济学奖。所有诺贝尔奖获得者都被要求写一本自传，他的书一开始是这样写的：“我们住在漂亮的公寓里，总有足够多的东西吃，我还有自己的房间。我对大萧条从没有感觉。”从马科维茨附上的照片不难看出，他是那种热情、诚实、善良的普通人。

马科维茨的研究始于 20 世纪 50 年代，他利用数学证明多元化投资组合的好处。通常情况下，你得到的回报永远与你承担的风险水平成正比。风险大，则盈利多；风险小，则回报少。通过创建一个多元化投资组合，也就是说，拥有很多不同的投资品，而不是把所有的鸡蛋放在一个篮子里，马科维茨得以证明：在一个既定的风险水平上，你实际上可以得到更高的回报。如果你持有的投资都独立地变动，有些涨，有些跌，它们之间就产生了彼此保障的效应。只要它们不是完全一致地变动，或恰好完全一致地反方向变动，也就是说，如果股票更像是走路摇摇晃晃的醉汉，松散地彼此跟随，而不是保持严格队形的花样游泳运动员，你的整体回报就会高于任何既定风险水平下的应得收益。风险－收益的调整会阻止下跌，支持上涨。像先锋领航集团（Vanguard）这样的企业即是源于这种逻辑。

在职业艺术家、投资顾问和风险资本家中间，投资组合方法的应用十分普遍。对于其他员工和整个公司而言，它也一样有用。一般投资组合思维的不同之处在于“正职”。在某些生活领域，你的风险稳定而且较低。你喜欢它们的程度可能赶不上你对艺术的付出，但它们可以养活你。你的组合的其他项目可能在艺术上或财务上取得成功，或两方面都不成功，或都成功。正职的收入用于为其他项目的研发提供预算。这种结构就是所谓的交叉补贴，即你可以用一个领域的收入弥补另一个领域的开支。它也将你的投资组合多样化，变成一种虽有风险，但风险不大的混合组合。

马修·德利格特（Matthew Deleget）是一位艺术家，住在纽约的布鲁克林。他与妻子罗萨娜·马丁内斯（Rossana Martinez）共同创建了负空间（Minus Space）画廊，开始只是放在互联网上，直到2014年，他们才开设了实体店。马修每年会对自己如何利用时间和如何赚钱的情况进行审计。每年夏天，我会在曼哈顿下城文化协会开一次研讨会，给艺术家上课，有好几年的时间，他在会上展示过这些饼图。几年前，他花在咨询项目上的时间占12%，而这些项目为他带来的收入却占到了48%。随着时间的推移，这些比例已经变化，较大的份额来自他的画廊。他的目标是要让自己的收入全都源自画廊，或源自他自己的艺术作品的销售。

这个目标正在达成，与此同时，他自己投资其他事业，而且更有利可图，从而交叉补贴他的艺术创作和画廊。

不久我们会看到，大型公司经常有这种交叉补贴的结构。大多数公司是项目和部门的组合，运作起来有点像克里斯托和珍妮－克劳德。有些部门获得成长，并扩大规模。其他部门则在短期内成了摇钱树。公司则拿一个部门赚的钱补贴其他部门，而且还能投资新项目。

为了自己的生活或所在的组织，你不妨审核一下自己的时间是如何度过的，又是怎么赚钱的。时间和金钱是相辅相成的，还是你在某方面赚了钱，并用它支持另一方面呢？实际上，你可以在纸上画两个饼图，一个表示时间，另一个表示金钱，或者你也可以暂时在自己的大脑里想象有这样的两个图。有没有哪一部分对你非常重要，却没有创造收入？［这让我想起《金融时报》专栏作家莫尼彭尼夫人（Mrs. Moneypenny），在提到自己的孩子时，她称他们是成本中心 1、成本中心 2 和成本中心 3。有很多值得做的事情并不创造收入，此处的目的只是提出问题，引起注意。］

查一下不赚钱的领域，确认哪些是研发部门或创作室时间的做法造成的，考虑到底是哪些其他活动在支持它们。这种时间和资金上不对称的结构是一个信号，表明你正在自己投资，即把某个领域创造的收入用于开支，以支持另一个领域的创新项目，而且这种财务上的交叉支持就是一种投资行为。

自己投资

截至目前，为了让自己的项目起步，本书论及的所有人几乎都是自己投资。就像克里斯托和珍妮－克劳德一样，他们不得不在自己职业生涯这个更大的生态系统内，寻找潜在的项目，并通过其他工作养活自己，或在一个领域赚钱，以支持另一领域的创作。

托马斯·福格蒂在业余时间发明了球囊扩张导管，他仍然住在家里，不必把全部心思放在养活自己上，因为有母亲可以照顾他。班尼斯特领着实习医生的薪水，在午休时间练习跑步。他给自己两年的期限，以便在尝试1英里跑没有结果后放弃。公私密钥加密法的发明人惠特菲尔德·迪菲则接受了低薪的研究职位，并借助替人看房子补贴家用。纽约马拉松比赛的创始人弗雷德·勒博在一家用双面针织涤纶生产女式西装的公司担任高管。哈珀·李则用其航空公司机票代理的正职支持自己的写作，直到她收到朋友“一年薪水”的礼物，以及自那之后出版商的预付款。在两难的情况下，读到哈珀·李的朋友表示送她礼物的纸条就很有吸引力了。她找到一个隐藏在圣诞树中的纸条，许诺说要让她一年不用工作，专心写书。在1961年其为《麦考尔》（*McCall's*）杂志写的《我的圣诞节》（Christmas to Me）一文中，李详细讲述过这件事。她写道：

（布朗夫妇）想要给我一个完全公平的机会，学习写作这门手艺，而且免受一个固定工作的烦扰。我要接受他们的礼物吗？它没有任何附加条件。请接受吧，一并接受他们的爱。

过了一会儿我才说出话来。当我能说话时，我问他们是不是疯了。

是什么让他们认为我能写出什么东西来呢？他们可没有钱值得如此浪费。一年的时间很长。如果孩子们得了可怕的病该怎么办？就这样，反对意见一个接一个地提出，又被逐一否决。“我们都还年轻，”他们说，“无论发生什么事，我们都能应付。如果灾祸降临，你总能找到某种工作。好吧，如果愿意的话，那就把它当成借款。我们只想让你接受它。只是允许我们相信你一回。你一定要接受。”

此时，李对他们说：“这是一次豪赌。风险巨大。”迈克尔·布朗回答她说：“不，亲爱的。这不是冒险。它是有把握的事。”尽管布朗的自信很可爱，但任何形式的投资都要承担风险，而“固定工作的烦扰”往往就是交易的一部分。在上述那些情况下，为致力于自己的计划，那些人甘冒风险，并做出牺牲。为了驱车横穿全国学习加密方法，迪菲存了 12000 美元，然后发誓要“节俭度日”。他选择在斯坦福大学工作，以便能够与他的合作者马丁·赫尔曼密切合作，按照赫尔曼的说法，他的工资大约是当时市场行情的一半。时间再往后退，那便是《密码破译者》（*The Codebreakers*）的作者大卫·卡恩（David Kahn）也不得不辞掉工作，搬去与父母同住，以便写完这本书，而该书对于迪菲的思考至关重要。Snapchat 是一家价值 30 亿美元的新创企业，其创始人因为经济原因不得不搬回家住，以便创立该公司，所以，它的总部设在了洛杉矶，尽管有人建议他们最好选择硅谷，他们还是把公司建在了洛杉矶。纽约马拉松的头两年比赛由勒博个人承担费用，到了第三年再办的时候，他还是承诺要自掏腰包。

自己投资的过程尤其艰难，因为市场经济旨在消除你慢慢积累起来的盈余，就像克里斯托和珍妮－克劳德那样，从包裹汤罐做起，继而包裹汽车和一幢建筑物。另一位行动者或者说竞争激烈的市场很容易就能带走你想扩大规模所用或只是用于机动的额外一点金钱或时间。如果你租住在纽约的一套公寓里，每年因为工作而得到加薪之后，通常很快就会收到房东要求提高房租的书面通知，如果幸运的话，增加的房租等于你的加薪。当你是有利润可收获的人时，你觉得还不错，但若想进行长期的价值创造，那日子就难过了，除非你储蓄丰厚，或从一开始就有获取被动收入的手段。像大自然一样，市场憎恨真空地带。若要保住盈余，以便能够用于自己投资，你必须与市场的惯性反其道而行之，实现利润最大化。回到第一章，为你的创作室时间留出一小片天地，你必须确保不能在财务上捉襟见肘。解除这种困境的方法首先要想到构建好你的收入和投资组合，然后，是拥有自己项目的股份。

不妨把经济世界想象成一片汪洋。为了活着漂浮在上面，你需要一条船。若要考虑是否在早期阶段的灯塔项目上投资，你必须问问船能否保持平衡。平衡问题是其中一种投资组合思维。投资组合思维左右着你是否和如何投资你的灯塔问题。在短期内，你需要的是收益型投资组合，而在长期内，你需要的是投资型投资组合。

投资型投资组合取决于股权。如果你确实能负担得起一个创新项目的开支，又不会让船倾覆，那就意味着你能抵御妨碍项目顺利进行的风险。虽然你一直在创作，你的收益型投资组合却总能让你保持收支平衡。如果它失败了，你的船也不会沉没。但如果你的项目获得了成功呢？如果你的项目进展顺利，你就会需要一条更大的船。此时你就需要利用“所有权”这个工具。如果你能部分拥有自己正在创作的作品的所有权，也就是说，作为一个投入了时间和精力的人，如果成为自己作品创造的经济利益的所有者，那么，船就会跟你一起成长。

为平衡和成长而开展创新项目是一项创造性的设计任务，它需要把自由市场资本主义中最自由的一部分从理论拉进现实世界。你会惊讶于我们实际上没有正确理解，即使对市场法则深信不疑的人也会惊讶，但同时你也会惊讶于有多少技术现已准备使之更加容易。情况往往是，市场工具要求让人们免费工作，以证明某件事情是可行的，然后，却不让他们享有自己创造的价值。股权的概念实际上涉及的是分配财产权的问题。只有通过拥有股权或获得其他增值收益，你才能准确地反映创造性工作所承担的风险和付出的努力，以及所创造的价值。

我将要向你说明的是，如何更准确地调整创造性工作的风险回报空间。你可以说，这种改变为的是让自由市场资本主义“享有自由”，而不是让自由职业者“劳而无获”。

若围绕投资谈论所有权，会缺失一个环节，那就是慷慨的理念和互惠经济的现实，从哈珀·李到众筹平台 Kickstarter，许多创造性工作都植根于互惠经济。哈珀·李的朋友给她一年的薪水，鼓励她写书，弗雷德·勒博为马拉松比赛提供资金，这些友好的表示都是礼物，而这种礼物很有希望引起连锁反应，创造出可持续的经济价值和社会价值。

略作思考，想想有没有什么人赠送过你此类礼物，你有没有赠送过什么人此类礼物，以及你给自己赠送过此类礼物的可能性，比如，出资让自己接受教育。在那种情况下，不论是创作室时间，还是任何种类的研发，想法就是为支持创造的慷慨保留空间的行为。

分配财产权不只是一种致富的手段，它意味着要以所有者的身份思考问题。它也是慷慨的先决条件。要想赠送别人东西，自己得先拥有。此种所有权听起来并不迫切，因为播种和收获之间通常要等待很长时间，也就是说，从你开始冒险创造某种东西，到有所收获，或被其他人起诉侵犯了他们的所有权，这中间时间跨度很大。但不会有什么事情比这些工具更急迫了。它们是你因为做出了贡献而要求回报的基础，如此，你才可以获得利润，才可以分享，或再次投资，完成更多的创作。

长沙发策略

艺术学院毕业后的最初几年里，我尝试过不同类型的工作，以支持我自己的创造性项目。我在一家投资管理公司全职干过两年，然后进入一个自由职业阶段，同时应付几个不同的项目。在某一阶段，我意识到我找到了自己有兴趣的工作，但缺少起支撑作用的结构体和稳定性，并不能让自己感到舒适。我称自己生命的这一时期为“全是靠垫，没有长沙发”。我有极好的个人项目，但它们下面没有支撑它们的更大结构。长沙发是经济上的脚手架，有了它，试验项目（靠垫）才会安全和有保障。

小型项目和支撑结构如何结合，这就是你在造一条维持生计的船时需要考虑的基本问题。作为一个人、管理者或一家公司，足够稳定而且收支平衡吗？任何一个靠垫最终都可能成长为下一个大长沙发，但在此期间，你需要达到某种程度的衣食无忧，而不至于没有钱用于达成自己的目标。否则，你越想进行创造性的探索，你就越知道自己需要财力的支持，不能捉襟见肘。或者说，靠垫越漂亮，长沙发越乏味。

在一个典型的投资型投资组合中，可替代的投资（对冲基金、私募股权投资、艺术品）只占较大整体的很小一部分。它们是靠垫，或者按投资管理的说法，它们是“关联杀手”（correlation busters），堪比不讨人喜欢的沙发。一个有创造性的项目常常拥有可替代投资的特征，比如高风险和高回报，与市场无关，基于绝对值而非较大的趋势，或对冲基金经理所说的“阿尔法系数”[阿尔法(alpha)系数指去除系统性风险以后，股票的额外回报。对于基金来说，阿尔法系数反映基金的实际收益，有时也用作基金经理为基金增值的幅度。而贝塔(beta)系数代表股票的系统性风险，基金的贝塔系数越高，基金相对指标的波幅就愈大。——译者注]，因此，重要的是建立一个稳定的支撑结构，以便在此基础上进行

风险较大的投资。第三章所述“你的灯塔问题”就存在于你的投资理财生态系统的结构之内。

经历靠垫阶段之后很多年，我更多的是采用长沙发策略。我花了很大的精力，确保我的身体健康，并获得稳定的基本收入。为了得到一些收入，我只好牺牲灵活性。我也兼职创意项目，有些有报酬，有些没有，有些则给股份，给股份的事逐渐增多。在任何人的一生中，这些选择都会像大潮一样起起落落，有时更偏向用靠垫搭建城堡，有时更偏向单一框架式的长沙发。

有些人的工作和生活看起来更像是投资组合。其实多数人的工作和生活具有这种组合性。有时简直就是所有任务和项目捆绑在一起形成的一份工作。如果你有一个单项工作，你可能会有多种头衔。你的工作可能是一个多项活动的集合，在同一个屋檐下，分属不同的房间。作为自由职业者，这些活动往往被分割成许多不同的项目。不论你的工作是组

合在一起的，还是像菜谱一样一份是一份，把它们分开来思考是有用的。

甚至莱昂纳多·达·芬奇也有这种组合式的生活。实际上，你可以认为，他在画《蒙娜丽莎》时，这幅画就是一个靠垫。或许不是，但请跟着我的思路往下走一会儿。达·芬奇同时会做不止一个项目，其中之一还是一项大型的社会任务。

历史学家认为达·芬奇画《蒙娜丽莎》的时间在1503年至1507年，甚至有可能持续画了10年。他为意大利贵族弗朗西斯科·德尔·焦孔多（Francesco del Giocondo）而画，画的是弗朗西斯科的妻子。达·芬奇以没有完成的作品而闻名，按照他自己的标准，直至1507年，他似乎停止画它时，《蒙娜丽莎》仍未画完。

就在这一时期，达·芬奇还承担了一项更大型的社会任务，也就是画一幅壁画。这幅画描绘的是安吉亚里之战（Battle of Anghiari），目的是装饰佛罗伦萨旧宫（Palazzo Vecchio）新议事大厅的一面墙。达·芬奇在1503年10月前接到这个任务。修订过的《安吉亚里之战》合同的签署日期为1504年5月4日，指出已经给达·芬奇支付了35个弗罗林（florin），而且从1504年4月到1505年2月，还要每月支付给他15个弗罗林，用于绘制所有的壁画草图。[弗罗林是比银弗罗林还要大的金币，给达·芬奇付弗罗林时，1弗罗林大约值140个铜币。根据达·芬奇的《笔记》（*Notebooks*），当时理发的价格为11个铜币，沙拉的价格为1个铜币，据此可以比较一下弗罗林的价值。] 作为约定的一部分，达·芬奇还得到了一间工作室和一个住处。为了完成任务，他需要先绘制画稿，之后再照着它转绘到墙上，如果在1505年2月前，达·芬奇没有绘制出画稿，那么，合同另一方的马尼菲奇·西尼奥里（Magnifici Signori）可以要求达·芬奇退还预付款。如果达·芬奇确实及时推进到了绘制画稿阶段，那么，他们同意在他创作完整的壁画期间，给他发放适当的工资。

《安吉亚里之战》是一个高风险的项目。米开朗基罗（Michelangelo）可以说是达·芬奇在艺术上的竞争对手，他已经接受委托，要在同一地方的另一面墙上绘制卡希纳之战(Battle of Cascina)。到1505年6月，达·芬奇至少完成了部分画稿，并开始转绘到墙上。他永远没有完成这幅壁画。他尝试使用不同的绘画材料，但实验失败了。50多年以后，达·芬奇的传记作者乔治·瓦萨里（Giorgio Vasari）用另一幅壁画覆盖了《安吉亚里之战》，瓦萨里本人就是一位画家。

把《蒙娜丽莎》和《安吉亚里之战》当成达·芬奇从1503年至1507年期间创作组合的两个部分。《蒙娜丽莎》成为世界上最珍贵的艺术作品之一，而除了几张草图，《安吉亚里之战》则消失在世人的面前，草图是达·芬奇准备用的画稿和后来艺术家想象它可能的样子而画出来的。佛罗伦萨市的大型绘画任务就像是同等规模的大沙发。稳定的收入有助于他的日常生活开支。然而现在，靠垫是更有价值的目标。（它也是客观存在的东西。）

也就是说，莱昂纳多的投资组合生活方式保持了平衡，而这种生活方式包括多个有报酬的项目，以及他个人的科学探索和发明。而他薪酬的构成也各不相同，有时是固定薪金，视具体创作而定（比如《安吉亚里之战》），有时是拿佣金（比如《蒙娜丽莎》），有时则是一般意义上的赞助，一如他为米兰公爵和后来法国国王当宫廷画家期间一样。

在我们探讨莱昂纳多从1503年至1507年投资组合式的创作生活的经济状况时，需要补充一点的是，莱昂纳多从未将《蒙娜丽莎》交给委托他作画的那位贵族。他把这幅“未完成的”画带到了法国，它成为法国国王弗朗索瓦一世收藏品的一部分，后被送进了卢浮宫。令人好奇的是，

《安吉亚里之战》的合同似乎让莱昂纳多得到了应该给他的所有报酬，因为他确实进展到了画出画稿的阶段。如果说这似乎是有什么特别的策略或有钻空子的机会，才让莱昂纳多到此为止，或发现在那之后很容易停止绘画的话，那更令人好奇的是，《安吉亚里之战》合同的见证人不是别人，恰恰是尼可洛·马基雅维利（Niccolò Machiavelli）。他当时可是佛罗伦萨的大法官，而且是1513年出版的《君主论》（*The Prince*）的作者，他提出的理由是：只要目的正当，可以不择手段。

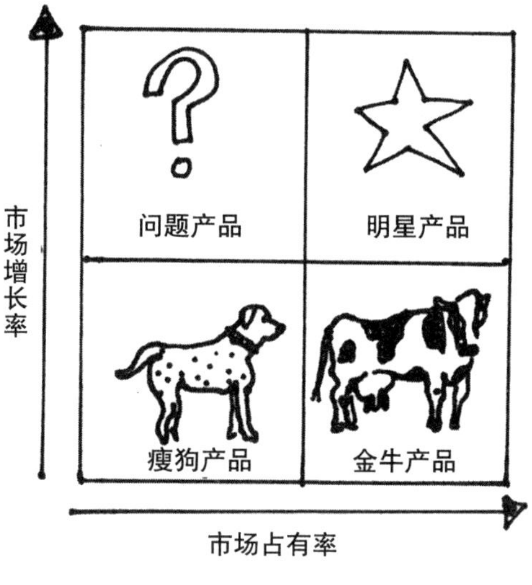

花点时间考虑一下，在你的生活中，什么是靠垫，什么是长沙发。如果你的副项目（你的靠垫）成为下一个长沙发，它应该是什么样？即使完全不可能，也请想象一下它的样子，以及你如何把它变成现实。

最重要的是，当你拥有一个投资组合时，事先并不知道哪块地里长庄稼。你会想方设法在风险和稳定性之间做出权衡。这意味着你要做好短期计划，以便支付生活或公司的开支。但从长远看，始于“靠垫”的项目有可能得到真正的报酬，比如《蒙娜丽莎》和其他创作。你能否随它们的成功而成功则取决于股权。

在深入探讨那些之前，有必要详细阐述一下投资组合思维如何在整个公司层面上应用，我们已经将投资组合思维应用到了个人。1970 年，当波士顿咨询集团的创始人布鲁斯·亨德森（Bruce Henderson）推介经典的“增长－份额矩阵”这个管理咨询框架时，他实际上是想用它来帮助公司在“市场增长率和市场占有率各有不同的产品”之间维持一个有益健康的组合。亨德森写道：“投资组合的构成具有平衡现金流的作用……产生利润和现金是市场份额的职责。”

亨德森的“2×2 增长－份额矩阵”以“市场增长率”为纵轴，以“市场占有率”为横轴。如果占有巨大的市场份额，而且市场在增长，你的产品就是“明星产品”。如果占有巨大的市场份额，但市场没有增长，那就是“金牛产品”或现金牛，它会创造收入，为你的企业的其他领域提供资金。在这张图中，涉及艺术思维的地方在于“问题产品”象限，目前你并不占有市场，但它在增长，存在成功的可能，但还没有得到回报。最后一个象限是“瘦狗产品”，这是要加以避免的产品，因为其前景暗淡，而且预期成功的可能性不大。

虽然该图是为描述企业而发明的，但它也有助于在设计自己的生活时提出问题。你可以先从通用问题开始问起：我已经培养出哪些技能？哪些是新的和逐渐发展的？如果你的新技能深受欢迎，那你就是明星。如果你还不知道它们是否受到好评，那你就要打个问号了。如果有些旧技能还支持你，它们就是现金牛。如果它们已经不再为你效力，它们就是瘦狗。

增长－份额矩阵的问题概括如下：

·哪个项目是你的现金牛？它产出现金，可维持你的生活，但相对而言，是既定的和固定的。

·哪个项目是瘦狗？你付出了所有的精力和努力，却收获甚微。（之所以继续做这些事情可能是出于个人和非经济的原因。）

·哪个项目是不确定的问号？你正在做某件事情，可能会有所收获，但现在还不得而知。

·哪个项目是明星？会同时成长和成功吗？每当你看到有机会将问题产品变成明星产品，你就是在创建自己的B点世界。

投资组合思维是一个通用工具，用于决定投入时间和金钱做什么，以及在进行期间如何支持自己持续做下去。你希望能确定自己关心的是什么，即使目前你处于只能包裹汤罐或大众汽车的阶段也要知道自己在乎的是什么。即使现在它还只是靠垫，也要确定你的“戏剧的主要问题”（参见第三章），这有助于为你自己或你的组织提供支持。要想让这种层面的支持变成长沙发，你需要让你的工作生活保持平衡。如同第一章提及的创作室时间一样，你在靠垫上投入的资金并非损失，而是为你现在的学习和实践交的学费。

多元化投资组合法允许项目随着时间的推移而发展，并且保持不同的速度。目前，人们一心想的是从技术身上立即得到回报，诚如在这种氛围下，缓慢增长已经过时一样，多元化投资组合有时会让你的想法以更有趣、更持久的方式得到锤炼。

你要设法在某一时间点上管理好自己的财务状况，即获得收入，满足所有的开支所需，因此，这让投资组合方法变得复杂。你正想方设法打造的东西日后有可能产生更大的价值。因此，你夹在维持收支平衡（交叉补贴）与投资的风险和回报管理之间左右为难。如前所述，显然提前获知创造性工作的价值特别困难，因为在你创建的B点世界才知道的价值在你开始的A点世界是无从知道的。初期阶段创作的价值乃至特点会随着时间的推移而变化。正如我们将看到的那样，这使得股权变得非常重要。

用“砖”进行头脑风暴的练习

在一个被人反复使用的头脑风暴练习中，主持人要求参与者想一想能用砖做的所有东西。如果喜欢的话，你现在就可以花一分钟做一下。砖是标准的砖，暗红色，中间有几个小孔。在头脑风暴中，你完全可以列出一个清单：在它下面烤鸡；粉碎后制成磨砂粉；在其中种花；用作一种武器；在东河（East River）潜水时用它为身体加重［东河，指美国纽约州东南部的海峡，位于曼哈顿岛与长岛之间。——译者注］；砌成一把椅子；用于镇纸；诸如此类，不胜枚举。若跟我曾经做过的那样，如果你在满是职业艺术家或设计师的屋子里做这个练习，需要过很长时间才会有人提及像“垒一堵墙”或“盖一栋房子”这样显而易见的东西。

我很喜欢用“砖”进行头脑风暴的练习，因为砖是一种隐喻，能说明为什么在某些事情的初期很难判断其价值所在。许多情况下，我们现在会想当然地认为，公司开始会将砖用于砌墙或建房子。然后，环境会一起告诉他们墙或房子是不可能的。他们只能用砖做其他事情。

谷歌公司最初就是一种搜索算法，拉里·佩奇（Larry Page）和谢尔盖·布林（Sergey Brin）试图把它卖掉，但没有人买。他们遇到的每个人都告诉他们搜索已死。所以，他们转而创办了一家公司。

1800年，伊雷内·杜邦（Irénée du Pont）从法国抵达美国，他想去打猎，但美国的火药质量很差，想到此，他萌生了自己生产火药的想法，杜邦公司由此创立。法国化学家安托万·拉瓦锡（Antoine Lavoisier）在化学史上是一个举足轻重的人物，由于发现了氧气对于燃烧的必要性，从而为火药的制造奠定了良好的基础，他碰巧曾经教过杜邦如何制造火药。所以，杜邦从一开始就是一家火药公司，发展成为军需品供应商，向战时的美国政府出售了很多武器，由此被人称为“死亡贩子”。此后，公司几近破产。通过重组恢复之后，他们将自己的使命定义得更加宽泛，成为头顶“科学奇迹”光环的经营管理者和开拓者。如果你拥有可以拉伸的衣服或是不粘炊具，你就会对他们较为广泛的产品领域有所体验。

等到下次到附近的一家商店时，问问该店经营了多长时间，以及它是如何开办的。或许它是一个家庭作坊式的熟食店。在它们身上，你同样可以学到公司如何像小孩子一样学习走路，惊叹于如何巧妙地获得技巧和平衡，观察它们的生存状况，它们何时走路的，何时跑步的，以及在想表达自我时，何时开始重新组织它们的故事的。

为了能存活下去，企业必须不断地改变、探索、演变、放弃和前进。砖代表的是培养活在当下的心理弹性，这是无条件地承诺和接受不确定性，迈步向前所需要的。我们都没有预见未来的水晶球，看到很多企业在较长时间内发生变化不啻为我们提了一个醒，那就是要保持思维的敏捷。它还巩固了风险管理的其他核心工具：通过拥有一部分自己创造的成果，从而为你有可能取得成功做好准备。

获得增值收益

如果你进行了创作，并且取得了成功，会发生什么？如果你画船，船是在市场的海洋内保护你创意空间的结构，船是否在你成功时随你一起增长完全取决于你是否是自己所创作品的部分拥有者。

所有权是一个基本的概念，因此，对其影响很难想得很周全。我花了很多时间思考所有权问题，因为涉及创造性工作时，它是经济中最容易受到破坏的一部分。若想让价值在市场内正确地流转，所有权是必需的。我想要告诉你的是“租赁”和“拥有”的差别，包括你的时间或你的创作。在经济中，这种差异是影响最深远的杠杆之一，因此，对于为更好地管理创造性工作而诞生的方式而言，它是最成熟的工具之一。

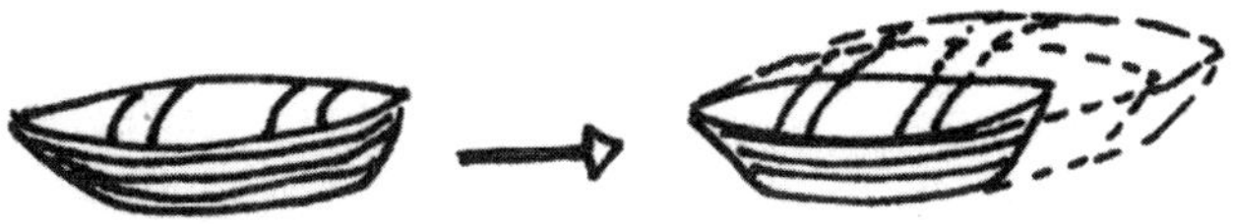

让我从观察发展中国家的所有权开始讲起，所有权也叫财产权，发展中国家的人们很容易把它视为是理所当然的。什么是财产权？你可能认为因为土地的关系，不动产就是财产权，或你家中的东西属于个人财产。更广泛的财产权定义包含两部分：所有物的自然属性和作为可交易、可出售和可投资的价值储藏手段的法律属性。例如，你拥有一座房子，而且也住在里面，但那房子也作为一种金融工具而存在，你拥有它的合法所有权，并且可以将其抵押，以获得贷款。它是一座房子，也是一种金融工具。在其 2000 年出版的《资本的秘密》（*The Mystery of Capital:*

Why Capitalism Triumphs in the West and Fails Everywhere Else）一书中，赫尔南多·德·索托（Hernando de Soto）认为：发展中国家之所以存在集体贫困，乃是由于他们拥有大量的物品（包括房地产），但不拥有所有权。缺乏土地所有权所赋予的合法所有权，他们的财物就是德·索托所谓的“死资本”。他们的物品不能进入市场。德·索托写道：“他们有房屋，却没有所有权；有庄稼，却没有地契；有企业，却没有公司章程。”

其后果是经济本身无法以一种西方现代化的资本主义方式得到发展。除非你有自己住房的法定所有权，否则，即便它升值，你也不能很容易地卖掉它，将利润变现。如果你想买一栋房子，但只能借助按揭，你才能付得起房款，那么买房子的事就泡汤了。缺乏一个健全的财产所有权法律制度，就相当于关闭了交易的通道，经济停止循环，使得人们难以致富。

为了证明自己说得有理，20世纪80年代和90年代，德·索托的研究小组开始在发展中国家尝试组建小型企业或购买财产。他们依据法律条文而做，看看需要花费多长时间。他们推测，之前人们不寻求正式的合法所有权乃是因为它是一件很麻烦的事，要付出高额的交易成本。事实证明他们是对的。其中一个研究小组尝试在秘鲁利马的郊区建一家小型服装厂。他们每天工作6小时，填写相应的表格文件，到注册登记处排队等候，乘坐公交车进入镇中心。289天之后，企业才得到正式注册，该过程花费了他们1231美元，差不多是当时秘鲁人最低月工资的30倍。研究人员发现很多其他国家也存在类似难以取得合法所有权的现象。

我们不会从创业家的角度看待自己，因为大多数人是出租劳动力的，并且不拥有自己劳动创造的成果。我们是公司雇员，而公司拥有我们所做的一切。我们可能在很多方面比德·索托及其研究对象有显著的优势，但我们同样不掌握所有权的全部。

如果你拍一部电影，然后全部出售，获得 10 万美元，你就不再拥有那部电影的所有权。如果你转而拥有 10% 的股份，那么，如果电影票房收入 100 万美元，你就能赚 10 万美元，但要取决于不同的机制和风险决策。掌握 10% 的股份，你可能分文不得，也可能赚钱无数。将两种例子结合起来不啻是一种有益的配比结构，或者采用 5 万美元的酬金和 5% 的股份这种形式，或介于二者之间的某个比例。

任何领取薪酬或固定项目费的人基本上是在出租他们的时间和脑力。有时，如果稳定的收入是当务之急的话，领工资就是一种极好的个人风险管理决策，但对于创造性工作而言，至少要拥有一小部分自己努力的结果很有意义。

部分拥有自己创造成果的方法有几种，最常见的方式包括版税（或专利使用费）和股份（或股票期权）。若拥有股份，你会承担风险，也可能破产，但若是成功了，就会水涨船高。

安德烈亚斯·冯·贝希托尔斯海姆（Andreas von Bechtolsheim）是投资者和技术专家，人称安迪（Andy），他的人生轨迹说明了这一点。或许贝希托尔斯海姆最为人所知的是太阳微系统公司的创始人，但其实，在他还是一个十几岁的少年时，他就开始收取特许权使用费了。1973 年，他 15 岁，生活在德国，那个时候他就为英特尔 8080 芯片开发出了一种新型微处理器系统。由于尚读高中，还太年轻，不能接受一份正式的工作，所以，公司愿意付给他特许权使用费，而不是工资。他承担的既有一般风险，又有现金流风险，只有当一套设备售出，他使之运行正常，公司收到货款后，才能支付给他。因为该设备销售旺盛，他挣够了两年后到美国学习的费用。特许权使用费为其打下了一定的财务基础，比如，读书期间没有负债，从而间接地使他能够创建太阳微系统公司。反过来，这又使他得以在1998年为“谷歌公司”开出一张10万美元的支票，促使拉里·佩奇和谢尔盖·布林共同组建公司，如此一来，他们就可以靠它赚钱了。借助于收取特许权使用费，他为自己的成功赌了一把，并得到了回报。

特许权使用费也是托马斯·福格蒂故事的中心，本书第一章介绍过福格蒂，他是球囊扩张导管的发明人。虽然他发明的设备实现了技术突破，却找不到哪家公司制造它。在被拒绝了20次之后，福格蒂偶然遇到了艾伯特·斯塔尔（Albert Starr），平时大家称呼他阿尔（Al）。在福格蒂所在的领域，斯塔尔是一位名人，因为1960年9月21日，作为心脏外科医生，他成为在人类心脏植入人造二尖瓣的第一人。斯塔尔还发明了他用于植入的心脏瓣膜。他曾跟一位退休的液压工程师迈尔斯·爱德华兹（Miles Edwards）密切合作，爱德华兹人称劳尔（Lowell）。为了制造心脏手术用的装置，爱德华兹创办了“爱德华兹生命科学公司”。福格蒂遇到斯塔尔后，斯塔尔转而给爱德华兹打电话说：“你得给这孩子把导管造出来，因为他找不到制造它的人。”

爱德华兹照做了。当爱德华兹生命科学公司起草福格蒂的合同时，他们只是复制了斯塔尔原来合同的条款，因此，福格蒂享受了高级外科医生的待遇，得到了相同比例的专利使用费。专利使用费成为福格蒂事业的孵化器，为他后来持有的超过165种的其他专利铺平了道路。

创造性工作做起来效率低下，在其价值为人所知之前，你还必须投入时间和资源，因此，在你开展创造性工作时，在许可的范围内，拥有它的全部或部分权益会让你从自己作品的增值中获益。比如说，有人为你的一个项目出资1000美元，因为他们相信你的作品会带来2000美元的利润，而他们想要付你一半的钱。如果你改为收取500美元，同时拥有该作品预计收入的相应比例权益，倘若收入超过了预期，那么，你的所得就会超过 500 美元。如果你把那部分固定费用用于生活开支，那么，你就在让船只保持平衡的同时，构建一个很有吸引力的股权，就可以分享自己的创作带来的收益。

视觉艺术缺乏系统性的股权，这有助于解释：不管什么类型的创造性工作，拥有它的所有权都会有潜在的收益。1973 年，知名拍卖行苏富比（Sotheby Parke Bernet）举办了一次斯卡尔藏品拍卖会，当时的出租车大亨罗伯特·斯卡尔（Robert Scull）出售了罗伯特·劳申贝格（Robert Rauschenberg）的一幅画，1958 年，他仅仅花了 900 美元就将它买到了手，现在要卖 85000 美元。劳申贝格出席了拍卖会，结束时，他拦住了斯卡尔，据说打了他几拳或推搡了他。斯卡尔收获的价值乃是劳申贝格在出售那幅画之后的职业生涯创造的，建立在他积累起来的名声基础上。劳申贝格却无法拥有这种升值带来的任何好处。因为他不再拥有该作品的所有权。

在这种情况下，要考虑如何以不同的方式向艺术家和作家支付报酬。1973 年，就在斯卡尔拍卖会那一年，劳申贝格长期以来的情人贾斯珀·约翰斯（Jasper Johns）将劳申贝格的一幅画《国旗》（*Flag*）送给或卖给了自己的密友迈克尔·克莱顿（Michael Crichton）（劳申贝格和贾斯珀·约翰斯是同性恋。——译者注），而他是一位作家。2010 年，那幅画卖出了 2860 万美元，但所有权属于克莱顿。约翰斯和克莱顿都取得了极大的成功，却是通过不同的机制获得报酬的。克莱顿一生之中卖出 2 亿册书。每次他都会获得版税，即使他写于 20 世纪 70 年代的书到 21 世纪销售仍有版税。而约翰斯只在作品第一次出售时获得报酬。

自 1973 年以来，艺术界一直在为转售版税的概念争执不下，这种安排会让艺术家在其作品每次转售时享有一定比例的增值。1976 年，加利福尼亚州通过了立法，但后来，依据美国宪法的州际贸易条款，它备受争议，多数人认为它不好推行。在该法实施后的头30年里，只有32.5万件作品获得了版税，相对于那段时间加利福尼亚州艺术品交易的规模而言可谓微不足道。批评者也指出了这一事实：已经取得某些成功之后，在其职业生涯后期，艺术家受益于转售版税。

但批评者未能注意到转售版税作为财产权的基本性质，并且其应用远超艺术界。一旦财产权被转让，它可以随时交易。在收取版税之前很多年，拥有转售版税的艺术家可以作为一种投资将转售版税卖给其他人。接着整个市场可以股份化，将股份卖到这个市场的艺术家获得了资金的支持，那些股份的购买者也有了一个多元化艺术品投资的工具。

同一种方案适用于各个领域的人。不论是个人单干还是以公司的形式实施，一旦拥有自己创建项目的股份或版税，你围绕着自己的作品进行风险决策和投资决策的能力就会实现根本性的转变。可交易版税或股份这种逻辑可以重构许多形式的所有权和薪酬，而它是从更加普遍地关注价值本身开始的。

想想你获得报酬的方式。你是领工资吗？创造价值时，你拥有股份（股票、股票期权）或其他形式的报酬（奖金、股息、版税）吗？你是在奖金、股权或版税制度有可能存在的文化氛围中工作吗？例如，我有一个朋友，让我们叫她杰西卡（Jessica）吧，她是一位教师。她班上的学生增加了30%，但她的薪水并没有变化。她的工作量增加了，学校的收入随着学费的增加而增加。无论你是否觉得自己有能力立即谈判，要求更高的薪水，都要注意的是，你的薪酬是与你的价值相关的。你所在的组织要拿出多大比例的预算为你发薪水？你所在组织的哪一部分价值是你创造的？

在网站Guidestar，你可以查阅任何美国非营利组织的财务状况，或在证券交易委员会的网站上，通过其 EDGAR 数据库查看公开交易的美国公司的财务报表。你也可以在美国劳工统计局查看分职位的薪酬研究报告。你能提出一种薪酬和增值收益相结合的方案，从而既满足自己的开支所需，又能证明自己的价值吗？

如果你想转让一定比例的版税或一定数量的股权，最好从“增值”的角度考虑这个问题。如果某种情境中没有你，比如你没有为某创业企业工作，会有什么不同吗？此问题的答案决定了你的增值收益的大小。如果没有什么变化，有你没你都一样，说明你就没有获得任何增值。你的所有权应该与你的增值成正比，它是一个比例，而不是一个钱数。

有时，增值难以量化。曾经有人给我讲过一个人的故事，此人不事张扬，是市政府的一位雇员，不过已经退休了。就在退休几个月后，她的团队打电话，问是否可以由他们承担费用，请她前去列席他们的会议。他们发现仅仅是她的出席就让他们的谈话活跃起来。你的价值可能与此类似地短暂，或很明显地可以量化。如果他们不给你股份，你可以提出充分的理由，要求非货币形式的所有权，比如原创作者或股票期权，主张后期可得的股份，当然，前提是它们要能持续经营下去。（这在通过可转换债权方式提供资金支持的新创企业越来越常见，即供款在后期可以转换为股份。若你是奉献自己的时间，你自然希望可自由支配时间。但如果是因为不给你报酬，你才能自由支配自己的时间，可转换债权可能是一个有用的解决办法。双方要达成一致意见，把你的时间的价值界定为创业企业的贷款，而且这项债务在后期要能转换为股份。）

当你设法将自身的价值与所有权相匹配时，你要记住自己获得的其他人的支持，不仅表现为资金支持，其他方面也有。某些情况下，你需要放弃主要的所有权，因为其他人也在冒着很大的风险为项目提供资金。

例如，为你支付固定工资的雇主实际上正承担着很大的风险，而这个风险实际上是你造成的。即使拥有很少一部分股份，你也是获得了一些自己创作成果的回报。

从根本上讲，你拥有某种东西要比你得到一个确切的钱数更为重要。它不应是一个确切的答案。若是一个数字，你会感觉这个太高了，又会觉得另一个太低了，而你想要的是处于二者之间，不高不低。我以前为之工作过的一位连续创业者曾经说过：钱数足够大，不重要；如果足够小，也不重要。你要么在早期拥有脸书的一小部分，要么拥有一家失败公司的一小部分。结果是，要么公司发展壮大，大到每个人都能分享它的财富；要么公司规模非常小，以至于没有人能够真的受益。

无论哪种方式，你都会看到围绕创造性工作的理财决策转向了拥有所有权。在电视行业，娱乐时间电视网（Showtime Networks）首席执行官马修·布兰克（Matthew Blank）说过，随着时间的推移，他会毫不含糊地选择让公司拥有自己的作品，这是对自己节目质量投的信任票，也是风险收益型投资决策，意在拥有自己创造作品的增值收益。

拥有股份达到了几个独特而重要的目的。首先，它让你的利益与你贡献的价值成正比。第二，它划清了财产权的边界，使得在项目完成过程中更易于合作、交易或赠送。第三，它更加准确地阐明了这一事实：很多人协同工作才可以完成创造性的项目，他们共同创造价值，也应该共享价值。

整体小于部分之和

建立一个拥有部分所有权的架构要求我们从法律与技术两个方面加以考虑。技术可以使它走向世界，不只是你拥有股票的工作之地，而且也不只是很多人可以轻松管理众多不同项目的小额股权的地方。获得有技术支持的且易于管理的部分所有权，假以时日，你就能拥有自己过去从事的所有项目的股票投资组合。这种可能性会使你的未来拥有一个由小股份组成的投资组合，而不是只领取单一的工资。你不是只有一个单调乏味的大沙发，还会有很多来自不同方面的款项汇聚起来，就像是点彩派画家画中的点，它们会给你的生活和创作提供一个足够稳定的支撑。

但要做到这一点，需要围绕现有的法律设计共享的经济所有权。产生自知识产权法的法律框架往往将所有权完全分配给一方或另一方。相反，特许使用权和版税方案需要围绕现有的知识产权法构建，或法律本身需要更新，以反映合作创造的现实，而不仅仅是简单的共有版权。

在某些创作领域，比如写作、电影和音乐，版税方案的存在让创作者很容易就能分享自己作品的部分利润。有时，比如音乐界的情况，艺术家有充分的理由要求享有更大份额的利润，他们的份额太小了。

在其他领域，比如视觉艺术，制度并不健全，或者说，要想在那个领域创作，它们会招致大量的诉讼。

缺乏共享所有权的方案有很大的劣势。我要描述的就像是动作片的故事，男主人公出发去森林里远足，不想引人注意，没有随身携带雨衣和水壶。暴风袭来，干旱发生，男主人公必须战斗。风暴过后为生存而战给人一种紧迫感。重要的是当初就应该带上雨衣和水壶。随身带一件外套是一个让人厌烦的习惯，但对于不得不在荒野里求生存的人来说，有外套总比没有好。在共享所有权这件事上，令人厌烦却生死攸关的习惯常常是在经济和法律上清晰地界定所有权。没事的时候，它显不出多重要，但一旦需要，它就像是在暴风雨天带着一件外套一样重要，如此，你就可以避免出现下面那种情况，围绕创造性工作的所有权制度遭到了破坏。

2000年，卡特·布赖恩特（Carter Bryant）决定跳槽，离开他工作的玩具公司美泰公司（Mattel Inc.），去其竞争对手MGA娱乐公司工作，这家公司就在美泰的洛杉矶总部以北约30英里（约48千米）的地方。

美泰公司生产最多的一类产品是芭比娃娃，这个长腿金发美女最早是由露丝·汉德勒（Ruth Handler）于1959年创造的。自那以来，芭比娃娃成为这家公司的招牌产品，而它之前是以生产塑料尤克里里琴和小型钢琴而知名。

布赖恩特产生了一个想法，他要为MGA娱乐公司研发一款新娃娃。它被称为贝兹娃娃（Bratz），部分像辣妹组合（Spice Girls），部分像翘唇的卡戴珊（Kardashian），还能看到贝纳通广告（Benetton advertisement）中多姿多彩的女郎的身影。贝兹娃娃头部更大，表情更夸张，它把芭比娃娃那一头蓬松的金色长发透露出的自信和不羁提升到了更让父母担忧的程度。贝兹娃娃比芭比娃娃涉及更多的种族。其中一个娃娃叫亚丝明（Yasmin），肤色较黑，她是以MGA娱乐公司创始人艾萨克·拉利安（Isaac Larian）的女儿的名字命名的，拉利安是伊朗移民和企业家。

贝兹娃娃于2001年首次亮相。2004年，美泰公司起诉MGA娱乐公司。美泰公司声称布赖恩特在美泰公司工作时就已经开发出了贝兹娃娃，因此，美泰公司拥有它的所有权。自2004年以来，一会儿是原告起诉，一会儿是被告起诉，法院的判决也变来变去，一会儿判原告胜诉，一会儿判被告胜诉。再清楚不过了，考虑到10年后该诉讼仍在进行，赢家似乎是收费的那一方。（到2014年，仅美泰一方就交纳了约1.38亿美元的律师费。）无论谁拥有它的知识产权，布赖恩特发明贝兹娃娃的回报都像是基于法律程序的一种监禁。

法律上的所有权是黑白分明的，共享所有权则处于灰色地带，但可以更灵活地分配价值。双方拥有合法所有权听起来简单又无害，却是一种温水煮青蛙的方式，因为这就是我们都已经习惯了的经营制度。把它用于创新项目是有风险的。创新工作也是协作性的。若是在知识产权的分配上采用赢者通吃的方式，这种法律制度就与围绕着支持创造性工作而设计的约束条件相抵触。

在版权方面，你要么有权“正当使用”，要么不能使用。在专利法方面，你要么拥有专利，要么不拥有专利。在商标法方面，你要么侵权，要么不侵权。版权的情况尤其如此，法律体制倾向于双方拥有所有权的一个关键原因是它们起源于言论自由。若想让演讲真正成为受到保护的权利（美国宪法第一修正案明文规定：每个公民都有权向公众发表演讲），就需要完全拥有权利：拥有，你就可以演讲，否则，你就不能演讲。而言论自由是民主制度最核心、最重要的原则之一。即便如此，围绕知识产权经济方面的法律框架可能仍然需要更新，切实地考虑协作的现实，以及共同拥有创造性工作受益权的需要。

在美泰公司和MGA娱乐公司这个案例中，可能有一方感到很委屈，应该受益的没有受益，但判决来回变动了很多次，就增加了双方都有道理的可能性。根据受雇创作合同，美泰公司甚至可以宣称拥有雇员在工作期间所有的知识产权，问题在于受雇创作合同本身可能已经严重过时了。

若是拥有部分所有权，公司可以谈判，并确定一个分享比例，而不是争夺全部的权力。知识产权案件经常是通过谈判达成使用许可费的方式解决，但法律体系需要非常用心建设才有可能建立起来。作为自己合同的守护者，你需要拟订共享所有权的方式，比如设计许可证和修改受雇创作合同条款。此外，工作和咨询合同中的条款也同样重要，如有争议，各方须在起诉之前进行调解，协商解决特许使用权的授予方法。

拘泥于法律而考虑共享所有权只会让事情变得复杂和抽象，而权力也几乎不会得到完美的分配。例如，如果一位著名艺术家只是因为深夜吃比萨补充能量才能进行有价值的创作，那比萨饼店就要与他分享作品的权力吗？为什么罗宾·西克（Robin Thicke）能被马文·盖伊（Marvin Gaye）的继承人以其歌曲《模糊界线》的音乐起源成功起诉，但滚石乐队却可以普遍地借用蓝调音乐家的作品而没有问题？在某种程度上，很多演员拥有增值的追索权，没有蓝调音乐家，猫王的音乐也就不存在，并不是每个人一直都会得到回报的。但想方设法分享所创作品的价值仍然很重要。由于技术降低了共享股份监管和小额款项转移的成本，也使之更加容易，所有权的利益分配问题才开始被人探讨。

卡里乌诉普林斯（Cariou vs. Prince）案是最近一个涉及艺术版权的例子，从另一个维度突显了版权的局限性和共享所有权对于创造性工作的重要性。

2000 年，一位名叫帕特里克·卡里乌（Patrick Cariou）的艺术家出版了一本摄影集，书名是《拉斯特法里派教徒》（*Yes Rasta*）。卡里乌花了 6 年的时间，住在牙买加的一个拉斯特法里派成员聚居区，拍摄生活在那里的人。陆陆续续地，卡里乌收到了这项工作的报酬，约计 8000 美元。

2007年和2008年，艺术家理查德·普林斯（Richard Prince）开始展出一系列大型画作，并称之为《运河区》（*Canal Zone*），因为借用了很多卡里乌的作品，卡里乌起诉了他。

从职业特征上看，卡里乌和普林斯都是“艺术家”，但卡里乌被称为人种志摄影师（ethnographic photographer），而普林斯在艺术界是出了名的“挪用”艺术家，能力出众的经销商拉里·高古轩（Larry Gagosian）是他的代理人。（艺术界充斥着“挪用”这种词，用来描述打艺术擦边球的行为，有时，这种行为也能创作出美的作品，但即便是五年级小学生要完成家庭作业，这种事也是不允许的。）

在这种情况下，“挪用”意味着直接复制。20世纪70年代，普林斯翻拍了标志性的万宝路牛仔广告，并把这些图像作为自己的作品。20世纪90年代，他制作了《护士》（*Nurses*）系列作品，把以护士为主角的低俗小说的封面艺术转移到画布上，然后，在这些图像上再作画。普林斯将卡里乌拍摄的人物复制成超大号的图像，摆放到画布上，使之更具表现力，并添加抽象性的标记，制成抽象拼贴画。该案件从两个方面做了判决，即方式上的细微差别和有意义的程序上的细节，然后就结案了。

从法律角度看，《著作权法》提供了清晰的框架。它有时将判断置于艺术史学家的位置，确定普林斯是否达到了修改卡里乌拍摄的裸体男人和女人照片的程度。但从经济观点看，卡里乌和普林斯显然都有权利索偿它们的“增值”。没有他们俩，存在争议的作品也就不存在。

从经济上讲，他俩各自都应拥有一部分收益。这种安排到底该如何建构？我们必须要看不同的价值形式是如何流转的，以及在挪用中得到了和失去了什么。虽然从艺术价值开始入手还是很吸引人的，但美学成就难以定义，其实也不是最值得关注的地方。你可以欣赏卡里乌原创作品的艺术性，甚至称赞普林斯挪用作品的艺术性，但首先要问的是经济问题：

· 卡里乌赚了 8000 美元。普林斯卖了几幅画，每幅都超过了 1000 万美元。（不知道他自己能留下多少，但艺术家和经销商的典型分割比例是对半分。）普林斯对这些照片再创作，而不是仅仅依赖卡里乌的作品，这花费了普林斯多少钱？相对得到的 8000 美元报酬，卡里乌还赔钱，虽然如此，拍摄这些照片让他花了多少钱？考虑他花费时间的机会成本，他会放弃其他赚钱的工作去那里拍摄照片吗？

· 普林斯的展览带来什么样的增值？你心里可以暂时把普林斯当成是卡里乌的代理人。普林斯把卡里乌的作品带入到极其高雅的艺术环境，并且普林斯既有的声誉也发挥了作用。这两方面的因素产生了真正的经济影响，好莱坞经纪人的方式与此相同，若是发现一位女演员，就可以让她财源滚滚。

· 普林斯的创作抑制了卡里乌继续行使自己创造性特权的能力吗？挪用有碍于原创作品生命力的延续吗？

概括起来说，这些问题集中于维持收支平衡（卡里乌的实际开支及其机会成本，普林斯之前的费用及其机会成本），以及声誉的大幅提升和可能产生的侵权上。大体而言，它的成本是多少？节省了多少钱？增加了多少价值？普林斯的挪用对卡里乌未来的艺术创作会产生什么影响？你可以针对任何类似的情况提出这些问题。

如果有人要求我当一回哲学家国王（philosopher king）[哲学家国王是柏拉图在《理想国》中设想的统治者，他有双重身份，一方面是哲学家，另一方面又是政治社群的国王，既热爱知识，又聪明、可靠，并且愿意过简单的生活。——译者注]，判决此案，我会给卡里乌补偿，介于10万美元至25万美元之间。相对于普林斯的销售收入而言，这个数额较小，但与卡里乌之前的收入相比，这可是一大笔钱。至于说落在10万美元和25万美元之间哪个数上，取决于卡里乌个人接下来的开支状况。设计谈判框架也很关键。因为只要传统的著作权法存在，这种经济上的对话就属于审前谈判。我是这样考虑的：从普林斯的立场出发，甚至是从其经销商的角度看，相比律师费而言，25万美元很划算，而对于卡里乌来说，10万美元好过3年拍照片赚的8000美元。

作为一个哲学家国王，我也会为艺术家设计一个计划，让他们拥有自己作品的转售版税或其他形式的股权。我会让普林斯拿出一部分转售版税交给卡里乌，也许是普林斯15%股份的1个百分点。目的不在于凭空变出一个精确的数字，它们是不存在的。诉讼开始时，诉讼各方（普林斯和卡里乌）都是各自电影的主角。目的是想方设法公平地对待两个主要情节，在适当的时候从经济上给予支持。由于普林斯的挪用，事实上他已经把卡里乌变成了合作者。他们需要分享共同创造的增值。卡里乌需要表现得更加宽宏大量，毕竟用了3年的时间，做了一个并不有利可图的项目，后来，其他人出现了，将它商业化，而这是卡里乌做不到的，并且他还不用承担风险，何乐而不为。

在版权之外，共享所有权平台方案存在于多个领域，并可广泛用于管理任何一类创造性工作的股份。

在制药行业，皇家医药公司（Royalty Pharma）已经为药品专利使用费的共享创造了一个市场。20世纪90年代末，曼哈顿著名的纪念斯隆·凯特琳癌症中心（MSKCC）发现自己拥有一项特殊资产的所有权。

该医院拥有与治疗癌症相关的两种药物的专利使用费，它们是非格司亭（Neupogen）和培非格司亭（Neulasta）。

这些药物是由安进公司（Amgen）在大多数国家生产的。2009年，这些药物的全球销量为46亿美元。纪念斯隆·凯特琳医院在销售额中所占的份额价值达到5亿美元，而该医院获得的捐赠为16亿美元，相对而言，这笔款项就相当可观了。皇家医药公司所做的就是用4亿美元收购该医院80%的专利权。这意味着纪念斯隆·凯特琳医院在专利权上仍旧既有风险，又可享有潜在增值的好处，因为还剩下20%的专利权，他们将部分专利权变成了现金，然后可以投资很多其他事情，从而实现投资组合的多样化。

数字作品所有权的特殊性

音乐的发行和分销也存在较为新型的所有权方案。2015年以前，马特·梅森（Matt Mason）是比特流平台（BitTorrent）的首席内容官，他曾与音乐艺术家创建了比特流种子包（BitTorrent bundles），它是该平台上发布的音乐作品的收藏夹。音乐家拥有此项创作的绝大部分价值，作为在平台上分销他们作品的交换，他们给比特流平台相应的股份。但相比其他出版商，比如iTunes，它的股份要低得多。2015年，《快公司》（*Fast Company*）杂志称梅森为当年100位最具创意的商业人士之一。

更为综合的所有权平台取决于任何种类数字作品的性质，意思是说数字文件有可以被无限复制的特点。我曾在一家公司担任顾问，近距离地观察到这一点。这家公司是一个叫Bitmark的平台，其创始人是肖恩·莫斯－普尔茨（Sean Moss-Pultz），在他的大儿子出生时，他产生了创办这家公司的想法。他是加利福尼亚州人，后到了中国台湾，作为一位因为睡眠不足而昏头昏脑的新晋奶爸，肖恩不经意间想到这一问题：将来有一天，他该如何将自己大量的音乐收藏传给儿子。跟我们大多数人一样，他收集的音乐绝大多数是以数字方式存储的。肖恩突然想到自己实际上并不拥有任何一首音乐。他拥有的只是使用这些歌曲数字拷贝的许可证，而这些许可证会随他一起进入坟墓。想到永远不会将自己的音乐收藏传给儿子，他心生悲伤。

肖恩没有止步于此，而是开了一家公司。他推断，自己在作品中采用过一种复杂的加密方法，利用同样的技术很容易就能知道一个数码文件是正版还是复制品。作为学生，肖恩的数学成绩优秀，不过，物理学研究生没有读完就退学了。他也是一个连续创业者，创建了一个类似比特币（Bitcoin）的区块链（blockchain）结构，它极其复杂，不易理解，但也极难破解密码，因为它在互联网中广泛分布，以至于很难细致地加以控制。该平台会变成一种注册器，使得数字作品具有唯一性。此种身份验证的存在使得你可以再次拥有一张专辑，只是它现在是以数字方式存在的，而且你的计算机能分辨出这张专辑是独一无二的，没有被盗版。

像 Bitmark 这样的平台使得管理共享所有权的可能性越来越大。如果你可以安全地发行一个数码产品，比如一张音乐专辑，计算机几乎可以跟管理整体所有权一样容易地管理它的部分所有权。从音乐家一直到第 30 位和声歌手都可以顺利地拿到版税，哪怕数额很小。或者，如果你投资了朋友的公司，基本上你得到的是很小一部分所有权，而不是来自众筹平台 Kickstarter 的奖励。[Kickstarter 是一家众筹平台，2009 年在纽约成立，考虑到众筹平台的特性，规定人们不可以通过 Kickstarter 投资赚钱，也就是说投资方不会获得金钱的回报。但获得资助者可以返还实物作为奖励（可以标价），或者反馈给资助者以独一无二的经验，比如一本写着感谢话的笔记本、定制的 T 恤衫、与作家共进晚餐，或者新产品的试用和体验。——译者注] 计算技术擅长管理这些琐碎的事项，而这是传真机和纸质支票永远不可能做到的。

监管环境还没有发展到足以覆盖区块链技术，但正在适应和修正，努力使这种大众化的所有权形式更加灵活。2012 年，美国国会通过了《促进创业企业融资法案》（JOBS Act）。该法旨在放宽私募法，使得大量并不富裕的投资者更容易购买私人公司的股份。由此，你可以拥有自己朋友公司的股份，而不是在他或她发起众筹活动时送上你的钱。如果企业经营顺利，你就会拥有一小片“面包”。如果企业破产，你的贡献将恢复为赠予。随着立法环境的不断发展，技术需要做的就是使这样的平台成为可能。[根据现行法律，“合格投资者”或“合格购买者”分别需要资产达到 100 万美元或 500 万美元，如果你符合这两项要求，才有资格投资私募股权。合格投资者的标准出自“D 条例”，《1933 年证券法》将其单独列出，为的是迫使公司履行向政府报告的义务，除非他们只从合格投资者手里获得资金。理由是，大萧条发生之后，政府应保护公民的利益，加强对公司的监控，避免公民被欺诈投资骗得精光，但如果损失的是你的第 15 件衬衫，他们就不会管你（因为你还有 14 件衬衫可穿）。法律无法判定一个人是否是出色的投资者，只好用财富作为标准。拥有财富代表着你的投资知识丰富，或标志着你有能力雇人为你的投资提供建议。如果你单独一人每年收入 20 万美元，或与他人的共同收入为 30 万美元，并且有望继续保持下去，也满足“合格投资者”的标准。“合格购买者”的标准出自 1940 年的《投资公司法》。是否适用两个标准取决于你所投资公司的法律和监管现状。]

更多的需求是在自己的项目和较大的补偿计划中舒适地利用这种部分所有权的思维。在某种程度上，部分所有权接近于将人金融化，但也更接近于其他分配所创造价值和所接受价格的工具。如果我们变得舒适，那么，更多人的职业生涯就会开始从维持收支平衡的打工者（作为生产性公司的劳动力，你投入精力和时间，从而获得报酬）转向员工和投资者的混合身份，这就意味着你在自己致力于创造的项目中是一个共同所有人。

随着时间的推移，对知识产权股份的技术管理在进步，更多的人有可能做出企业家那样的决定，即降低可拿回家的薪水，换成拥有自己所创造价值的股份。随着更多的工人成为自由职业者，更多的公司会利用这种自由状态的人，比如优步（Uber）。从理财角度看，我们全都可能变成自己从事的项目的所有者，虽然拥有的股权数额不大，但聚沙成塔，集腋成裘。最终，作为一个有创造性的人，在许多不同的冒险事业中，你的日常工作就会构成长沙发，你的版税投资组合就会像微小像素一样聚在一起，形成一幅连贯而清晰的大图片。

转变的核心在于从效用的最大化到创造价值，以及从消费转向投资。一旦你正确地分配了财产权，市场会更加靠近企业作为一种媒介的终极理想：使价格等同于价值。设立投资组合和重新考虑股权的组合可以让船保持平衡，为未知价值补充能量，最终让人们内心的那个艺术家获得报酬。

创造性工作的开展复杂而且不确定。它需要收入和投资组合的结构性支撑。分配股权使得你从合作的角度、从创造价值的角度和管理探索新事物的真正风险的角度思考问题。

下一步是为个别员工、较大的群体和整个公司培养组织环境和文化，使得合作和不以结果为导向的过程成为可能。下一种要分配的财产权不是你作品的股权，而是你工作场所的角色和责任。

第 5 步

初具规模，如何做大：分配角色，设定进度

管理是一门艺术，而非科学。我们要谨防那些试图把人类行为数学化和量化的人……

你不可以用数字来表示一切。依我看，这是缺乏想象力。

——可口可乐公司荣誉总裁唐纳德·基奥（Donald Keough）

1966 年就读西伊利诺伊大学之初，埃德·埃平（Ed Epping）从未想过要当艺术家，更不用说成为一名艺术教授，负责管理许多学生的创意开发了。在他和父母驱车赶往迎新会的那天，热浪席卷了整个伊利诺伊州。他的父母正闹离婚，不是无休止地吵架，就是充满敌意地静坐无语。母亲坚持让埃德穿一件运动夹克，而且在整整两个半小时的车程中一直穿着它。他们那辆 1954 年出产的别克车没有空调。收音机正报新闻，声音开得很大，有点刺耳，说是有个家伙在芝加哥刚杀害了 9 名护士，后来被确认是理查德·斯佩克（Richard Speck）。埃德说："今天不是个好日子。"

当他们抵达伊利诺伊州马科姆（Macomb）市的大学校园时，约有 100 名大一新生和他们的父母拥进一个地下室，而那里闻起来就像是健身房的更衣室，一名助理注册主任开始滔滔不绝地讲解。有些工作有其特别之处，比如接生和欢迎新生入校，在当事人看来，它们是不常发生的人生大事，这就要求从事它的人能体会并能满足当事人的这种心理，因为这是他们工作的一部分，那位注册主管显然不谙此道。在唠唠叨叨地说了 40 分钟后，她开始分发宣传册，而内容与她讲的如出一辙。埃德还穿着那件运动外套，巴不得赶紧离开那里。

他读了小册子的前几页，其内容是指导他如何填写课程注册卡。上面还列出了一个艺术专业的课程表作为样本。此时，在一所有名的州立大学进行入学登记和选修课程无疑要先选定专业。埃德急于离开那里，于是他就照着样本填了一份课程表。注册主任没有注意到埃德的课程表与小册子里的一模一样，还称赞他交得挺早。

那一学期，给埃德授课的有两位艺术教授，但是风格不同。一位教授坚持要学习专业技能，信奉传统画法，如临摹人物。另一位教授来自加利福尼亚，满脑子大创意，而且有教一年级的老师所需要的热情。埃德被迷住了。

我在大学曾经选修艺术课完全是因为埃德。一个春天的下午，我看见埃德在小溪边上水彩课，画水彩画，当时我是主修政治学的学生。为了能上这个课，我首先得修一个绘画课程，这是我在大学的第一个艺术课。当我是学生时，他从未再次真正地讲授水彩画，但他确实教过我如何画油画（他在那里教了 30 ~ 40 年，学生堪称成千上万），并且引申开来，教过我如何发挥自己的创造力，如何与其他人交谈。绘画课开课当天，埃德讲的是判断。他说，特别是刚刚开始的时候，很容易评判某件事的好坏。如果我们说自己不是很擅长某事或拙于某事，其实是放弃了工作的责任。相反，他希望我们“对自己要有清醒的认识”。他希望我们能够观察正在发挥作用的事情，看看需要建立什么样的优势，以及哪些领域需要帮助。埃德在那堂课上所做的是营造一个空间和对话，从而让我们自己进入工作状态。他知道创作的脆弱性，所以，发挥其强项，引领我们很多人度过那一阶段，既有单独指导，也有团体上课。

回想一下本书早期提到的一些工具，埃德正在做的事情之一就是让冒险寻找灯塔这件事变得安全，致力于探索一个尚未有答案的重要问题。如第一章所讲图和底的组合工具，埃德正在设置让我们创作的“图”得以显现的“底”。虽然这是在课堂而非工作场所，埃德在管理团队方面的某些挑战和决策有助于我们理解在工作场所管理创造过程中遇到的更重要的问题。

组织内部需要协调和绩效评估，这使得创造过程特别具有挑战性。作为制造商，你不只要应对每个人的弱点，还要应对复杂的系统、更大的目标和组织绩效的刚性需求。艺术创作室可能跟任何类型的企业文化都格格不入。但在美术课堂上，在鼓励人们全身心地投入到创作中，并感到即便冒着失败的风险，也会安全无虑的同时，你同样需要评估业绩。

在这种情况下，在制品的管理者就很像埃德。他或她的工作不是直接解决问题，而是为新生事物的成长保留空间。这种工作可能是深入细致的，但可能是没人看见的。你的主要工具是那些工具和方法。你的目标是培养置身于杂草的独特思维，追求复杂组织环境下的灯塔问题，不管组织是营利性的，还是非营利性的，必须要在市场上运转正常。[非营利组织也是一种市场组织。它是对市场失灵的一种特殊反应，其设计结合了监管与战略。——译者注]

足够好的管理者

这种管理框架植根于唐纳德·伍兹·温尼科特（Donald Woods Winnicott），他是20世纪初传奇的英国精神分析学家和儿科医生，因其写作风格像刘易斯·卡罗尔（Lewis Carroll），而且将“喜剧传统”带进了精神分析，从而受到他的传记作者亚当·菲利普斯（Adam Phillips）的称赞。

温尼科特对于如何养育健康的孩子有很多想法，在他的诸多概念中，

或许没有哪个比“足够好的母亲”更有影响力了。温尼科特［温尼科特生于 1896 年，1971 年去世。考虑到他写作的时间，照顾孩子的责任大都由母亲承担，可以设想，如果到了现在，“足够好的母亲”这个词应表示“足够好的父母”，因为现在父亲看护孩子的也越来越多了。温尼科特有两个姐姐，还有母亲、一位保姆和一位家庭女教师。（《温尼科特》，菲利普斯，第 28 页。）——译者注］认为，没有哪个母亲是完美的。但在孩子早期生活的一个重要阶段，从孩子的角度看，他或她是离不开妈妈的。母亲会对儿童的需求做出完全的反应和回应。婴儿始终感觉与其母亲是一体的，没有独立的个体意识，其实这是一种错觉。随着时间的推移，母亲的职责就是逐渐让孩子不再对她抱有幻想。因此，在温尼科特看来，养育孩子的行为是一种指导着孩子从幻想退回到觉醒的过程。

除了是一个足够好的管理者外，创造过程的管理者就像是“足够好的母亲”。创造性的项目就是需要扶持的新生婴儿。为了发育，它需要得到反应和支持。随着时间的推移，创造性的想法必须发展到自给自足，发育成熟，存活于世。需要克服的错觉是创造性想法的“婴儿”可以脱离市场而存活。最终，创造性的想法需要保持自身的完整性，并能养活自己。

足够好的管理者的主要工作是创建一个“抱持性环境”，让生活在其中的人安全地探索，以“真自我”的身份从事创造。在缺乏抱持性环境的情况下，温尼科特发现孩子们的应对之法是采用一种“伪自我”，这是他们真实自我的一个保护罩。虚假自我的后果是相当可怕的。他写道:“只有真正的自我才有创造性。”[抱持性环境的理念起源于温尼科特对第二次世界大战期间与父母分离的儿童的研究。他研究了年龄在2～5岁之间的儿童，在德国飞机对英国实施大轰炸期间，他们被送到伦敦城外，交由护士照顾。值得注意的是，温尼科特称此过程为对儿童的“管理”。——译者注]

这并非说所有的管理实践需要一个抱持的容器，或所有好的创意都要用这种方式产生。可以证实的是，许多宏伟的计划得到了贯彻执行，很多大冒险是由强盗大亨、恶棍式的实业家和不择手段的机会主义者用蛮横的方法开启的。其他看似兴旺昌盛的文化则把“让人蒙羞”当成是一种管理策略，并做到极致，就像雷·戴利奥（Ray Dalio）的投资公司桥水联合基金（Bridgewater Associates）的所作所为。（戴利奥喜欢他所谓的“极端透明化”，员工若是犯了错，其错误就会在其同事面前被直言不讳地指出，或如戴利奥所说：“痛苦+反思=进步。”）我们在这里要说的策略是支持保护新的想法，在一个抱持性环境提供的安全空间里，通过人们之间的互动、迭代和对话，给它们更长的成长时间。

在建立这种环境的过程中，管理者并非完全像父母一样。蹒跚学步的小孩和借车的十几岁少年与一位成功的员工几乎没有共同点。然而，如果传统管理者对业绩评估和激励的强调不利于人们全力以赴和最大限度地探索，并以牺牲他们的安全感为代价的话，那么，组织就无法让其员工发挥出最大的能量。足够好的经理很难做到完美，只是有足够的善意、坚持、专心和可靠，可以为其他人抱持一种创造性的环境。

在工作场合，如果员工可以无拘无束地将精力集中于自己的工作，而不是花费精力装点门面、管理难相处的人或玩弄公司政治，这就表明抱持性环境是完整无损的。任何工作环境总会时不时地出现不和谐的声音，所有组织都有其复杂性，都要面对人际关系的挑战。最终，成功的抱持性环境的关键标志是它的修复能力。

对于接受过管理科学豪言壮语训练的人来说，把重点放在相容性而不是追求卓越疑似是一个低标准。“足够好”或“胜任”通常不是一种很高的赞美，但设置抱持性环境是一项艰苦的工作。你有全责，却没有全权。你的任务是持续且费力地保护创意，同时做到诚实，有时还要应对它们的发展带来的挑战。你不是在执行一个愿景，而是平衡如何在不受管控的情况下做到严格，以及如何鼓励而不受干扰。你的工作是必不可少的和间接的。

你主要的工具是对话，它们最容易被描述成一组角色。三个谈话的核心角色是指导者、同事朋友和制造者。指导者像是一位好老师，为你提供智慧。同事朋友或同行朋友给予的是诚实和鼓励。制造者承担补充的创造性任务，让创意符合市场的约束条件。不管是在被人管理或在自我管理，你都可以找出或分配这些角色，为在制品营造一个有利的环境。

大师和导师

管理在制品的第一步是把重点放在当导师，而不是当大师上。柯克·瓦恩多（Kirk Varnedoe）是一位传奇的现代艺术博物馆馆长，1994年去世。在赞扬他时，亚当·高普尼克（Adam Gopnik）写道："大师给我们的是他自己，然后是他的体系；导师给我们的是他的问题，然后是我们自己。"大师告诉你的是你应该怎么做事，导师会帮你找到如何自己做事的方法。

我需要澄清大师和专家之间的区别。每个人都是某个方面的专家，而分享专业知识是能否有所贡献的一个重要组成部分。尤其是在技术领域，利用专门知识是管理和领导其他人的核心所在。这里所说的专家是可以传授技能的人，即他们能教某一特定领域的基本原理，我称之为"语法"。从芭蕾舞到计算机编程，任何领域都有自己的语法，它们是技术的基本结构和共同理解的方式。专家若能共享此类知识，其他人就会获得必要的技能，以此创造自己的东西。跟大师不同，专家传授技能而无需具体管理它们的应用，因为导师这种人会尊重其他人的基本自主权。

从典型的艺术学院的对话中尤其能看出导师与大师之间的差异，这种对话即是"评头论足"，你把自己的作业钉在墙上，其他学生和教授围着它交谈。虽然艺术学院的评头论足不是办公室文化所熟悉的东西，但评论为围绕创造性在制品的谈话带来了活力，因为评头论足是绩效评估的一个比较针对个人的版本。2006年，记者若里·芬克尔（Jori Finkel）写了一篇《评头论足的故事》的文章，开始描述这种谈话的特征。芬克尔访问了耶鲁大学艺术学院，当时它的办公室就设在保罗·鲁道夫（Paul Rudolph）粗野主义风格的耶鲁大学艺术与建筑系馆（Art & Architecture Building），那是一座凹凸差别显著、非常坚实的钢筋混凝土建筑，无动于衷地矗立在众人的面前。

20 世纪 80 年代耶鲁大学的“评头论足”被称为“深坑评议”，因为它们发生的地点就在建筑系馆内的一个中庭，那里是搞这种活动的理想建筑环境。这个中庭的地面起自地下室，向上有几层楼高的开放空间，不排除这边被人批驳得羞愧难当，周围或楼上就有人围观旁听的情况。画家莉萨·尤斯卡维奇（Lisa Yuskavage）现在的代理人是大商人戴维·茨维尔纳（David Zwirner），在描述自己在 1984 年至 1986 年深坑评议中的感受时，她写道：“想想裸体当众站着的噩梦吧，那还算是一般。还有更让你害怕的事情，就像是光着身子站在秤上。”

区分导师和大师的意义首先发生在我读艺术学院期间一次评头论足的活动上。我们在观看另一位学生的模糊视频、没来由的电源插座照片和一只泰迪熊。最后，房间里的人开始感到烦躁和无聊。其中一位教授实在忍不住了，张口喊起来，但不失权威性：“你不能制作小孩子的视频！这也太过分了。”我自己寻思道：“其实，你可以这样制作。只不过这一次行不通。”对于某些人来说，在工作场所呈现一个半生不熟的项目，这跟管理者质疑优先战略，而不是检查执行情况没有什么不同。

那位老师是站在大师的立场上说这句话的，意在告诉学生规则是什么。

导师会帮助学生发现该项目的优势和劣势，并让学生对很可能又行不通的情况负责。因为导师的超大能量在于反映你真实的自己，虽透着严厉，犹如镜子般的诚信，但他会善意地与你交流，并慷慨接受以你自己的前提为出发点。弗兰纳里·奥康纳曾经给一位她后来不再共事的编辑写过一封信，信中写道："我经受得起批评，但仅限于我想尽力去做的事情范围内。"她在寻找导师，而不是大师。

并不是所有艺术学院的评议都有这种大师性质。在洛杉矶的加州艺术学院，艺术家约翰·巴尔代萨里（John Baldessari）所教的研讨班几乎完全采用评头论足的形式。他认为成功的对话不是作为老师的他讲一通自己的深刻见解，而是在他离开房间之后，谈话还能继续进行。他说："我觉得自己的角色就是当个好的主持人或领航员。"

若要寻找在公司内部开展评头论足式对话的例子，皮克斯动画工作室就能见到，他们称之为智囊团（Braintrust）。导演和其他人聚在一起，展示正在制作的半成品，大家展开激烈的讨论和意见互换，以帮助影片改进。皮克斯的总裁埃德·卡特穆尔称皮克斯的智囊团会议类似于巴尔代萨里的做法。他的工作"实际上不是在那个时候审视创意。而是放松地坐在那里，不直接参与，观察房间的动态"。

保持对话空间非常重要，原因在于它可以保护新的想法，新的想法可能是目前尚不为人所了解，却正走在通向 B 点新世界的途中。创造性空间的安全跟手术室的无菌一样至关重要。正如卡特穆尔论及皮克斯备受赞誉的大片时所说，开始时，他们的电影都"很烂"：

我知道，那种评估是直言不讳的，但我常常重复强调这一点，我选择那种表达方法是因为和风细雨的方式无法真正揭示我们第一个版本的电影有多么差。我说这些并非故作谦虚。皮克斯电影开始时并不好，跟我说的那样，我们的工作就是让它们“从烂片转成非烂片”。我们现在把所有的电影都看成是精彩的片子，这种想法很可怕，很多人也难以理解。但请考虑一下，一部讲述会说话玩具的电影有多么容易让人感到缺乏独创性，多么愚蠢，或显然有推销商品的企图。考虑一下，一部关于老鼠准备食物的电影有多么令人不快，或是《机器人总动员》（*WALL-E*）开头出现了39分钟无对话情节似乎会冒很大的风险。我们敢于尝试这样的故事，但在第一轮，我们不会改正它。它是咋样就让它还是咋样。创造力必定从某个地方开始，坦率和激励性的反馈和迭代过程很有力量，我们是它们的忠实信徒，所谓的迭代就是返工、返工，再次返工，直到一个有瑕疵的故事发现其主线，或一个空洞的人物找到了自己的灵魂。

在指导谈话过程中，导师会掌握分寸，让你反思，却又不会陷得过深而无法自拔。当我向绘画教授埃德·埃平讲温尼科特那个“足够好的母亲”概念时，他告诉我在这一点上他始终很明确，他视自己为导师，而不是母亲。他把自己的工作看成是让学生走在危险的边缘。他想方设法建立一种环境，让他们敢冒失败的风险，还很有安全感。当我问他何意时，他说：

如果你看到有人在危险的边缘笨手笨脚地瞎忙一气，比如，站在楼梯的顶端，想要摔出去，这就需要干预，我倾向于不干预。那一刻我会想：如果在自己的工作中，你也要摔下台阶，那就让我们看看会发生什么吧。然后，如果失败了，就止步于此。

这就是创造一个安全空间的关键所在。埃德就像是一位管理者，积极地工作，时刻维持着一个空间，以便不会阻碍人们的发展。若像埃德一样，作为创造性工作的管理者，你的工作就是设法引导人们，将与生俱来的才华发挥出来。有时，他们会转向危险的边缘。另一种可能是他们始终干得很漂亮。出色的工作有较大的波动性，高的时候很高，但偶尔会有低潮。当然，在有些领域，可靠的支持和做好工作比冒险的行为更重要。但如果你只关注自己工作中有风险的和实验性的部分，从第四章中更大投资组合的角度看，那么，你就是希望让人们冒着失败的危险，自己拼命维护。足够好的管理者是为真正出色的工作创造安全环境。

教师和管理人员很容易碰到埃德描述的那种边界，必须做到不要过度参与人们的创造性活动。它是比较难以管理的边界之一，因为它需要你更多地支持他人，而不是做独行侠。佛教老师马蒂厄·里卡德（Matthieu Ricard）称这种两难境地为共情疲劳（empathy fatigue）。神经学家塔尼亚·辛格（Tania Singer）是德国莱比锡的马克斯·普朗克研究所（Max Planck Institute）主任，他是里卡德的合作者，在一项针对医生和护士的研究中，他们发现那些具有同理心（empathy）的人筋疲力尽，之所以说他们有同理心，是因为病人有什么困难，他们立即就能看得出来。而那些有同情心（compassion）的人反而精力充沛，之所以说他们有同情心，是因为他们在更广义的感觉上与病人接触。担任导师角色的人做了大量的同理心工作，比如回应他人，陪护他人，接替他人的工作。但在担任管理者的角色时，就像埃德那样，你可能需要有意识地加以指导，让人们知道何时要通过换位思考，视他人的工作为己任，从而承担起来，何时选择不跨越同样温暖而有益于健康的同情心边界。

也就是说，管理在制品的第二个角色其实比较个人化。这是一种同行朋友的角色，他们是你所在领域的从业者，属于同道中人，跟你打交道时，他们表现得热情、幽默和友好。他们跟你同处拥有安全创造性空间的容器内，而不是为你维护容器。在某种程度上，你让这些人进入了你的艺术自我的私室。他们会改变你，你也会改变他们。

同事或同行朋友

1970 年 5 月 29 日，艺术家伊娃·黑塞（Eva Hesse）死于脑瘤，当时只有 34 岁。同样是艺术家的索尔·勒维特（Sol LeWitt）是她的密友，得知这个消息时，他正在巴黎筹备自己的作品展，而展览将于 4 天后的 6 月 2 日开放。在中间的那几天，勒维特想要创作一件艺术品，并收入为纪念伊娃举办的展览中。在勒维特的职业生涯中，他是第一次用“不直的线”。在那之前，索尔作品中所有的线都是直线，不管是亚法（Yaffa）模块式的高大立方体雕塑，还是其墙画的格栅状的表面，都是由直线构成。在描述作品《墙画 46 号》（*Wall Drawing #46*）时，勒维特写道：“我想在她去世时做点事情，让它成为我们之间的纽带，体现在我们的作品中。所以，我取了她和我绘画的某些元素，它们合在一起效果还不错。你可能会说这是她对我的影响。”

这一决定影响到了勒维特接下来的职业生涯。在其 90 多幅作品中，他都用上了“不直的线”，最终，甚至为其后来的“多圈涂抹”（Loopy Doopy）和“自由曲线”（Scribble）系列画开发出了较不直的线。从创造性的角度看，对其他人足够开放，并允许他们影响自己的作品，这意味着什么？黑塞和勒维特有非常深厚的友谊。同行友谊更为普遍的意义是它根植于深情厚谊和对彼此作品的深入了解。找到同行朋友，并在产生友谊时培育这种关系，这会对自己创造性的工作和生活产生深远的影响。

索尔也影响了伊娃。1965 年 4 月 14 日，他寄给她一张手写的便笺，以作为她给他寄过一封信的回应。伊娃的信是从德国寄出的，当时，她与自己的丈夫住在德国。在回信中，针对她顾虑自己是否是一位艺术家，索尔说出了自己的心里话。他写道：

我对你很有信心，纵然你在折磨自己，不得不说，你的作品很棒。试着做一些差的作品吧。是那种你能想到最差的，看看会发生什么，但最重要的是放松，让一切见鬼去吧。你不必对这个世界负责，你只要对自己的作品负责，因此，放手做吧。

“做”（Do）这个词被索尔用大写的印刷体字母画在了这封信的每一页底部。那一年黑塞开启了创作最旺盛的时期，从 1965 年直到 1970 年去世。

同行友谊凤毛麟角，尤其是在伊娃和索尔这种层面的关系更是如此。但它也是常见的那种喜爱和尊重的一部分。

同行友谊往往属于与邻居、兄弟姐妹和大学室友那种更宽泛的友谊，此类友谊会形成合力，让你接近未必喜欢你的人。你要找的人可能有不同的优势和劣势，或者拥有普通的技能，但在事业上有相似的价值观，比如公平、诚实、守时、透明等。

同事友谊往往存在于充满善意的工作场所。同事朋友的成功并非零和博弈（zero-sum）。有时，你们两个可能在争取同一个晋升机会或资金支持，但只能有一人会赢。但是，大多数情况下，成为同事朋友不太像世界杯决赛，因为那要一赢一输，它更像是托起所有船只的涨潮。试探并确立善意的一种方法是尝试在你的老板或客户面前称赞同事。同事朋友也会称赞你，以此作为回馈，至于回馈到什么程度，那要看你所在的文化认为何为适可而止了。

这种观念类似于莫兰男爵（Charles McMoran Wilson）独创的面试技巧，或许他最知名的身份是温斯顿·丘吉尔的私人医生。莫兰男爵也是圣玛丽医院医学院的院长，一直担任到1945年，时间上大约比罗杰·班尼斯特进行1英里跑早10年。面试未来的学生时，莫兰男爵会在谈话期间的某一时刻，伸手取下一个橄榄球，将球扔给面试人。如果接住了球，你就被录取了。如果扔回给他，你就会获得奖学金。班尼斯特赢得的奖学金即是以“莫兰”的名字命名的。

看看你是否能跟同事养成类似的习惯。他们会接住你扔过去的东西，再扔回来吗？我永远都不理解为什么很多人不采用真诚的、搭档式的、魅力攻势的方法，特别是在客户面前，更是少见。美国的南方人喜欢说称赞别人的话，也许这是我内心的那个南方人在说话，但如果你能称赞其他人，并让他们真诚地赞美你，那么，就可以振奋每个人的情绪，并且这样做比只称赞自己要容易得多。

试探着寻求同事友谊的另一个工具是尝试睦邻友好，这种做法存在于手机出现之前。例如，我想到父母曾经的做法，凌晨时，当妈妈要生我妹妹时，我的父母会打电话喊醒街对面的邻居，让他们来陪哥哥和我。在工作场合，你同样可以冒一点风险，向其他人伸出你的手，看看能否建立健康、灵活和长期的互惠关系，反之亦然。比如，你代替某个家中去世的人上班，或要求某人帮忙看看进展如何。

跟任何友谊一样，同事友谊有一个不可避免的情感真实度问题。密切注意在与其他人交往后你感觉更好了，还是更糟了。就像在一个你不说他们语言的国家盯着电视屏幕一样观察他们的讲话。他们看起来像是讲真话还是在演戏？你感觉安心还是受到了鼓舞？

在平常友谊中行得通的某些特质在同事友谊中愈加重要，其中主要是可靠性和守时。你需要能指望人们说到做到，并且说去哪里就会到哪里。每个人都有局限性，有些人在这些领域天生要比其他人更受限制。如果守时或可靠性不是你的强项，那么，你反倒可以如此培养同事友谊：先表现出诚实和自我意识，并试图弄明白那些素质对他人和更广泛的职场文化有多么重要。如果总是迟到或过度忙碌，你需要坦诚地面对自己的局限性，并且不说过头话，比如，“我真的喜欢做那件事，我有计划，但没有百分百的把握，不想让你失望。”

尤其是因为同事友谊有平常友谊不用考虑的业绩要求，因此，你们也许会在何谓正确的策略上有不同的意见。在情绪还没有消退的时候能够进行艰难的谈话是同事朋友的一个特点。这需要高度的信任，听上去很简单，也就是说，建立同事友谊的最正确的办法是严格招人和严格接受一份工作，找到你需要的人，而不管他们在你组织内部，还是在组织之外。在我认识的人中，共事很长时间之后，很多人还能在其领域维持着同事友谊。

同事朋友的反面典型是凯瑟琳·帕克（Katharine Parker），她是由西格妮·韦弗（Sigourney Weaver）在电影《上班女郎》（*Working Girl*）中饰演的角色，该电影由迈克·尼科尔斯（Mike Nichols）导演，于1988年拍摄。凯瑟琳对梅拉妮·格里菲思（Melanie Griffith）扮演的角色特丝·麦吉尔（Tess McGill）说“这是一种双向沟通，是你让它发生的”，然后，窃取了她的想法，据为己有。（这是剧透，不过，我认为它是一部值得每个人反复观看的电影。）

戈尔·维达尔（Gore Vidal）有一句引人深思的话：“每当朋友成功，我就有一小会儿死亡的感觉。”一般情况下，同事朋友指的就是不赞成戈尔这句话的人。看到自己的朋友取得成功是非常快乐的事情。如果你们有共同的价值观，他们的成功就是对你们价值观的赞美。如果你喜欢他们，就会看到好人有好报，这是生活中被人重视不够的乐趣之一。

有可能你看到某人取得了成功，并一阵伤心，你可能需要问问自己为什么。你可能没有像自己认为的那么喜欢那个人。或者，你可能体会到了自己的不安全感。你要扪心自问，是自己贪得无厌，因此需要停止，还是敲响了警钟，表明你的工作或别的事情脱离了正轨，你不是在对他人吹毛求疵，就是在嫉妒他人。

同事朋友的类别以及尊敬和喜爱的结合可能是皮克斯公司智囊团的秘密武器。布拉德·伯德（Brad Bird）是《超人总动员》（*The Incredibles*）和《料理鼠王》（*Ratatouille*）的导演，他曾经对皮特·多克特（Pete Docter）说：“在上一部电影时，我已经跟你说过这些，‘你是想钻进超强大风中设法连做三个后空翻，却因为无法着陆而狂怒不已。嗯，令人惊讶的是，你还活着。’……”当时《飞屋环游记》（*Up*）和《怪兽公司》（*Monsters, Inc.*）已经取得了巨大的成功，多克特正忙着拍摄《头脑特工队》（*Inside Out*），却陷入了困境。伯德是作为同事朋友说这番话的，对于处在草丛中有一段时间的一部电影来说，这无疑是极大的支持。

多克特的电影《头脑特工队》于2015年6月19日推出。这部电影广受好评，上映头10天，就在世界各地赚进差不多3亿美元的票房收入，但制作花了他们5年多的时间。该电影的前提是不同寻常和冒险。故事大都发生在一个11岁女孩的内心，用她的情绪作为主角。正如伯德所说，多克特想要做的事情相当于在大风中连做三个后空翻。在这部电影上已经耗费了三年的时间，多克特围着伯德绝望地转圈，不知道他正导演的这部电影会不会卖座。他知道他们有一个很有吸引力的想法，但他意识到，三年来，他甚至都没弄清楚这部电影的中心思想是什么。

猜测到可能会被炒鱿鱼，多克特问自己：如果丢了工作，搬到北极，那会怎样呢。他认为自己没有房子和薪水也能过，但不能没有朋友。他感到最亲近的朋友是与他同甘共苦的人。想通这一点之后，再制作电影时，他就赋予“悲”和“喜”的角色同样的分量，并找到了这部电影的中心思想。

皮克斯拥有不同寻常的紧密合作的文化，但这并不意味着你与之合作的每一个人都要成为你最亲密的朋友。若有信任和喜爱之情产生，并对这种感情细加培育，就会对创造性的工作形成支持。在你无法做这些事情的环境中，导师的慈悲情怀、职责的明确界定和本章后面要讲到的里程碑都会对你有所帮助。

制片人的启示

到目前为止，我们在某种程度上一直谈论的是艺术，根据其定义，艺术在现实世界中不一定能取得成功。如果艺术创作离开博物馆和画廊，进入商业环境中，最终人们就会发现亘古不变却令人尴尬的真相，即无论理念多么出彩，大多数事情最终都要找到一种自己养活自己的方式。它们能否存活下去仰赖于此。

这意味着若要管理组织中的创造性过程，你必须既要检视情节的铺陈（rising action），又要检视故事的收尾（falling action），即前者指创意本身的探索，可以说是“播种”，而后者指使作品商业化的二次创作过程，可以说是“收获”。在电影业，创意及其落实之间的助产士具体被称为“制片人”。每个领域的每一个人都需要制片人，对于通过牵线搭桥将艺术愿景变成现实的中间人来说，电影制片人是他们极好的榜样。

2013 年，电影《达拉斯买家俱乐部》（*Dallas Buyers Club*）上演，罗比·布伦纳（Robbie Brenner）和蕾切尔·温特（Rachel Winter）为其联合制片人，这部电影很好地说明了制片人的能动作用。该项目在 2013 年之前很长时间就开始运作，故事的基调就是同事友谊。克雷格·博滕（Craig Borten）是布伦纳在洛杉矶认识的第一批朋友之一，早在 20 世纪 90 年代，克雷格和他的编剧搭档梅丽萨·沃勒克（Melisa Wallack）就写完了电影脚本，布伦纳把克雷格介绍给自己另外一位朋友马克·福斯特（Marc Forster），马克为环球影业公司买下了这部电影，但附加条件是让布拉德·皮特（Brad Pitt）主演。但无疾而终，环球影业公司没有投入拍摄，2009 年，电影脚本还给了作者。

这一次，罗比把电影给了马修·麦康纳（Matthew McConaughey）的代理人。电影脚本在一个有趣的时间点进入了麦康纳的生活。在那之前的一年半，他做了一个堪称冒险的选择，回绝了在环球电影公司和想象娱乐公司（Imagine）合作翻拍的《私家侦探玛格侬》（*Magnum P.I.*）中担任主角，如果答应了，他可以保证获得 1500 万美元的片酬，有可能会更多。婉谢了角色之后，他息影了一年半。

当麦康纳收到《达拉斯买家俱乐部》的脚本时，他同意出演罗恩·伍德鲁夫(Ron Woodroof)，这是一位牛仔竞技表演者，也是艾滋病的感染者，备受艾滋病的折磨，在政府唯一批准的治疗药物没有效果的情况下，开始在黑市上买卖抗艾滋药品，在帮助自己的同时，也帮助了很多同病相怜的人，进而受到美国药监局和国际制药业巨头的阻挠和施压，为此罗恩要对付他们，他就是电影的中心人物。据报道，麦康纳出演此角色的片酬不足20万美元，不过，他可以得到一定比例的票房分成。他们还需要一位导演。从他们合作过但没有完成的项目上，罗比认识了让-马克·瓦雷（Jean-Marc Vallée）（请注意，主题仍旧是同行朋友），他同意当导演。因为罗比担任着相对论传媒公司（Relativity Media）制作部的总裁，她请求自己的老朋友蕾切尔·温特共同担任制片人。

为了扮演被艾滋病毒摧毁了身体的伍德鲁夫，麦康纳开始了近乎绝食的减肥。按照拍摄进度表，他要减掉40磅体重，但当他已经减掉大约38磅时，拍摄资金却告吹了。制片人打电话给麦康纳，告诉他电影不得不推迟几个月，以便在财务上重新加以调整。麦康纳不准备等。他告诉他们必须把这件事搞定。

为了让本片正常拍摄，制片人做出了一个重大决定，那就是把照明方面的预算全部砍掉。也就是说影片中基本上没有任何人工照明。这一决定让制片人节省了大约100万美元，使得他们用差不多400万美元就完成了拍摄。缺乏照明看上去有困难，但也给这部电影带来了一定的真实性，这会把观众带回故事发生的20世纪80年代，当时数字美化技术还不发达。接下来，这部影片获得6项奥斯卡奖提名，全球票房总收入为5000多万美元。

这是制片人的两难选择：你有一个好创意，希望把它制作出来。而那需要花钱。你必须弄清楚如何具体落实该项目，即要在资金和创意之间反复权衡、掂量。你必须完成这项工作，既要反映你在艺术上的追求，也要量入为出，实现收支相抵。在以市场经济为建构基础的世界里，制片人经常要做的就是让创造性工作成为可能。

类似于电影这样的行业，既要保持艺术的完整性，又要具有商业的可行性，巧妙处理二者的关系，以期鱼和熊掌兼得可是越来越难了。琳达·奥布斯特（Lynda Obst）是《西雅图夜未眠》（*Sleepless in Seattle*）和《跷家的一夜》（*Adventures in Babysitting*）的制片人，也是《好莱坞不眠夜》（*Sleepless in Hollywood*）一书的作者。她写道：电影制片人现在要费很大的精力应对愈加狭窄的获利途径，因为不再有 DVD 销售的支持。这部分收入不再有指望，因此加大了新拍摄项目的风险，使得复制过去成功的模板愈发有吸引力。按照奥布斯特的观察，现在拍出来的电影要么是全球院线大片，要么是小成本的独立电影，除此之外，不大不小的电影已经越来越稀罕了。

在任何行业，在创造性和商业之间切换的方法都是在图表上画对角线。

每个象限描述一项活动，从“研究”开始，其次是“分析”，接着是“合成”和“实现”。下页图中的数字表示的是设计思维过程中的步骤：（1）了解意图，（2）获知内容，（3）认识人，（4）构思深刻见解，（5）探索概念，（6）制定解决方案和（7）制作出样片或样品。

这就是矩阵图的对角线，它可以示意制片人的角色。不管是从“研究”到“合成”，还是从“分析”到“实现”，你都处于将创意付诸实施的过程中。

最早介绍给我这张图的是休·缪齐克（Hugh Musick），他是一位

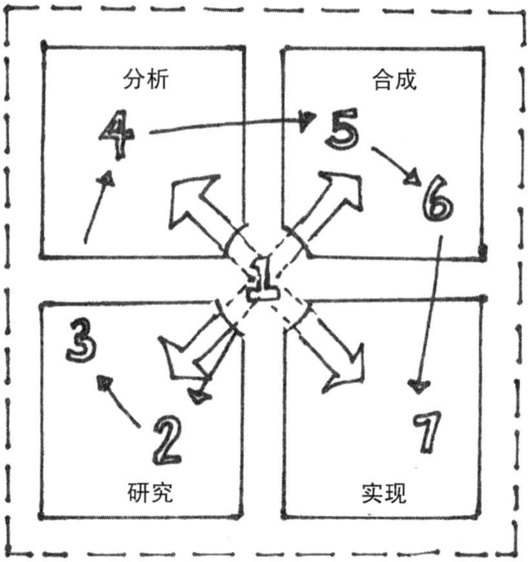

讨人喜欢的艺术家，还是芝加哥的伊利诺伊理工学院设计学院的副院长。该图出现在他的同事维贾伊·库马尔（Vijay Kumar）的著作《101 种设计方法》（*101 Design Methods*）中。

休和维贾伊在设计学院教书，该学院的创立深受包豪斯学院（Bauhaus）的影响。包豪斯是一所德国学校，创建于 1919 年，1933 年宣布解散。包豪斯也代表着一场社会实验，它把“创造性和商业艺术相结合”当成其创立的使命。

因此，该图特别适合休在其课堂上讲给他教的那类制片人听。你有一个绝妙的创意或华丽的设计对象并不重要，你还肩负着一个重担，那就是想方设法让这些富有创造性的理念在经济世界中变成现实。走过任意一条对角线时，你都会发现自己是在做“制片人”的工作。

除电影制作外，发展中国家的社会企业是另一个可以检验“制片人”作用的地方。它们的财务状况很拮据，如果产品不够便宜，后果就会很严重。

举彼得·斯科特（Peter Scott）及其在伯恩制造公司（Burn Manufacturing）工作的同事为例，他们致力于在肯尼亚生产节能炉灶。截至2015年，大约一半的肯尼亚家庭依赖烧木材和木炭的传统炉灶，引申开来，这又与森林砍伐、污染和一氧化碳中毒死亡有关。如果仅仅说“污染”听起来很抽象，那么，我们不妨用数字说话，据估计，每年有很多人死于室内污染，全球大约有430万人，这要比疟疾、肺结核和艾滋病毒加在一起致人死亡的数字还要大。大约90%的肯尼亚人口远离电网，也无法使用太阳能电池板，因此，没有很好的炉灶替代品。

很明显，人们需要清洁能源的炉灶，但现实是，除非它的替代产品的制造成本低廉，否则，它就永远不可能有机会进入贫困社区。而要做到这一点，在很大程度上要取决于发挥“制片人”的作用。

早在伯恩制造公司开始生产的25年前，加拿大的首席执行官彼得·斯科特首先致力于解决炉灶的问题。在为美国和德国政府开展援助项目时，他震惊地发现与燃烧木炭的炉灶有关的森林砍伐和死亡。他知道，想要保护森林，就要生产出“可以拯救世界的消费产品”，但这条道路不仅曲折，而且杂草丛生。

2009年，斯科特先是组建了一个10人团队，建立伯恩公司。开发炉灶花了3年的时间，工程用时1万个小时，很多人牺牲了自己的时间，并且只领取部分工资，大约有50套整体设计方案经过了反复论证。2013年秋天，他们开始小批量制造，2014年，在内罗毕（Nairobi）北部的一家企业全面开工生产。2015年，社会风险投资基金聪明人（睿智）基金（Acumen）投资该公司。

到了这个时候，“制片人”的难题有两个方面，分别是经济的和财务的。对于伯恩公司来说，首先要降低制造成本，让炉子廉价到人们可以买得起。其次，要设定贷款条件，以便让家庭能融资购买炉灶。平均而言，这些家庭在木炭上每年花费500美元。而伯恩炉灶的木炭耗用量约为常规用量的一半，使得家庭每年节省250美元。许多家庭一次拿不出这一数额的现金。即使使用这种炉灶会让他们节省数百美元，但要从口袋里掏出40美元买炉灶，他们却负担不起。这是一种挑战，正是人们发明银行和股票交易要解决的那种挑战。

所以，除了扮演制片人的角色，设计出既好用又便宜的炉灶外，伯恩公司还将融资渠道纳入其商业模式。公司向购买炉灶的人贷款，如此一来，他们便可以将那40美元分期，分散至一个足够合理的长时间内偿还。

斯科特计划伯恩公司10年制造和销售370万台炉灶。据他估计，这些炉灶总共可节省14亿美元木炭购置费，也会减少2000万吨以上的二氧化碳排放量，从根本上降低室内空气污染，并减少砍伐约1.25亿棵用作柴火的树木。对使用者及其家庭预算、身体健康和环境的影响全都取决于“制片人”的工作。

制片人的作用会因工作场所的不同而不同。生产制造有可能更偏向艺术一侧，类似于画廊经营者让艺术家自由发挥，但会想方设法卖掉他们的作品一样。也有可能更偏向商业一侧，犹如面向大众市场的产品，它会接受典型群众的测试，但从设计的角度仍打算追求独一无二。

在任何工作场所，“制片人”的角色并不总是需要全职工作。不过，它确实又是一个需要特意指定的角色。指定一位“制片人”会让其他人有时间专注于工作本身。商业化的任务变成了一种具有创造性的工作。如果制片人的角色轮流当，那就不太可能是一个想要说“不”的人，更像是在创意人士和商业人士之间促成共识和相互适应的人。既然任何人的工作都要立足于应用，这就是很好的应用。

在头脑风暴会议中，制片人专属引导，这个角色有点像是聚会时那个指定为大家担任司机的人，不管其他人怎么疯玩，他不能喝酒，必须保持头脑清醒。若是一位团队成员或团队的一部分人担任这一角色，其他人便可以自由地在风险大、回报也大的空间里展开探索，并且知道值得信赖的队友会帮助他们消除想法中的缺陷，使之更具可行性。在战略评估规划会议或务虚会期间时，团队成员可以轮流担任“制片人”或介于天马行空的想象和实际预算规划的中间人。工作之外，朋友或教练也可以担任此角色。

“制片人”的决策路径实际上围绕着创意过程布设了一个健康的治理框架。这些路径有助于你就项目之间的领地进行协商，因为有些项目非常理想化，注定要失败，有些项目受到严格的控制，以至于他们放不开手脚，无法充分发挥能力。“制片人”是一个好创意和实际成功之间的“差”，但制片人真正的艺术是将创意商业化，同时，不能过早地妥协阻碍创意的成长。

对于制片人角色来说，一个行之有效的方法就是放宽对原作者的约束。考虑到对于表现良好的激励，值得问一问：如果知道不会因此受到好评，你会做什么。如果没有人声明作者的身份，你会选择什么项目？有趣的是，轮流担任制片人的角色会带来额外的好处，即可以让把自己的想法看得最重的人休息一会儿。这位指定的“制片人”就可以停顿片刻，有机会扩展视野。指定制片人也可以配合使用第二章提到的“设定宽限期”。将“制片人”的最后期限推到未来，使得头脑风暴继续进行，而且势头不减。

我们已经知道：被指定的经验丰富的角色为全人文化（whole-person culture）创建了一个安全的空间。在你制作时，你还可以依赖导师的耐心倾听和同事朋友坚定而真诚的支持，大刀阔斧地探索B点世界的可能性，而且知道被指定的那个制片人会等在那里，帮助你理清思路，并明确地加以界定。

到目前为止，我们一直在谈论角色，在某些情况下，这些角色是指派的，其他情况下，则是天生的。同事朋友或同行朋友代表一种自然状态，但也可能是随着时间的推移培育出来的结果。制片人的称号描述了人的一项特殊优势，它也可能是作为进程的一部分而临时指派的。事实上，项目管理的角色很多都可以指派某些人担任，有的为创造性工作的物流提供了便利，有的则增加了在组织架构内为不求特定结果的探索维持空间的复杂性。

为项目管理指派角色

如果导师、同事（同行）朋友和制片人是发掘他人潜力，培养自己能力的关键角色，那么，很多其他角色也需要指定，确保从事急需的、大规模的复杂项目所需的团队规模适当，而且拥有各种所需的角色。这些角色出自体育和Scrum，这是一个共同的项目管理框架，产生自一类有创造性的特殊员工，他们的成果需要有人协调，这类人就是计算机程序员。

小弗雷德里克·布鲁克斯（Frederick P. Brooks Jr.）是北卡罗来纳大学教堂山分校已经退休的计算机编程教授，也是《人月神话》（*The Mythical Man-Month*）的作者，该书是一本文集，某些计算机程序员对它近乎是顶礼膜拜。在布鲁克斯看来，编程近乎艺术：

为什么编程充满乐趣？……首先是制作东西的纯粹乐趣。……其次是制作对其他人有用的东西的乐趣。……就像诗人一样，程序员只关注纯粹理性和纯粹表达，较少关注在现实世界应用所需的必要性和可行性。他在空中建立自己的城堡，通过发挥想象力来创造。

编程也需要理论上的完美。打错一个字或一个代码是无法运行的。布鲁克斯写道："人类不习惯于追求完美，但几个领域的人类活动需要它。"随着编程项目规模的增大，他们必然需要团队，此时，不只是需要完美，还需要协调的完美。就像一个人无法赢得整场战争，只凭一人之力开不了船，甚至倾其一生也编写不了一部综合性的百科全书一样，一个人也无法编写最现代化的软件。因此，软件开发的流程管理工具完全可以推广到任何创造过程的组织管理。这些工具要依靠指定的角色。

2001 年，一群计算机程序员发表宣言，宣布了一种被称为"敏捷编程"的工作方式。在敏捷编程框架内，最受欢迎的日常流程管理体系之一即是 Scrum。这个词取自橄榄球运动的一个术语，表示球出界时球员争球的队形。（scrum 就像是一群乱哄哄的人恣意地缠斗，若是不用医用胶带把耳朵粘在脑袋上，那离耳朵开花就不远了。）自 20 世纪 70 年代以来，类似的产品设计方法已经出现，1995 年，程序员杰夫·萨瑟兰（Jeff Sutherland）和肯·施瓦伯（Ken Schwaber）一起正式确立了框架，开启了一场 Scrum 运动（scrum.org）。

在此，我想做的是接受 Scrum 的特性，其短期的时间框架、项目角色的指定及其对里程碑的关注，以及对更加不求特定结果的工作方式的适应。Scrum是一个以迭代方式为客户提出解决方案的框架。它直接把我们扔到亨利·福特的地盘上，但客户不要汽车，而是要一匹更快的马和一辆双轮单座轻便马车，或放到史蒂夫·乔布斯的王国，“在你展示给人们看之前，他们不知道想要的是什么”。

Scrum旨在得到一个预先规划好的特定产品的已知结果。创新B点的过程看上去更像是埃德·埃平的美术课，而不是软件开发项目，要知道，软件项目的构件是事先知道的。Scrum的基础结构方法必须提供的是在相对较短的时间内用于协调和合作的方式。稍加修改，改编过的Scrum也会适合不求特定结果的创造性工作。

首先，任何Scrum过程的起点都是一个项目概要。对于传统的Scrum来说，它是解决方案需要的一幅图。在此，我们对它加以调整，使项目概要成为一个问题，即是第三章所述的那种开放式的灯塔问题。根据你在项目中所处的位置，这个问题可能会很宽泛，像“如果……岂不是很酷”，或像制片人那样，“我们如何使之在商业上取得成功”。

其次，你指定角色。项目负责人是项目概要的管理者。然后是项目团队的成员，他们是场上的球员。然后是Scrum主管，他负责清除路障。从整体上讲，你可以把项目负责人和项目团队等同于艺术家。他们掌握着项目概要，并结合使用创作室时间和里程碑，对项目概要进行探索。我认为Scrum主管相当于教练，类似于导师的管理者，他要考虑到各种障碍，并设法清除。

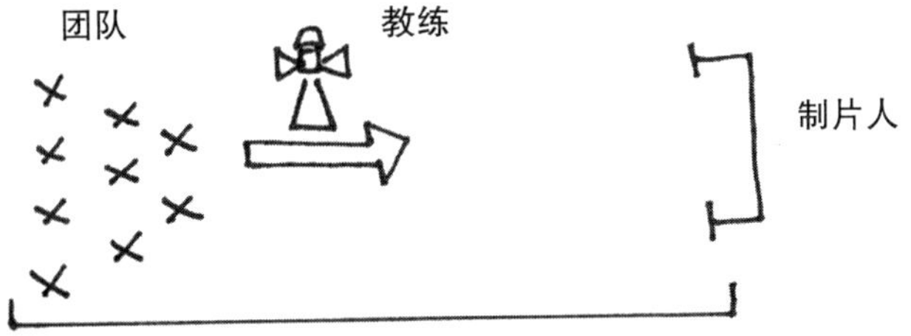

Scrum 项目是在严格的时间框架内加以组织的，通常是一个 30 天的冲刺，一次冲刺也可以说是一次迭代。同样，你可以基于自己的灯塔问题审查这一阶段的工作。在冲刺阶段，项目凭借习惯和里程碑存在于时空中。在 Scrum 项目中，通常是从“站立会议”开始一天的工作的，也就是字面意义上的“站着开会”。团队成员依次发言，讲他们昨天干了什么，当天打算做什么，以及如果有妨碍他们的地方，那阻力是什么。在这些会议上，考虑这些障碍以及打算如何移除它们，Scrum 主管（导师型教练）部分是导师，部分是普通的助理。如果需要的话，项目负责人会在结束讲话后，保持问题或主要概要的活力，并与整个团队的工作联结起来。日常检查通常只持续约 15 分钟。

在典型的 Scrum 项目中，一开始，团队就要明确目标，并设定里程碑的时间进度表。在结束会议上，整个团队要反思整个工作，并说明为什么有些部分没有完成。他们会查看什么是行之有效的，并根据文件确定什么进行得并不顺利。由于采用了这种方式，那些会议就像是艺术学院的评头论足会，避免判断，倾向于谈论什么奏效，以及什么需要处理。此处所说的适应是从一开始就要明确需要的是哪种类型的冲刺，以及什么类型的里程碑，比如“研究完成”。事实上，典型的 Scrum 制造产品的冲刺可能发生在前述那种不求特定结果的冲刺之后。

设定里程碑

在最初的 Scrum 框架中，项目团队有明确的达成何种结果的目标。这种方法旨在形成一种软件产品。在发明 B 点的情况下，里程碑采取的是导航点的形式，而不是球门柱。在结果还是未知的任务中，里程碑可以是样机目标、研究目标或实验的最后期限。小弗雷德里克·布鲁克斯写道："里程碑必须是实际、具体和可测量的事件，有着绝对清晰的定义。"但从结果角度看，它们不需要是可测量的。"比较重要的是，里程碑要清晰，毫不含糊，易于被上级核查。"里程碑使得团队在短时间内可以全心全意地投入工作，然后，停止工作，查看工作的进展情况，也就是说，向后退，从远处看画布，看看他们已经画了什么，或什么还没有画。

你无需径直提出一个勉强的解决方案，可以设定包含信息收集、测试和实验性迭代的里程碑。或者你可以设置一个雄心勃勃的成果目标，促使团队发挥聪明才智，突破约束，在倒计时的催促下，设法围绕着目标调动各方面的资源，而不管真的成功与否。在不以失败为耻和团队足智多谋的文化中，此类目标可能会产生鼓舞人心的成功。在某种意义上，暂时不考虑对结果的需求，放到以后再说，确实可以解决问题，莱特兄弟就是用这种方法，放弃自己多年来制造飞行机器的想法，而在两年之后做到的。这种延迟处理的做法可以给你更多的时间，收集过去的研究资料，有时反倒能更快地找到解决办法。

我们正在使用的核心体系是：

- 明确指定角色
- 设定里程碑
- 在一个相对较短的时间内"冲刺"完成已经定好进程的工作

它们一起创造了一个温尼科特所说的那种广泛而健全的支持环境。首先，你得到一位教练在领导力和管理方面的支持，其唯一的工作就是消除障碍。这个人是一位导师。他们不是为你工作，而是帮助你发现如何做好你自己的工作，帮助你减轻负担。

其次，时间框架有助于让一个可以说是不规则蔓延的创造性过程收敛一下范围。你永远不必再为设定边界而犯愁，知道边界在哪里使得冲刺更容易发起，并且看到会发生什么。

第三，通过将你放在一种描述性、透明的和频繁互动的思维状态中，每天进行的站立会议巧妙地推迟了判断。克里斯·阿吉里斯（Chris Argyris）是已故哈佛大学商学院教授和组织学习领域的开拓者，他开发出了“推论阶梯”（ladder of inferences）的概念。这个阶梯映射的是你可以很容易地从简单的观察出发，通过一步一步地解释，得出你确信无疑的初步结论。每日站立会议的妙处是它能平抑急于得出结论的渴望。它让你处于开放状态。你不要先入为主地对某位员工为什么“丢球”做出判断，而是放慢脚步，观察这位同事朋友面临什么困难，或者在什么地方需要“教练”的指导。必须作为日常实践而承担责任使得它难以让大多数人履行。如果你那样做，你不会孤独得太久。

像第四章围绕着创造性工作的所有权工具一样，指定角色和设定里程碑的过程实际上是分配财产权的组织形式：人们知道他们要负责哪部分的工作和何时应当负责。清晰地划定边界使得协作更加容易。构建时间框架让每个人的能量集中起来，从而增加了成功的概率。

管理在制品的误区

以上所述是理想化的。它基于这样一个信念：若能以最佳状态投入工作，人们可以获得内在的动力，并发挥出与生俱来的创造力，而不会有害于己。然而，对我们所有人来说，不管是导师还是被指导的人，都需要当心一些常见的误区。在能看到它们的地方，我们可以诚实地谈论它们。下面列出的是三种常见的个人误区。要当心自己陷入，也要尽可能地留意自己周围的人出现这种可能性。

这些误区可分为三大类：过度监测和报告的风险，懒惰和分心的风险，以及给自己讲过去成功的故事，进而麻痹自己的风险。

· 蛋奶酥的问题

过度监管的风险类似于烘烤食物，过于频繁地打开烤箱门就是对食物制作的干扰。如果你在烘制蛋奶酥时打开烤箱门，查看烤制的情况，蛋奶酥就会发不起来。它本会一直进展顺利，但过度监管导致烘烤失败。

当然，当我们的工作和生活处于危险中，想要查看事情是否进展顺利也是可以理解的。但若是处于创新过程中，你需要扼制那种冲动。为了充分投入到工作本身，你需要接受不确定性，并且暂时接受你太忙于创作，以至于无法准确监测事情的进展。设定明确的里程碑和非评判的核查会议会有帮助。要旨在让人们感到真正有人在看他们做，在听他们讲，而不仅仅是用赞扬和批评来激励人。给他们时间工作，不要打断他们，然后，定期检查，看看事情进展如何。

其中一种检查方法就是尝试采用完全没有称赞的谈话，为此要制定一条规则：你说什么也不会归结为好、坏，或应该好或应该坏。相反，要以完全准确的描述和善意的关注为目的。此做法要求你要研究给予他们承认的方式。

一般情况下，你可以通过以下方式对其他人加以承认：给予关注，只是注意和观察他们；表示感谢和欣赏他们；称赞他们付出的努力；或称赞他们和他们的工作。在卡罗尔·德韦克研究儿童如何回应赞美时，她建议要称赞孩子的努力，而不要称赞他们聪明，这就是第二章讨论的那种让人处于学习心态的方法。这种经验已经在当前的育儿理论中得以确立。

在无赞美的谈话中，作为尝试，看看你是否可以完全不用称赞，甚至是称赞的尝试也不要有，只是通过关注给予承认。在一贯的基础上，你可能想要表示你一直以来对他们的衷心感谢，但是，特别是当某人在一项大型的B点项目上挣扎时，专注于关注和不赞美反倒有助于让此人从心态上保持这是他们自己的经历，学会信任他们自己对于什么奏效什么不奏效的感觉，而不是试图取悦你，或获得你的认可。围绕着创造性工作，称赞堪称是一种升级版的批评。

基于我自己的经验，作为喜欢相互感谢的南方人，你可能会发现，人们真正想寻求的不是感到被称赞，而是要感到被人关注和认可。在艺术学院，我曾经做过一个叫“埃米·惠特克邀请六位投资银行家”的项目，我邀请律师、投资顾问和经济学家创作艺术品，之后我会挂到我们的其中一个联展中。对某些人来说，踏进创作室时，他们感觉有点喜不自禁，但也有焦虑感。我发现大多数人真正想要的是安下心来，不受人打扰。

同样，若要在任何领域培养创新能力，你需要让人专注于自己真正想做的工作上。其他的事情会让我们习惯于成为实验室的小白鼠，总要寻求奖励用的小粒食物，而不是做勇敢而坦率的自己。此外，这个实验的问题是：如何让你的同事和团队成员在没有得到称赞的情况下受到鼓励？

还有一个工具与无称赞谈话有关，那就是作为一个团队，用白描式的方法写下戴维·格兰特（David Grant）所说的评分准则（rubric）。戴维是大山学校项目（Mountain School）的创始人，也是《社会福利手册》（*The Social Profit Handbook*）的作者。评分标准是一个对结果进行非量化评价的框架，基于对何为标准、底线和模范表现的描述。此外，目标不是你说自己想做好工作，而是把重点放在与你对好结果的描述保持一致。

无称赞谈话和评分准则为你提供了观察多于下结论的导航工具。随口称赞会让你更多地卷入和更深入地谈论正在进行的事情。对于蛋奶酥来说，你要让烤箱继续运行，而不是打开它的门。

· 假装是作家的问题

第二个风险跟第一个风险正好相反。不是因为过度监测而失败，而是因为你假装做没有在做的工作而失败。我的朋友彼得（Peter）曾自嘲，说他的理想工作是假装作家。每天他都会走进一个房间，写下够他在社交晚宴上讲给人听的内容。写作是他正在做的事情，但他从来不必真的要写完，或出版自己的作品。

在这种情况下，项目管理的角色指定很有帮助。“作家”彼得需要过程中的截止时间，好比确定日期，届时，不管写什么，他都可以跟一位同事分享自己的创作。过程中的截止时间有别于结果性的目标。它们给你一个检查点，即使你现在并不能完全知道最终版本会是什么样，你也会使劲朝着这个检查点努力。

彼得也可能是因为害怕批评而避免完成创作。也许他满脑子里想的都是预期中的丢人现眼。采用导师式的谈话可以防止陷入这种误区，导师式的谈话即艺术教授埃德所呼吁的自我意识，而非主观判断，如此，彼得便可以承担起创作本身的责任了。

· 永远不从自行车上跌落的问题

最后一个风险在于称赞太多和过去的成功并非好事。让我们假定你是前述那些人中的一位。上高中时，你在《纽约客》（*New Yorker*）发表了一篇文章。你获得了罗德（Rhodes Scholarships）奖学金。作为艺术家，在离开学校之前，一家一流的艺术画廊便成了你的代理商。你预见到了 2008 年的金融危机、互联网泡沫的破灭或最新的航空公司并购。你入选 40 岁以下 40 人、30 岁以下 30 人或 20 岁以下 20 人榜单。你在自己所在的组织内和朋友们中间是一个功成名就的人，但你没有因为这些名声而感到欢欣鼓舞，反而感觉不堪重负。

由于已经很在行了，你基本上不会从骑着的自行车上摔下来，这就意味着你不用证明给自己看，自己还能站起来，重新骑车。对于你所有的成功来说，你失去了对于心理韧性的肌肉记忆，而且你有把事情做好的压力。接受过去的赞美让你心理扭曲，从而无法正常地参考自己的经验教训。

在这种情况下，还有很多事情会有帮助。其中一个是寻求导师和同事朋友的意见。以前因为太自负，以致没有人能给你支持，现在，你可能需要这种支持。另一个是在某个新的生活领域开始一项活动：学习一门语言，报个舞蹈班，制作一段视频，并发布到 YouTube 网站上，或自学玩滑板。从零开始学习的过程会让你恢复心理韧性的肌肉记忆。

第三，你可能还需问一下自己是否在真实的空间里创作。莉萨·尤斯卡维奇实际上就是这些人中的一位，在前面我提到过的这位画家，她把 20 世纪 80 年代耶鲁大学的深坑评议比作赤身裸体当众站在量体重的秤上。在读完绘画专业的艺术硕士课程之后大约一年，她收到了一家纽约主流画廊给她办展览的邀请。展出好评如潮，她卖掉了很多幅艺术品。但就在她前去参加此次展览的开幕酒会的路上，她意识到展览中的作品并不是她想要创作的作品。她感觉自己像个骗子，做了她以为人们假定她应做的事情。即使在外人看来一切进展得很顺利，但她将酒会比作她生命中最折磨人的经历之一。后来，她有一年的时间不再拿画笔。她醉心于看电影，在纽约到处走来走去。这让她得以重回创作，安心而真实地投入其中。跟回避批评一样，回避称赞的方法也有助于人们重新相信自己的感觉。

评估业绩

仍然存在的挑战是绩效评估确实存在。对于任何种类的竞争和比较来说，绩效评估都是必需的，将人和结果分门别类是我们如何理解这个世界的一部分。你怎么让管理在制品的工具与绩效考核的现实相吻合？

2006 年，以前在麦肯锡工作的拉斯洛·博克（Laszlo Bock）去了谷歌公司，主管人力资源，谷歌从此将“人力资源”改称为“人力运营”。博克把美国第一资本投资国际集团（Capital One）的数据分析师普拉萨德·塞蒂（Prasad Setty）招致麾下，他们尝试着对谷歌绩效考核的整体进行了一次认真的分析。利用360度绩效考核方法得来的数据库，并且采用能想到的最严格的方法，塞蒂及一群博士组成的团队开始实施这一任务。在那个称为氧气计划（Project Oxygen）的研究中，他们试图证明管理并不重要。正如氧气计划联席负责人尼尔·帕特尔（Neal Patel）所说："幸好我们失败了。"

谷歌约有35000名员工、5000位经理、1000位董事和100位副总裁，就其规模而言，谷歌是一个相对扁平的组织。在其创立初期，该公司试图宣布这一信念：管理人员完全不重要，后来，公司意识到他们很重要。[在这种尝试中，并不只有谷歌这样做。自从1929年以来，传奇的创始董事艾尔弗雷德·巴尔（Alfred Barr）就一直在现代艺术博物馆工作，1947年，博物馆解除了巴尔的职务，并解释说将会用一个流动的6人执行委员会取代他。这个计划并不像预期的那样运转良好。出于对博物馆的一种责任感，巴尔继续留在那里，担任一个次要的角色，而且薪水减少了一半。博物馆发现，事实上，他们确实需要一位主管。巴尔恢复了职位，执行委员会昙花一现，巴尔得以续写传奇。]

氧气计划表明，谷歌的大多数经理人做得很好，而且很多因素影响着员工的幸福感和生产率。但调查也发现，从优秀经理人跳到卓越经理人同样导致了生产效率和员工幸福感的急剧增加。他们提炼出了优秀经理人取得成功的8项特质：

1. 一位好教练

2. 授权团队，不事无巨细地管理

3. 对团队成员的成功和个人幸福感兴趣，并且重视

4. 富有成效，而且以结果为导向

5. 善于沟通，倾听并分享信息

6. 提供职业发展方面的帮助

7. 为团队制订清晰的愿景和战略

8. 拥有关键的专业技能，可以为团队提供支持

除第八项外，这些特质分为三类：

· 构想愿景和设定目标（4 和 7）

· 重视个人（3 和 6）

· 为团队工作创造抱持性环境（1、2 和 5）

该研究有些偏颇，因为谷歌花费了大量的时间和资源严格招聘，并招聘到了他们能招聘到的最优秀的人。该公司每年要收到 2000 万份简历。但是，研究结果却不无积极之处，因此，这话值得再次重申：招聘人时，你就像是一个投资初创企业的风险资本家。团队就是一切。将人招致公司的那一刻就为可能性设定了上限。新员工对于团队健康的重要性就像移植器官对于身体健康一样。你想要得到最合适的人，而那些人也愿意为团队做出最为积极的贡献。这并非是因为你想让每个人都成为明星，而是因为你想让每个人足够安心和自信，以至于在争取实现更大成功的过程中，他们不怕被人认为是十足的傻瓜。

第八项特质是拥有专业技能，它让我们想到了专家的角色，对于像谷歌这种技术驱动型的公司来说，这一点特别重要，它与当导师而不是当大师的方式有异曲同工之妙。

完成创作

在所有这些流程工具之中，我们都面临着必须要完成工作的那一刻，不管是单独创作，还是集体创造，都是一样。用泰特美术馆（Tate）馆长尼古拉斯·塞罗塔(Nicholas Serota)爵士的话说，这一刻就是你必须“把自己锁在黑暗的房间里，用冷毛巾缠在脑袋上，正要完工之时”。若是足够优秀的经理人，其目标就应该是敢于冒险，不怕让一个不完美的执行搞砸一个完美的创意。

几乎每个人都会有不得不完成一个比实际稍大一点的项目的情况，它可能是一份报告、一项活动或一次重要的陈述。埃米·珀勒（Amy Poehler）认为她写作《是的，请》（*Yes Please*）这本书的过程就像是“手里拿着螺丝刀为冰箱除霜”。让工作顺利越过终点线是一项特殊技能。任何创造性项目的中间点都有可能偏离得很远，类似于23英里处是26.2英里马拉松的半程点。完成任何创造性的项目就像同时违背芝诺悖论（Zeno’s Paradox）和西西弗斯（Sisyphus）的神话，意思是说，你跨越了一半的距离，然后又是一半，又是一半，永远不可能抵达另一端，除非在某个点，你径直跳过那个无限小的距离，宣称自己已经抵达了，项目因此就被推过了终点线。西西弗斯则是每天徒劳地推巨石上山，然后，这巨石又会翻滚下去。

安东尼·多尔是《所有我们看不见的光》的作者，2014年10月，他在《真简单》(*Real Simple*)发表了一篇文章，该杂志侧重书籍和人生哲学，但家居收纳整理小窍门和洗发水的点评却让它更出名。《真简单》邀请他写有关“完成创造性工作”的文章，他照办了，讲了一个一套特别的万圣节服装的故事。多尔住在爱达荷州博伊西市（Boise），六年前，他在博伊西的一次谈话中曾介绍过自己的朋友艾梅·本德（Aimee Bender）。他想到人们最常用来描述本德写作的词是“独创”，这让他想起他那套命运多舛的服装应得“最具创意”奖。他在那次谈话中讲了那个故事，后来，发表在了《真简单》上。那篇文章概述了什么是完成创造性的工作。

多尔生长的家庭对待艺术和手工制作比较严肃，喜欢自己动手做，在这样的文化氛围里，“若是名词‘服装’前面用了形容词‘商店里买的’，就会给人一种不但好逸恶劳，而且没有出息的感觉，甚至会让人微微联想到可能家教不好。”多尔 7 岁时，他决定做一套服装，并叫它“穿盔甲的骑士”，而他在图书馆中发现的一本书为他提供了指导。多尔的母亲心灵手巧，而且生活勤俭，她经常带着孩子们去图书馆，借阅艺术和手工指南方面的书籍，然后去廉价店购买所需的材料，这样的商店自然价格非常便宜，但她们需要的东西却不是总有货。为了制作他的骑士服装，他需要黑色的海报纸板，但店里剩下不多了，所以，他买下仅有的黑色广告纸板，另外又买了十几张白色的海报纸板，自己再花整整两个晚上用黑色记号笔涂成黑色。万圣节那天，下雨了。等到多尔抵达“不给糖就捣蛋”活动之后的聚会时，他的服装成了一堆湿透的纸浆，由于水性记号笔的关系，他被染成了淡淡的紫色。多尔到家时，他跟母亲说他的服装很糟糕，不可能再糟糕了。母亲说：“很漂亮。”

多尔把雨水淋湿了的骑士服装比作写完了的书，他写道：

在我失败的每一天……我完全无法将我脑中极好却无法用语言表达的梦想付诸实施。即使在我感觉最好的日子，我也只是设法拼凑出其他许多天的失败，按最初想法装配出一个仿制品。……在我们想要制作的和我们能够制作的之间总是存在奇怪而不可预知的缺口。重要的是要接受这个缺口。……为建造我们的空中楼阁，比如缝被子，开始画一幅画，甚至写一段令人满意的文字，我们都需承认心中的恐惧，害怕自己招人讨厌，害怕没人关注，害怕像空寂森林中的树那样倒下，害怕把自己极好的、没有瑕疵但模糊的创意放到现实的祭坛上，却搞得一塌糊涂。

不管你的工作需要你像哈珀·李所说的那样“坐在一台打字机前，两脚踩在地板上一动也不动”，还是需要在会议、报告和超负荷工作中保持头脑清醒，你都必须先完成一件事，才能开始下一步。起点就是终点的反面。它们会招致创造性项目中间件的风险，你想做某些事情，但不知是否会成功，你就置身于草丛之中。

在工作结尾阶段，真正的目的并非是尽善尽美。它不是创造一个比开始制作时更好的版本，而是你开始制作的东西已经成长，抵达了它自己现实中的B点世界。由于整体的特殊性，你的创造是美的和完整的，就像是采用自然光的《达拉斯买家俱乐部》，或埃德·埃平穿着运动外套和照抄课程表的生活。用我艺术学院的老师戴维·莱弗里特（David Leverett）的话说，我们每一个人会发现自己置身于自己的作品和周围所有人的作品之中，管理在制品必须要能让自己连续几周缠绕在带刺的铁丝网中，然后，突然出现在满是百合花的田野之中。

当你正从铁丝网走向百合花时，你对某位忙于创造性项目的人所能给予的最亲切的问候之一就是：“你没有疯。继续干。”然后，你可以尝试分配角色和过程目标，并建立一个体系架构来帮助他们。

第6步

规模扩大，构建商业模式：成为企业艺术家

擅长经商是最迷人的艺术。

——安迪·沃霍尔（Andy Warhol）
艺术家

不论是罗斯柴尔德(Rothschild)和弗雷泽(Fraser),还是弗里克(Frick)和博世(Busch),它们都是历史最悠久的家族企业,公司名称冠以家族姓氏,在家族的保护伞之下开展经营。不过,建造这些商业帝国的材料跟21世纪初的那些科技平台是相同的,即组建模块有着相同的成本结构。资本主义的艺术形式已经发生了变化,吸纳了新的商业模式,但是,作为媒介,企业的核心工具仍保持不变。

在上一章,制片人指负责让创造性项目适应市场结构的人。现在,你必须将制片人这一角色扩展开来,把它看成是培育市场结构的人。市场结构即是你所关心的物品的容器。它们是没有名号,也没有个性特征的船只,人们所喜爱的产品都可以装载。然而,这些结构全都有其自身的艺术特点。

创造性分为两类:写信和设计信封。写信类似于制作某件东西,比如一幅画、一本书、一台电脑或我们下文将要看到的一副眼镜。设计信封是创造一个系统,以便物品可以存于其间,比如,公司的商业模式,或者艺术家的日常工作。

商业模式的设计就属于信封设计者的艺术形式。毕竟那些容器并不是完全不具名的,而是其他东西得以展示的栖身之处。结果是,设计这些容器需要创意丰富地利用市场工具,并考虑到作为设计媒介的资本主义的可能性和局限性。

高等教育中的产品植入

2010 年，我开始在加州大学艺术学院设计策略工商管理硕士班教授经济学。该课程集中授课，每月有一个周六上 8 小时的课，一学期的经济学课程安排在 5 个周末上完，虽然不时要在纽约和旧金山之间乘机飞来飞去，但我十分愉快，也从中获得了初步的教学经验。到了期中考试时，我先给自己放了个假。假期中发生的所有事情后来成了考试题目，其中就包括与一位老朋友喝咖啡，而这位老友的妹妹刚刚去一家新潮的眼镜公司上班，那家公司即是沃比・帕克（Warby Parker）。

沃比・帕克公司是从宾夕法尼亚大学沃顿商学院的计算机实验室起步的。事后成为创始人之一的戴夫・吉尔伯亚（Dave Gilboa）把一副价值 700 美元的眼镜忘在了飞机的椅背置物袋中，并把这事告诉了自己的朋友和工商管理硕士班的同学尼尔・布卢门撒尔（Neil Blumenthal）、杰夫・雷德（Jeff Raider）和安迪・亨特（Andy Hunt）。尼尔表示同情，他是要跟杰夫、安迪和戴夫一起创业的。接着，尼尔告诉戴夫：一副眼镜没有理由卖到 700 美元。这一看法导致了一家公司的诞生，而且其经营模式与众不同，它将巧妙的产品和巧妙的商业模式非比寻常地组合在了一起。

在读商学院之前，尼尔经营着一家非营利的企业“视之春”（VisionSpring），时间已有 5 年之久，它的目的是向发展中国家的人们发放眼镜。尼尔曾站在工厂里说道："我看到我们正准备在孟加拉国分发的眼镜从生产线上下线，而且，为世界上某些最大时装店生产的镜架正在隔壁生产线上生产着。"

如果工厂用相同的成本制造它们，为什么戴夫的眼镜还那么贵？当沃比·帕克公司进入眼镜行业时，仅陆逊梯卡公司（Luxottica）一家就控制了约 80% 的市场份额，该公司于 1961 年在米兰建立，几乎是垂直一体化的企业，拥有完整的供应链。它拥有亮视点（LensCrafters）、珍视（Pearle Vision）、西尔斯光学（Sears Optical）、塔吉特光学（Target Optical）和太阳镜小屋（Sunglass Hut）等子品牌，此外，它还生产雷朋（Ray-Ban）、奥克利（Oakley）和普拉达（Prada）太阳镜。其策略是从普拉达（Prada）这样的公司获得眼镜设计的特许使用权，而交换条件是必须按事先协商好的售价比例，拿出一部分销售收入当作使用费。授予许可证的办法类似于第四章提倡的股权策略，作为一个规模庞大的、寡头垄断式的行业，不经意间向一个具有破坏性的竞争对手敞开了大门。随着尼尔对眼镜行业前景展望的描述，他们想要促其改变，"从一个商人的角度看，这是一个迷人的行业，但从消费者的角度看，并不太令人兴奋。"

通过采用信封制作者的工艺，沃比·帕克公司拆分了其所在行业的商业模式，重新组装，并重建了一个完成订单流程，但随着时间的推移，它变得迂回曲折，不再那么流畅优美。首先，他们决定在企业内部设计自有品牌的眼镜，以节省按售价的一定比例支付的特许权使用费。第二，他们开始在网上直接向客户销售。零售商会将沃比·帕克的产品提价3到5倍，但该公司不仅不再跟零售商合作，而且连同批发环节也一起绕开了。

因为处方眼镜的存在，网上卖眼镜也改变了运营次序。如果在美国购买处方眼镜，你通常要去眼镜店，选择镜架。眼镜店随后寄出镜架，让他人配上合适的镜片。然后眼镜又被邮寄回店里。沃比·帕克公司设想：如果能让你试戴跟他们自己仓库里的存货完全相同的镜架，就没有必要寄出特制的镜架了。其实，最初沃比·帕克公司可以直接将镜架寄给客户试戴，那么在公司的初创阶段也就没有必要开店了。此外，在美国，处方镜片的管制由州政府负责，所以，这也有助于沃比·帕克公司得以将完成订单的地点集中在几个州，以便于经营，起初主要设在明尼苏达州。

尼尔和戴夫出任公司的联合首席执行官，他俩希望成为一支善加利用商业工具的力量，所以，他们调整成本结构，以适应新的做法，即每售出一副眼镜，他们就送出一副眼镜。他们在有意设计信封。如果你仅仅是将眼镜卖给发展中国家的人，你就扰乱了当地的经济，因为那里早已有人在卖眼镜了。沃比·帕克公司没有将眼镜直接销售给他们，而是捐给非营利组织，由那些组织培训当地妇女，以商定好的市价再出售。沃比·帕克公司以不到95美元一副的价格为她们提供眼镜，很快，它就为发展中国家的妇女创造了就业机会。随着时间的推移，沃比·帕克公司逐步扩大了零售地点。2015年，该公司冲上了《快公司》全球最具创造力公司的榜首。

对于沃比·帕克公司来说，信和信封都是设计对象。在就读商学院之前，运营“视之春”时，尼尔曾经去过一个村庄，在那里，有个几乎看不见的村民也被派发了一副眼镜。但他拒绝接受，因为他以为眼镜很难看。在那一刻，尼尔意识到：设计对于每个人来说都很重要。

沃比·帕克公司善于分析，正在做的事情富于想象力，不过并不完美，但它是按照艺术项目的方式在做，因此是人性化的和充满希望的。当他们开始扩大规模时，商业工具以有趣的方式帮助他们更加清晰地实现了慈善的目的。尼尔说：刚起步时，他们想要让自己的工厂拥有良好的人权和工作条件，但他们却雇不起顾问。2013 年，他说："现在我们雇用世界上最严格的劳动用工审计事务所，进入我们的工厂，审核我们的安全措施和对待员工的态度。这是开始时我们做不到的。我环顾四周说道：'这听起来不错。它们有精致的出口标志。我看到了一个灭火器。'"现在，该公司每年会把所有的供应商聚在一起，比如铰链、眼镜盒和镜架制造商，以及醋酸纤维生产商，耐心地给他们讲解美国的劳动安全史。

尼尔及其同事的愿景仍是一种在制品，是其工作和生活画架上的一张画布。或像尼尔所说："人类面临的问题比有史以来任何时候更大，更复杂。周末义工那点时间无法解决这些问题。我们需要每天工作 12 至 14 小时。"

创意丰富

沃比·帕克公司的发展轨迹产生自我最喜欢的艺术家特质之一：创意丰富，即在坚持其基本特性不变的情况下，将一种材料用于一种意想不到的目的。

艺术院校到处可以看到丰富的创意。需要艺术创作，却没有钱买用品？那就在去学校的路上，捡起被丢弃的麦当劳杯盖，利用透镜投影仪

（overhead projector）观看它们千变万化的优美的影子舞吧。在一个寻常的周五下午，某位同学兴冲冲地跑进工作室，告诉大家在学生活动中心后面的垃圾堆上有一大堆废弃的椅子。随后，那些椅子成了工作室的家具，有时成了他们艺术作品的一部分。布鲁斯（Bruce）是绘画计划的负责人，他曾经说过：有些滑稽的是，他认识的艺术家里面没有不是好厨师的，他们甚至可以将烹饪佐料用作创作的素材。

《禅与摩托车的维修艺术》（*Zen and the Art of Motorcycle Maintenance*）是罗伯特·波西格（Robert Pirsig）写的一本经典著作，在其中的一个关键场景中，某个人物意识到：如果他能忽略啤酒罐是做什么用的，而把它看成是一块易弯曲的、表面一层氧化物的金属片，他就可以用啤酒罐的一部分修复坏了的摩托车。这种麦吉弗（MacGyver）式的艺术家思维需要你了解零配件，能够看到形态适于做素材的东西，并发掘其潜力。[麦吉弗是20世纪美国电视剧中的一个人物，大多数时候，他都是身陷麻烦和困境，但他经验丰富，足智多谋，神通广大，心灵手巧，不断出人意料地化解矛盾，摆脱困境。——译者注]

用商业术语讲，创意丰富是信和信封设计的基础。丰富不丰富在于留不留心，就跟沃比·帕克公司的情况一样，整个行业散布着一些几乎是不再循环使用的剩余材料。再就是新商业模式的设计过程。你正在寻找将庞大的商业模式拆分的方法，使之越来越高效，越来越敏捷和灵活，社会责任感越来越强烈，从而实现可持续性发展的目的。

企业的创意丰富是一种理想化的观念，它讲的是：找到被当成垃圾的东西，然后把它变成财富。纽崔森尼公司（Nutrinsic）原名“奥伯龙鱼粉替代”（Oberon FMR），它就是一个有趣的例子，很能说明问题。奥伯龙鱼粉替代生产动物饲料。而纽崔森尼则产生于与众不同的观察：为了生产多种人类食物，工厂要产生大量的废物，而废水中充满了被丢弃的食料。很多这样的公司花钱处理废水。纽崔森尼公司的创始人意识到：虽然废水对于人类食物不再有用处，但其含的物质跟鱼饲料惊人地相似。他们开始获取他人要花钱舍弃的东西，并将其转化为鱼饲料和多种其他动物的饲料。本来视为负担的东西现在成为利润的来源，等于是变废为宝。

同类的创意丰富成为许多其他创新型企业结构的基础。随着时间推移，这种独创能力会引发出新型的商业模式，类似于谷歌和领英等公司大技术平台的变体。

结合商业进行设计有其棘手之处，那就是你几乎马上要谈及价值观和使命，而不是谈论商业或艺术。艺术与商业的结合关乎价值观和对待赚钱的态度。它界定了市场在多大程度上可以融进你的创意生活。艺术与市场的结合突出地表现为我所谓的蓝绿蜡笔问题。你可以有一只蓝绿色的蜡笔，或一只绿蓝色的蜡笔，但蜡笔总倾向于一种颜色，要么略微偏绿，要么略微偏蓝。

同样，企业也会有偏向，不是更倾向于追求利润，就是更倾向于追求纯粹的艺术。挑战在于明确使命和市场之间的界限。在个人层面上，同一个人可能决定当一名公立学校的数学老师，或成为一位股票经纪人。在企业层面上，你可能选择更讲究诚信，或相反，更唯利是图。所有问题已经上升到了个人道德观和价值观的层面。这些均无一个明确的标准答案，有的只是一个可能的范围。

作为构件的成本结构

不管从何种规模看，个人、企业还是整个社会，成本结构都是企业建设的核心单元。它左右着个体制造者、成长中的公司和整体市场的生命。首先将成本区分为固定成本和变动成本的人不是一位会计师，而是英国的陶艺家乔赛亚·韦奇伍德（Josiah Wedgwood）。18 世纪 60 年代，韦奇伍德创办了一家生产高档陶器的企业，而且生意兴隆。他的陶器已成为一种社会地位的标志，并掀起一股“花瓶狂热”，人们纷纷拥向他在伦敦的展厅，可以说是摩肩接踵。

1769 年，韦奇伍德发现自己的现金流出现问题，这是企业扩张的常见症状。他的资本投资导致现金短缺。韦奇伍德查看自己的账目，以期找出哪儿出错了。他发现自己最大的成本包括制造模具、交租金、支付工资等，它们“像发条一样准确和有规律，无论商品制造量的大小，几乎不变”。

那次简单的观察让他看到了固定成本和变动成本之间的区别，固定成本指不管你的产量大小都会产生的费用，而变动成本指原材料等的费用，只有生产时，它才产生。这种区别让韦奇伍德意识到生产线专门生产某种产品的优势，如此，他就能够大批量地生产相同的商品。

将固定成本和变动成本关联起来的工具，以及最终导致你确认商业模式种类的工具是一种常见的商业惯例，即盈亏平衡分析。盈亏平衡也就是保本，即你销售的商品恰好足以弥补你付出的固定成本，它是一个拐点，此时，停工则亏本，继续开工则盈利。盈亏平衡点将固定成本、变动成本、价格和产品数量联系在一起，表明了企业可持续经营所需要的基本产量。

若要计算盈亏平衡点，你需要一个叫单位收益（unit contribution）的数字，还要暂时忍受5年级水平的数学计算。单位收益是价格与变动成本之间的差。它是你每次卖掉商品之后装进口袋里的金额，也是你可用于支付固定成本的金额。

让我换一种更形象化显示盈亏平衡的方式，它就是在营销教科书中常见的“本量利”分析法。把你的固定成本想象成一堵墙。它的高度就是固定成本的总和，包括不管生产多少单位的产品都要支付的租金、日常管理开支和其他费用。现在把单位收益想象成一块砖，砖就是单位收益的高度。假设你的雪景球每只售价10美元，而且假定每只雪景球的直接变动成本（材料和包装）共计5美元。因此，你的单位收益即是10美元减去5美元，也就是5美元。

如同手工艺品交易网站易集网（Etsy）的一位卖家，在自己厨房的桌子上制作雪景球，如果固定成本是100美元，那么，你需要足够多的5

美元砖头才能垒到跟 100 美元墙一般高。而超过墙之上的任何砖头都是利润。在这种情况下，你需要 20 块 5 美元的砖才能补偿那 100 美元。盈亏平衡点等于总固定成本除以单位收益，用公式表示即是：

盈亏平衡点 = 总固定成本 /（价格 – 变动成本）

此例中，企业生产20只雪球时达到盈亏平衡。少于此数，它就会赔本；多于此数，它就赚钱。

迄今为止一切都好：盈亏平衡分析法向你展示了商业模式的完整性。固定成本就是永远立在那里的一堵墙。单位的量越大，你就会需要更多的砖。价格越高，砖会越厚。不管是砖更厚，还是堆叠更多的砖，你必须下更大的力气才能突破盈亏平衡点。在韦奇伍德那个案例中，这种本量利分析使得他的企业安然躲过了 1772 年信用危机的险风恶浪。

固定成本和变动成本会告诉你很多关于支撑企业的那个骨架结构。例如，谷歌或领英这样的公司几乎全是固定成本，没有变动成本需要扣除，而价格就是单位收益。而亚马逊这样的公司在其分配制度中就存在巨大的固定成本，并且有大量非常薄的砖，因为销售商品的量看似很大，但其边际收益却非常小。

固定成本和变动成本也有助于你分析能够创造一些收入的非营利组织。捐款和拨款起到了一个巨大构建模块的作用，而单位收益就建立在它的基础之上。盈亏平衡分析是了解一种商业模式健康与否的工具，它就像是给人量体温一样基础和正确。

想象中的成本和不完善的成本

为了更充分地建造商业模式这座房子，你需要将另外两类成本连接在一起形成“结缔组织”。这两类成本即是：交易成本和机会成本。交易成本是处理真实的人和事件摩擦的成本，它包括调查研究、承包、监控、协调和转换等费用，以及佣金和涨价而致的超支等。它们都是不完善的成本，即寻找、观察、围绕其建立商业模式和学习新东西而付出的代价。

如果交易成本是因为不完善而付出的代价，那么，机会成本就是想象中的成本。机会成本是无形的，它体现为放弃了一个替代性的现实选项。如果比尔·盖茨读完大学，他的机会成本就是无法创建微软。如果你用计算机工作，它若坏一天，你的机会成本就是一天的工资。如果你在易集网上卖雪景球，机会成本包括在那段时间里做其他事情获得的收入，或用厨房做其他事情而获得的好处。

这些类别的成本一起组成了商业领域的构建模块。在我们这个时代，最受欢迎的商业模式之一是技术平台。比如领英网或易趣网，它们不仅是固定成本密集型的企业，几乎没有变动成本，而且其成功取决于能否减少搜索成本。

以易趣网为例，在跳蚤市场上拉网式地搜寻古旧杯垫要花 3 周时间，而在网上，只用 3 分钟就能找到它们，考虑一下到旧货市场上淘宝付出的时间和精力吧。再看领英网，为了雇用一名新员工而费劲地翻阅简历，而不是研究一个可供搜索的数据库，比较一下二者的成本。这些企业还倾向于拥有一种网络外部性，意思是说：它为每一个让更多人参与的人带来好处，犹如手机的亲友套餐。

对于领英、婚介网站 OK 丘比特（OkCupid）和流媒体音乐平台声田（Spotify）来说，成本结构和网络外部性共同创建了一种平台企业，人称“免费增值模式”。领英网一旦建立，添加一个用户的成本是微不足道的，却让很多加入平台的人受益良多。所以，大多数人会免费注册，而一小部分用户（比如招聘人员）需交纳足够的费用，以获得高级检索的权力，在整个网站内进行搜索。

易趣网和亚马逊属于作家克里斯·安德森（Chris Anderson）所谓的“长尾”商业模式。在理论经济学告诉你要大批量生产一种物品时，长尾企业则通过提供一种难以置信的范围广泛的产品而获利，而每一种产品都有一个小众消费群体组成的长尾。2004 年，巴诺书店（Barnes & Noble）平均储备 13 万种不同的书。同时，亚马逊畅销的书有 13 万种之多，但它一半以上的销量却不是这些书产生的，而是另外的书。因为亚马逊不必将书存放于租金很高的零售店面，再加上网站设计得让人容易找到所需的书，它们的经营便产生了长尾效应，商品种类繁多，但每种的销量并不大，而非较为传统的经营理念，即专营一种商品，从而获得规模经济。通过将长尾拉得很高，计算机技术使得从一个相关的小众商品的长尾跳到另一个小众商品的长尾变得很容易。

第三种技术平台是一种过剩能力的交易平台，它仍旧基于几类成本的组合。爱彼迎（Airbnb）由布莱恩·切斯基（Brian Chesky）和乔·杰比亚（Joe Gebbia）创立。在罗德岛设计学院（Rhode Island School of Design）读书时，他俩就是朋友，后来，杰比亚在克罗尼克图书出版公司找到一份工作，他俩开始在旧金山同住。不久之后，有一个设计会议在市区举办，但酒店客房似乎已经客满。因此，切斯基和杰比亚向参会者出租自己的空间，赚了 1000 美元。

想到实际上他们乐于替人安排食宿，而且客人来到这座城市若遇不懂之事，他们也很高兴为他们指点迷津，于是，他俩争取到了朋友内森·布莱卡斯亚克（Nathan Blecharczyk）的加入，建了一个网站，尝试着请人们将自己多余的房间发布到网上。首先是满足2008年在奥斯汀（Austin）举办的西南偏南艺术节（South by Southwest festival）的需要，然后是为2008年在丹佛（Denver）举行的民主党全国代表大会服务。

他们发现了过剩能力的存在，也就是说，有人需要找地方暂住，有人有多余的房间，并且发现自己能够解决让他们匹配所需的审核和协调问题。该网站始于一个亲友网络，这让它拥有了广泛的良好商誉。

就爱彼迎和兹普租车公司（Zipcar）来说，技术可以让你颠覆购物或购买服务的流程，更容易将其分拆，零散着销售。例如，若是在过去租车，通常至少要租一天24小时。你需要去租车行，出示你的驾驶证，签订合同，然后才能拿到钥匙。现在，加入兹普时，出示自己的驾照，并签订合同，你会得到一张跟其预订系统绑定的电子卡，然后，计算机就会允许你利用该卡打开车门。由于你不必现身租车的柜台，从而省去了那部分的交易成本，而公司也不用安排人接待你，也省去了相应员工的费用。你便非常容易地打破24小时的限制，将其拆零，视需要而定租车时间。

假设我租了一辆车，租期24小时，用它做事的时间却只有4小时，而我要支付100美元。我乐意每小时支付15美元，租一辆兹普的车，只租4小时，为此，我支付60美元，省下了40美元。从兹普的角度看，理论上他们当天还可以再租20小时，按每小时收费15美元计算，另外再赚300美元。又或者，即使他们只租7小时，赚的钱也会超过100美元，比24小时的基础租赁费用还要多。

从打造新商业模式方面考虑，第一步是要从根本上观察你遇到的所有商业模型，并从心里将它们进行混合搭配。在任何房间里，你能看到至少几十种商业模式，涉及电源插座、油漆和家具的制造商，电力、水暖管道和物流运输的供应商，等等。你不妨玩一种叫“房间里的物品”的游戏。每个人必须选择房间里的一件物品，越无趣越好，并向大家说出该物品是怎样制成的。你可以选择椅子或人们正穿着的衣服，也可以选择插座盖板、门上的合页、阻燃涂料，等等。在与产品设计师玩这种游戏时，单从活动桌子轮子的镀锌层，以及塑料咖啡杯盖形状的细微变化，我就学到了很多知识。

让你施展商业模式设计才华的另一项练习是混搭商业模式，看看会发生什么。选取某领域的一种商业模式，把它运用到另外一个行业中，那将是怎样的情况呢？如果石油巨头哈里伯顿公司（Halliburton）跑去经营幼儿园，那会发生什么事情呢？听起来很荒谬，但要点即在于此。若是哈里伯顿公司实际上很擅长当幼儿园的管理员又会怎样？首先，基于难以找到有关哈里伯顿公司的信息，我推断他们在遵守联邦标准为学生保密方面也很擅长。其次，据说哈里伯顿公司从政府手里得到了一个投资额为 70 亿美元的工程，确保获利 4.9 亿美元，因为哈里伯顿公司是唯一的投标人。在确保政府资金用于学前教育方面，想必他们能够做好。第三，他们发生过会计丑闻。人们普遍认为：年轻时狂放不羁的父母都是见多识广和严守纪律的人，他们善于维持秩序。毋庸置疑，他们没有上过蒙台梭利（Montessori）的培训课程，而且衡量对幼小孩子的看护是基本不可能的事，这些不在他们的专业知识范围之内，但在员工管理和物流方面，他们的专业知识是不容忽视的。

想必你理解什么意思了。有些企业差异巨大，比如防务承包商和幼儿园，你可以试着在它们身上寻找共同点；又或者有些企业相互关联，比如快餐食品公司和农家乐餐厅，你不妨比较一下它们的微妙之处。企业相关度越小，你越可以寻找让它们相互结合的地方。企业相关度越大，你越可以寻找将它们分开的细微差别。

在你四处走动时，不妨试着有所发现：看看能否找到业务虽相同，但一个较大，而另一个较小的企业，比如全食超市（Whole Foods）和街头的水果摊贩；或者发现功能相同，但方法不同的其他企业，比如联合航空公司和彼得潘公交公司（Peter Pan Bus Lines）；或发现商业模式相同，功能却截然不同的服务，比如同是销售，但一个是贩卖军火，另一个是卖纸尿裤。这些游戏是一种思维训练，目的是寻求多种方法的创造性应用，在大脑中构建一个可利用的商业模式百科全书。

创新发生在规模化之前

成本结构和盈亏平衡计算的相互作用说明了一家企业是如何运行的。但是，你怎么知道随着时间的推移它能持久地运行下去呢？你怎么知道它就能扩大规模，达到你想要的盈利能力呢？或者给你渴望得到的投资回报呢？

很多商业模式的设计都倾向于追求增长。但增长的方式有两种。通过规模的扩大而实现企业的成长，即提高效率。它们还可以通过创新实现增长，即借助于艺术的过程，或者说尝试新的形式。

在其《从0到1》（*Zero to One*）这本书中，风险资本家彼得·蒂尔（Peter Thiel）认为：当他希望企业更应关心技术时，它却沉迷于全球化。他将全球化定义为从1到N的过程，我称之为“规模化”。企业擅长带你从

1 发展到很多。一旦你设计好了眼镜，你就能以很低的成本大批量地生产。为了达到你可以做到这些的那个点，你必然首先要从 0 发展到 1，这意味着你不得不设计模式。

蒂尔提供的图形显示了沿两个轴向发展的两种增长方式：

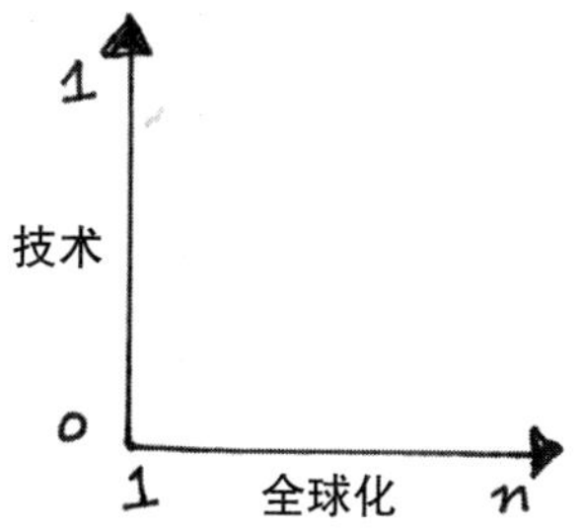

问题是从 1 到很多只发生在从 0 到 1 之后。上图看上去更像这样：

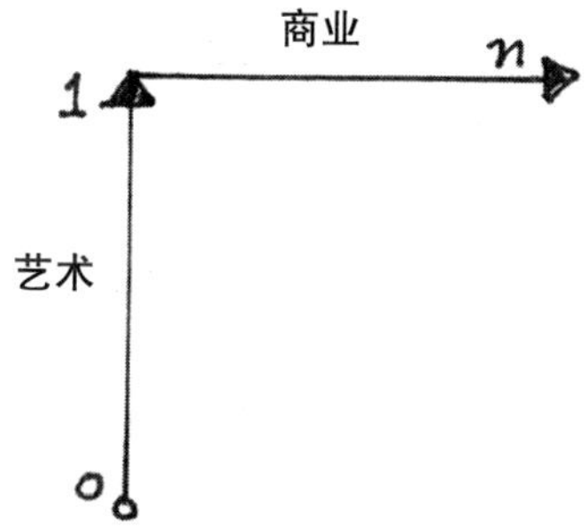

创新发生在规模化之前。

足球比赛尤其是欧洲足球比赛是一个很有趣味性的比喻，可以用来说明效率和创新与使命的结合。从不同的角度讲，若是踢足球，你的任务就是同时防御和进攻，也就是阻止对方得分，而争取自己得分。在企业的足球场上，半场防守全都关乎效率。你只想把球运到前场，远离自己的球门。让对方得分就像是赔钱。对于营利性公司来说，射中对方球门得分好比赚钱，而对于任何以使命为动力的公司而言，目的是完成使命，或者对于大多数实体来说，要将二者进行某种程度的结合。将球带到前场需要将效率带进艺术创作。你可以直奔对方的球门，但很可能遭遇严防死守。在某一时刻，纯效率会失效，此时需要独创性得分。

少年老成的莱昂内尔·梅西（Lionel Messi）是巴塞罗那足球队传奇的前锋。正如体育记者耶雷·朗曼（Jeré Longman）所说，“当今，足球越来越依赖体重、肌肉和速度”，但梅西“沉浸在巴塞罗那风格中，这需要天赋和创造力，而不仅仅是实用”。在此比喻之中，体重和速度标志着效率，或者说是单纯的力量或实用性。将球带进前场、晃过对方球员并射门的敏捷身手也需要创造性。

企业越来越多地需要这种前锋角色，处在这个位置上，你必须同时考虑效率和创新。作为一家公司，沃比·帕克公司即是一个有天赋的前锋，前锋会从整体上决策，既考虑可用钱衡量的事情，又考虑无法用钱衡量的事情，有时，甚至考虑更为重要的事情。正如尼尔所说：

> 我可以告诉你，开始时我们做的无非就是这里耗费点利润，那里利用点利润。我从来没有真正把它加在一起，因为我也深信：不管成本是什么，它都会因为我们拥有的才能、生产率和整个团队愿意努力工作并完成交付而让我们受益，所以，我认为我从未遇到苏菲的选择那种情况。

他们的成功基于了解市场的工具和目标，然后，当其他事情变得重要之时，做出选择。有时，为了前进，他们会迂回到球场一侧。因为捐赠眼镜而付出了额外的成本，沃比·帕克公司的单位收益较小，但该商业模式仍在运行。事实上，如果不是直接将球带到前场，它会运行得更好。对于足球场上的梅西或一家开发战略的公司来说，这些横向移动会让比赛更加好看。

产品和商业模式不可分离

信和信封就是产品和商业模式，沃比·帕克公司既设计信，也设计信封，但在某些情况下，信和信封更多是结合在一起的。Atavist 是一个多媒体数字出版平台，它的经历恰好可以说明新闻报道及其结构乃是一体的，不可分离。

2009 年，作家埃文·拉特利夫（Evan Ratliff）在《连线》杂志发表了《消失》（*Vanish*）这篇文章。之所以写此文，是因为埃文想尝试在保持一个数字碎片式的新身份时，让物理的自己消失不见。在那一年的 8 月 15 日至 9 月 15 日期间，读者可以试着找到他，获胜者将得到 5000 美元，其中 3000 美元将由埃文自己支付。若要赢，就要找到埃文，说出暗号“侥幸成功”，并拍下他的照片。那年 8 月，埃文离开了旧金山，留下一个虚假的身份詹姆斯·唐纳德·加茨（James Donald Gatz），这个名字抄袭了《了不起的盖茨比》（*The Great Gatsby*），只不过稍微变化了一下，其中混着埃文真名字的中名。

埃文为此准备了几个月，学习用储值上网卡购物，确保在拉斯维加斯有一个办公地点，熟练使用洋葱头网（Tor）和其他手段掩饰自己的上网痕迹。该追逐很快流传开来，一小群产生了特殊兴趣的人开始追踪他的下落，他们组成帮派形式的公民团队，有些人试图找到他，有些人则试图掩盖他的身份。某天，他跟着一个叫“隐居鸫”（Hermit Thrushes）的乐队，驾车从洛杉矶一路开到得克萨斯和圣路易斯，没有被人发现，而他的身价介于“一个懒惰的搬运工和有钱的赞助人”，他搭的旅游车是一辆经过改装的运送老年人的服务车，而他负责汽油钱。另一天，为了观看美国男子足球队在盐湖城的比赛，他剃了头，理成男性脱发式的秃顶，戴着一副绘有美国国旗的新奇大眼镜和一个红色的小丑鼻子。

这件事不断地衍生下去，已经是埃文所不能控制的了，即使它是真实的，但听起来让人难以置信。当埃文想要发表他的文章时，虽然没有泄露结局如何，但他和他的《连线》的编辑尼克·汤普森（Nick Thompson）发现：若用传统印刷出版的方式，写好文字，配上图片，他们能说新闻报道做得很好，换成其他方式则不然，那需要更多的工具，比如视频和多媒体演示等等。虽然《消失》风行一时，按照《纽约时报》的撰稿人戴维·凯尔（David Carr）的话说，它还是“传真机时代的那种深度报道”。

埃文收集了搜寻他期间产生的各种各样的视频和其他形式的文件材料，他的编辑汤普森偶尔也会补充一些细节，当作游戏参与者寻找他的线索。埃文向尼克抱怨不能做得更多。几年来，埃文一直在思考新的新闻报道形式，甚至在2005年，申请了一笔相关的拨款，只是没有实现。现在，尼克成为“两个人”的合体，一边是消极悲观、束手无策的自我，另一边是乐观进取、足智多谋的自我，“二人”邀请第三人跟他们谈论此事，这个第三人就是他的朋友杰斐逊·拉布（Jefferson Rabb），人称杰夫（Jeff）。三人相聚布鲁克林的大西洋大道上，一起喝啤酒，决定要建立一个发表平台。用凯尔的话说，这是“除了喝酒之外，聚在酒吧抱怨阅读现状的记者们第一次有了实实在在的结果”。

那时，在他们的人生计划中，创办该企业只不过是一个副业。尼克是《连线》杂志的全职编辑，然后去了《纽约客》在线杂志。埃文是自由职业者，并忘情地投入到写新闻报道之中。杰夫是电脑程序员，一直在为作者建网站，包括替丹·布朗为《达·芬奇密码》建的网站。

2009 年 10 月，他们开了第一次会，酝酿此事，决定要切实做点什么。埃文也是南方人，跟我是老乡，他向我解释过时机的选择，让人感到的几乎都是大学橄榄球赛季的仪式般的严肃性和规律性：“我能记得确实是周末，因为这是亚拉巴马队对田纳西队的橄榄球比赛，每年都在 10 月的第三个周末举行。”在那场特殊的比赛中，亚拉巴马队的后卫特伦斯·科迪（Terrence Cody）在最后 4 秒时阻截了一次射门得分，球队获胜，亚拉巴马队在那个赛季成绩最好，未输一场。埃文、尼克和杰夫决定探讨互联网的无限空间如何承载他们喜欢的较为详细的多媒体形式的新闻报道，并且始终传回至他们正在阅读的像电话般的小型设备上。

在企业置身于杂草阶段，他们保持一周聚会一次，喝喝啤酒，新闻报道这件事如何同时以数字形式和商业形式存在，这成为他们的灯塔问题，这个问题推着他们向前进。他们首先听取朋友和出版商的意见，然后，寻求投资者的建议。有位有意向的投资者告诉他们：他们正在经营的是一种“居家生意”。这根本就是讽刺挖苦的恭维话，贬低了他们的想法，等于是说：在一个以巨额回报为目的的领域，他们的想法只不过是让人觉得“哦，多么可爱”而已。埃文说他花了一周的时间才从情绪低落中恢复过来。埃文想起了另一位投资者，说道：“他说为什么你们要浪费时间做出版？赚很多钱，你就能够……想要什么新闻报道就发表什么新闻报道。”用美式橄榄球的说法，他建议我们“踢悬空球”，意思是说“别再干了”。

相反，他们开始建 Atavist 网站。为了能够讲他们想讲的故事，他们还不得不搭建新闻报道、信和信封赖以存活的平台。在有些人看来，这意味着他们有两个企业，一个做新闻报道，另一个是技术平台。第一，就职业而言，埃文是一位舞文弄墨的人，他很不情愿地接受它的商业标签：内容。首先，相对于平台本身的可扩展性，新闻报道看起来就像是一个累赘。但实际上，这些新闻报道和平台就是信和一起的信封，它们的成功是相互缠结在一起。为了写出详细的 Atavist 新闻报道，Atavist 网站每月要花钱雇用一位作家，并将平台授权像 TED 大会和道琼斯这样的公司。那年晚些时候，他们推出了一个平台版本，任何人都可以用它来构建一篇新闻报道。

从企业战略的角度看，整个做新闻报道的计划看上去像是一个用于支持平台的营销花费，只是营销支出是可以分离的。这里所说的可扩展技术平台和土生土长的、有组织和非商业性的企业是同一件事情的不同部分。在 Atavist 的商业模式中，房间的装饰与房子不可分离。内容与结构要一起发挥作用。

尼克、埃文和杰夫将参与到这场更大的企业变迁之中，这类企业的商业模式密切追踪记录产品，也将创造性的工具大众化。同样地，Atavist 提供的是一个任何人都可以使用的报道生成平台，制造商超市（Maker’s Row）和柏克（Byco）等公司会让任何领域的时装设计师和制造商更易找到工厂，制作他们的设计原型。而邦德街（Bond Street）和新贵（Upstart）等公司则让这些公司更容易获得资本。

商业模式在它们的设计潜力中变得更加敏捷，技术让更多人更有可能投入战斗，门槛更低，而且范围更广。但是，他们正在进入的仍是一个较大的行业，在这个系统中，基础设施陈旧，而且根深蒂固，不容易

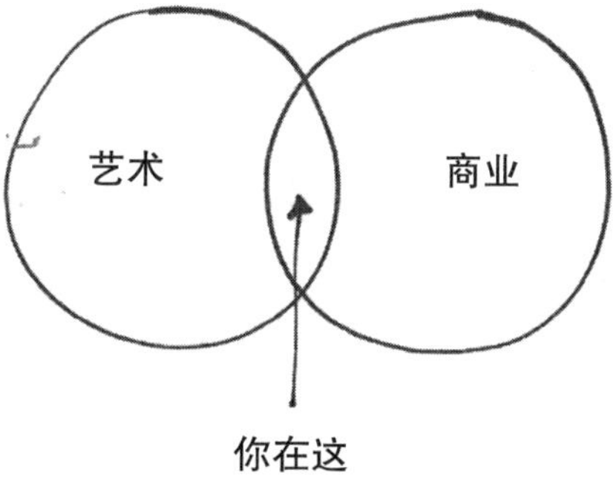

改变。这些在公司和行业内有创造力的信封设计形式仍会一起汇入整个市场这幅巨大的壁画中。不管在其结构或已经嵌入的理念中如何独特和创新，每个组织建成的房子仍存在于市场这个更大的土地之上。有时它还不足以盖房子。你需要考虑地基。

企业在艺术上的主要约束

如果成本结构和收入模式是设计的形式，企业这个媒介的固有局限性和可能性是什么呢？温斯顿·丘吉尔谈及民主时说过："若是没有我们已经尝试过的其他形式比着，民主就是最差的政治体制。"这番话同样适用于资本主义。作为一个艺术家，为了围绕它们进行设计，或改变它们，了解这些限制十分必要。

我把企业在艺术上的主要约束划分为以下几类：

1. 想象力问题

没人可以预测未来。大多数对冲基金的免责声明都会强调与此大同小异的话："过去的业绩并不预示着未来的结果。"然而还是有些人觉得：虽然他们不能预测未来，但是能管理它的风险。这个问题就是纳西姆·塔勒布（Nassim Taleb）所谓的"黑天鹅"。就像股市崩溃一样，黑天鹅是罕见的异常事件。在正态分布曲线中，该事件发生的可能性是逐渐降低的，最后成为一条非常细小的尾巴，也许它发生的可能性只有0.0003%。问题在于，当这些事件发生时，它们会开启一个B点世界，整个风险模型也就不再适用于这个新世界了。2008年的股市危机即是如此。敢于冒险的人出现了想象力问题，在B点世界，这个问题跟我们所有人不可避免地有着千丝万缕的联系。在B点世界，每个人都会大发其财。

2. 利益集中的问题

包括2008年的金融危机在内，很多情况下会出现结构失调，有些人会承受分摊开来的成本，而另一些人则会获得集中性的收益。当不良资产救助计划（TARP）的7000亿美元最初被分配之时，美国大约有3亿人口，分到人头上相当于每人大约2300美元。这并非一笔微不足道的钱，但是，在一个庞大的计划中，2300美元又不足以促使你或我花上3年的时间去跟联邦政府打官司。然而，对于接受了该紧急救助的公司来说，那些钱关乎它们的生死。它们因为集中输送的资金而受益，而我们却要分担那些成本。

日常生活中，如果有人在电梯门或地铁车门即将关闭时跳进或跳出，他们就会浪费电梯或地铁列车中的每个人几秒钟，但那些人却省下了5分钟，不必等待下一趟了。他们获得了集中式的收益，而其他所有人则要分摊相应的成本。然而，如果每次有人为自己节省5分钟，从而为列车上的数百人拖延几秒钟的话，它的总和将会超过5分钟。从整体上讲，每个人的境遇会更糟，只不过分散呈现而已。

企业充斥着这些成本效益匹配失衡的结构性问题。这些问题很多具有全球性公地的结构性特点：如果住在英国的一个小村庄，你想必很想在城镇的公共绿地上放牧自己的羊。但如果人人都在做你正在做的事情，小镇的公共绿地会被啃食殆尽。污染也是按照这种方式起作用的。你自己很容易会随手扔垃圾。一个苹果核有什么？但如果每个人都这样做，散步的路上就会到处散落着苹果核。

分摊成本和集中受益的其他问题不是全球公地问题，而只是地方性的结构问题。20 世纪 70 年代，出现了一个标志性的车尾贴，内容是请求美国政府举办一次烘烤食品售卖活动［烘烤食品售卖活动（bake sale）指父母烘烤出甜食，交给上学的子女，这些学生会把它们卖掉，为某个学生俱乐部筹款，或用于慈善。——译者注］，用以购买轰炸机，它援用的是学校项目的筹资方式。有些事情所需的资金只是从数量庞大的钱堆中取一点零头而已，比如轰炸机或银行家的奖金相比国防预算或交易费用。其他事情则要靠每一分钱都不放过才能筹得资金，比如教师的薪水或烘烤食品销售项目。

这不是应该给银行家和教师付多少薪酬的道德问题，而是为什么会轻而易举地给银行家那么多报酬的结构性问题。从整体上讲，银行家薪酬犹如小河与水库的关系，为买轰炸机而卖烘烤食品式的老师的工资却是一分一分地积攒起来的。技术平台逐渐使得成本分摊方更容易携手合作，通过众包筹集资金，但结构性失衡成为设计的约束。

当美军不得不搞烘烤食品售卖活动才能购买轰炸机，而政府给教师发放足够的薪水时，事情就好办了，花一大笔钱，并因此获得回报比较容易，比如，作为不良资产救助计划的一部分，美国政府到目前为止已经从这些投资上获利，当然，这取决于你怎么看。根据保护公共利益新闻网（ProPublica）的披露，到 2015 年 10 月，美国财政部已经花掉了 6170 亿美元，而把退款、股息、付息、认股权的出售和其他收入加在一起，回报数为 6730 亿美元。即使对于政府来说，这种花大钱赚小钱的权力仍要持有，或如埃德加·布朗夫曼（Edgar Bronfman）爵士曾经说过的："将 100 美元变成 110 美元是工作。将 1 亿美元变成 1.1 亿美元则是挡都挡不住的。"

3. 外部性问题

就其核心看，经济理论是理想化的东西。有人相信市场可以协调自身的行为，因此，我们才得以最大限度地利用稀缺资源。理论上，最贵的就是最有价值的。但市场并不将一切价值物包含在价格之中。不管是积极的还是消极的，市场之外的价值物被称为"外部性"。这些都是经济系统无法掌控的裂缝。

你的时间是企业成本结构的一种外部性。如果时代华纳公司来不及为你架设传输光缆，你付出的时间成本不属于时代华纳显性成本结构的一部分。他们不得不支付员工的工资。对公司来说，为更少的员工支付工资，比如给 8 个而不是 10 个员工付工资，当然更便宜，却加大了某位员工赶不及架设光缆的可能性。时代华纳省了钱，而你付出的代价是不确定和可能耽误的时间。

你承担的成本是相对分散的，而公司获得的好处是相对集中的。同样，没有人会为你第四次要求医疗保险公司赔付所花的时间买单。通常，医疗保险公司也会因浮存金的存在而受益，所谓浮存金即是在整个延迟期间存在你计息账户里的钱，比如报告延迟和理赔延迟。

我经常梦想着有一根魔杖，在我希望世界和平之后，我还希望：即使公司延误了时间，或因为公司的失误，你不得不打电话，却无休止地待机时，公司必须向每个人支付最低工资。它的定价要反映外部性。而且，连同对垃圾邮件收取高额费用一起，在定价时反映造纸废水、环境废物和邮递员的时间会从根本上改变现代西方人对于世人应该如何的认知。

从污染到艺术家的创造性工作，赋予一切事物财产所有权有助于对它们的定价，但我们做得还不够，还没有反映到定价中的成本呈现为设计问题。不管怎么说，作为一个起点，任何时候你看到价格与价值不相等，那时，经济学就失效了。

4. 政治问题

设法证明这种说法是错的：要么通过教育，要么对竞选筹款实行改革，所有的社会问题都可以因此加以改善。这个国家存在特殊利益集团和蒙昧的选民，可想而知，这样的选民难以理解经过激烈的钩心斗角之后出台的上千页的政治分肥立法，此两种人的政治问题是我们最大的经济问题。立法或监管金融服务业的人并不总能很好地领会其意义。而我们这些选民心里就很明白。在已做出的决策中，也存在利益冲突问题，例如：辩护律师和医疗责任事故法律，医疗保险公司和医疗改革。至少，极少见到竞选筹资的改革，急需我们展开讨论。捐款人和游说者成了吹牛大王的一般等价物，大家茶余饭后谈什么成了他们说了算。

我们有责任自我教育，但是大家都很忙。此外，对于个人来说，了解政治制度是利益均沾的，但要是花时间去做相对而言是要共担成本的。

如果我们都耗费时间，整个系统就会获得汇聚式收益，否则，就会承受损失。世界上的信息如此之多，很难充分了解。我个人愿意了解泰诺（Tylenol）的化学机理和比特币的加密算法，且不说选举程序和如何更换漏气轮胎，这些事情可能我穷其一生都无法了解清楚。但跟其他人一样，我仍然有责任为此而振作精神，至少要试一试。

5. 人性问题

人们容易追忆往昔岁月，那时，人们赤脚踏雪，步行上学，来回都要爬山，或者公众人物包二奶，但我们未必知道那些庸俗香艳的细节。尽管如此，人们也很容易感到罗杰·班尼斯特或“最伟大的世代”（Greatest Generation）身上体现的尊严和勇气等传统价值观已经衰落。技术和公司形式接手做的事情越多，人们就会觉得对自己决定应负的责任越少。

适用于计算机和纸的也适用于大规模的联合企业和人性。计算机可以替代对纸张的需求，因为你可以在屏幕上阅读。然而，我们拥有的计算机越多，实际上打印的就越多。同理，公司的基础设施和技术旨在将系统和决策自动化，从而取代人为的错误或行动迟缓。然而，从算法交易（algorithmic trading）到自动驾驶的飞机，拥有这样的系统越多，就越需要人驾驶它们。

6. 公共风险问题

在《杂食者的两难》（*The Omnivore's Dilemma*）一书中，迈克尔·波伦（Michael Pollan）建议我们在周围的杂货店购物，那里有肉和农产品。另外，他解释说：所有食物都是由玉米糖浆和其他玉米副产品制成的。如果我们吃了它，那我们就是玉米做的。金融业同样如此。一整套无关的交易可能突然会跟一个共同的危险因素绑到一起。整个金融系统一不小心就成了玉米制的，也就产生了把一切放在一个地方的常见风险。

例如，有位华尔街的交易员观察美元和日元之间的汇率和相对利率，看到一个做“外汇套利交易”的好机会。这意味着该交易员要以低利率借入日元，将它们换成美元，再买入回报较高的美元。问题在于，如果每个人都这样做，部分美国债券市场不知不觉就成了日元的天下了。

这个问题很难解决，因为它的重心在信息的特有经济特征上。投资策略通常是零和的。犹如足球或橄榄球比赛，只能有一支球队获胜。（一个队赢，为＋1，另一队输，为－1，因此，和为零。）很多机会可能不是双赢的，因此，交易员想要保密，不想让别人知道自己的好点子。他们想要那个＋1。但那也意味着他们可能都在做同样的事情，却谁也不知道。

与监管者或被监管者共享此信息也被视为是棘手之事，因为一旦知道，信息不可能不为人所知。如果我有一个祖传秘方，在我告诉你之前，你不会知道它的价值。但一旦我告诉你，你若能把它记在心里的话，为什么还愿意花钱买它呢？信息的经济寿命使得监督难以做到。但是，如果我们都较好地理解了套利交易，比如问一问实际操作的人，让他们教我们如何做，也许我们能想出更好的方法，既管理好共同的风险问题，也没有揭穿他们秘密的风险。这种限制与只是多赚钱或少赚钱有所不同。这个问题可以说是“个人承担风险会突然变成集体承担风险”。

7. 资本主义无处不在的问题

最后一个问题简单，那就是资本主义无处不在。对任何制度进行重大变革都是严肃和未知的，类似于现代社会的水力压裂技术，它可能有效，也可能无效，目前我们并不知道。由此断定：不了解市场经济的人是我们这个时代最大的政治挑战。

市场失灵与企业战略是同一枚硬币的正反面。在这些问题中，任何一个都会给你一种攫取更多价值的方法，只要你能弄明白如何站到正确的一方。受益于市场失灵是激活你开明自利的一种形式。此外，我会问你两个不同的关乎价值观和道德观的问题，我认为它们的影响力最大，也是决定性的，你完全可以自己问一下自己。

第一个问题：在定义自我利益时，你会有多么狭隘或宽泛？开展大众教育符合你的利益吗？或更确切地说，为社会制造商品或聚敛财富符合你的利益吗？生活在一个人们能接受教育的社会是自利的吗？或者，对于以安·兰德（Ayn Rand）的方式做出贡献而致富的人来说，这符合我们的共同利益吗？不存在一个正确答案，但这些事关个人的价值观和道德观，将确定你是如何认识企业应像一个系统一样运行，以及人们应该如何在这个系统范围内行事。

第二个问题：你有多么在乎理论上或实践中的东西？例如，很多人承认某些政府机构臃肿、管理极差而且官僚主义严重。但是，一说到实际的缺点，你是宁愿接受它的不完美，还是认为理论上是完美的政府，只是没有给人民以安全的保护呢？这个问题的答案决定了你在选举中如何投票，也会告诉你很多如何解决组织问题的办法，或即使结果并不完美，还是会给人们留出遵从规则、寻求自己解决方案的余地，又或者即使会妨碍人们的创造性，还是会制定人们必须遵守的规则。

艺术项目可以是一个公司或组织，甚至包括社会在内，任何艺术项目的现实性在于，至少以我自己较小绘画类项目的经验看，一个项目通常以某种理想化的形式呈现在你的面前。然后，你开始创作，完成一半时，你意识到它与你想象的完全不同。重要之处是在那一点之后发生的一切。

不管是整个社会，还是我们的家庭或工作场所，我们生活的这个世界像是已经完成了一半的绘画。我们很少有空白画布，几乎总是得到很多了，却还是制造自己希望得到的，吃着碗里的，看着锅里的。我们建立 B 点世界并非从零开始，而是从我们居住的 A 点世界开始的。因此，我们全都必须与不完美作斗争。我们可能想要制造一台永动机，然而，我们受到物理定律的限制。我们不得不接受：追求完美充其量只是绘制了一条通向美好和完美的线路。我们的创作永远不会完美，绝对的完美只存在于真空之中。我们的创作会受到共事关系和现存个人环境的限制。

“潜望镜转动”策略

若要解答这些极大的问题，唯一正确的办法就是知道你想的是什么，并与他人进行讨论，不再利用电视和互联网作为传递信息的中介，进行开放式的传统对话。也就是说，资本主义需要民主制度的工具。它需要知情的选民。成为艺术家意味着你要做独立的思考者，独立思考有其最大的政治价值。你想什么不是很重要。重要的是你要想，而且持续地想。

资本主义的设计约束就在于它自身的性质，这就跟油漆过很长时间才会干燥和冰雕雕刻家必须与热抗衡一样。这是一定要面对的局限性，而且还要围绕这种局限性进行设计。它们就是你创作所用材料的部分性质。

对于较少起到规则约束系统的作用，更多的是作为创造性建筑构件的企业来说，无论其效率和机器人结构怎样，它必定是一个由人组成的系统，而且易犯错误，它能够再造，并且为再造做好了准备。套用约翰·肯尼迪（John F. Kennedy）的那句话，不要问经济学能为你做什么，而是要问你能为经济学做什么。请考虑一下：不管是单独的，还是集体的，如果更多的人很好地理解了企业，可以用一种独创性的、富有想象的和艺术的方式思考企业，那会怎样。

作为起点，在对艺术家讲商业课时，我建议最多的有那么几个战略，其中之一我称之为“潜望镜转动”。你盯着自己的项目和目标。你考虑什么不起作用，然后，你花时间升起潜望镜，看看谁还有同样的问题。我的朋友卡罗琳·伍拉德（Caroline Woolard）是一位艺术家，她跟其他人共同创立了一所物物交换经济学校，取名“贸易学校”，是其他开始基本教育项目的所有艺术家的聚集之地。这听起来简单，但对于整天忙忙碌碌、眼界狭隘的人而言，这堪称是革命性的一步。

同样，我经常被艺术家问及如何出售他们的作品，如何找到一家画廊，请它当自己的代理商。这只不过是“如何赚钱和寻求支持”这个比较普遍的问题在艺术领域的具体体现。别人找到一家画廊并不表示你也可以成功复制。在艺术世界的顶层创作跟在好莱坞创作同样都是一个特殊的过程。但如果一位艺术家使用“潜望镜转动”的方法，他可能会发现其他艺术家，那些艺术家跟他干着同样的事，而且是他所钦佩的人。如果这些同类艺术家跟几个其他人一起办展览，对每个人都是一种帮助。事实上，达明·赫斯特（Damien Hirst）是一位非常成功的英国艺术家，他开始做的就是为自己及其朋友组织群展。倘若他没有这样做，他很可能不会达到引人注意的规模，也就不会吸引收藏家查尔斯·萨奇（Charles Saatchi）前来参观展览，更谈不上成为合作伙伴了。

放到公司环境下，当一群制造商或种植户聚在一起，共同组建一个市场时，同样会取得类似的成功合作。乳品协会发起全国性的运动，鼓励人们喝牛奶，人们一般通过当地或区域性的牛奶店购买。通过给每个成员更大的市场份额，集团公司从总体上提升了成功的可能性，但各个成员不会直接形成竞争，因为这在很大程度上是一个区域市场。

潜望镜转动对集体行动的任何需要都会有影响：工作和生活的平衡、系统性的低工资或你在哪里找到自我的个性。你通过合作开发出的模型可能远远超过你自己开发的模型。

最终，企业的设计原则就是价格等于价值，同时，定义价值，想定义多宽就多宽。如前所述，在创作的情况下，这一点极难做到，因为价值是事先无法知道的。如果你专注于创造价值本身，并尽可能地围绕着它设计风险和结构，那么，你就是在建一座房子，也就是独特的商业模式，它就可以与更大的繁荣大都市和行业相连，加入它们的阵营。

第 7 步

反思：培养跨学科思维的超通才

我爱生活。向来如此……但我因其美丽而不爱它。美丽让其裹得严严实实。我是一个真正爱生活的人，但不止于此。我喜欢它赤身裸体。即使难看我也觉得美丽。事实上，我完全不承认丑陋，因为其恶习往往比其美德更高贵，几乎总是更接近于一种启示……

取得成功并且想方设法不犯更大错误的人是精神上的中产阶级。他们止步于成功证明了他们的妥协毫无价值。

他们的梦想何其渺小！

——尤金・奥尼尔（Eugene O’Neill）

置身于杂草，并且借助灯塔导航，我们开发出了管理风险的工具。我们把企业当成创造性的设计媒介而加以培育，把企业这个“信封”看成是与潜在项目这封“信”并行的一个创造过程，而且想方设法在整个过程中不忘从一个更宽广的视角加以观察。为了把这些部分聚合成一个整体，我们需要回到莱昂纳多·达·芬奇那个原始的问题，并且了解一下：如果今天还活着，他会做什么。

跟我们相比，达·芬奇的生活环境有着不同的配置。当他置身杂草时，它们是他能说出名字的杂草。当他提出一个灯塔问题时，他也能建灯塔。作为终极的通才，他立足之处绝对是人类理解力的最前沿。他的能力与其认知的速度相匹配，使其得以发现可知的是什么，然后加以补充，然后再次发现它。

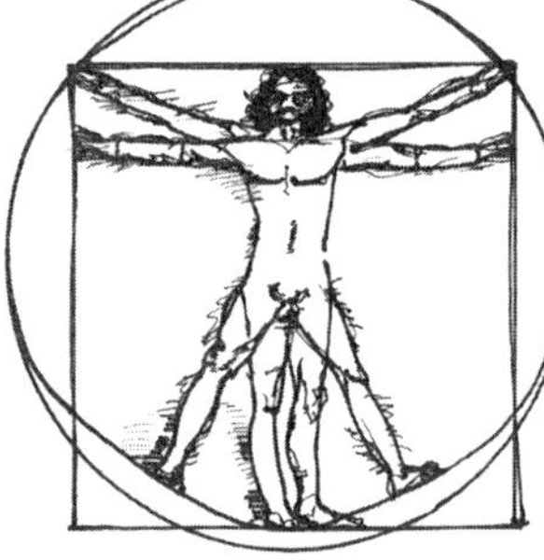

左图：达·芬奇的《维特鲁威人》
右图：姜饼人

这为艺术家这类人设置了高门槛，并引出本书最后一个灯塔问题：通过协作和工程技术，你如何在我们中间创造出一个现代的达·芬奇？在更大的B点世界以及在小而无限的世界中，什么是利害攸关的，是借助于教育的方法创造每一个人吗？我们的切入点是一位艺术家接手一幢大楼，借此希望改变一座城市的故事。

姜饼人和维特鲁威人

毫不夸张地说，克里斯托弗·迈纳（Christopher Miner）是一位艺术家。他拥有耶鲁大学艺术学院艺术硕士学位，并由纽约米切尔-英尼斯与纳什（Mitchell-Innes & Nash）画廊担任他的代理商。在2009年的《纽约时报》上，艺术评论家肯·约翰逊（Ken Johnson）写道："当前，艺术中缺少真实生活。克里斯托弗·迈纳那些极其亲切、有趣和貌似简单的视频是个例外。"

克里斯托弗最新的艺术项目不是一段视频，而是田纳西州孟菲斯市的一幢150万平方英尺的建筑，它正在变成一个城市里的村庄和艺术中心。克里斯托弗在此冒险事业中的第一个合作伙伴是托德·理查森（Todd Richardson），他是孟菲斯大学北方文艺复兴艺术史教授。

我们所说的这幢建筑人称西尔斯同城（Sears Crosstown），或简称"同城"，它是一座如航空母舰般庞大的废墟，自1993年以来，它就一直空荡荡地矗立在那里，门窗紧闭，任由装饰剥落。它是西尔斯·罗巴克公司（Sears, Roebuck & Company）在美国各地自建的十大建筑之一，从20世纪20年代开始，它就被当成是西尔斯百货的区域性超市和配货分销中心。

为了快速找到所需的货物，员工会穿着旱冰鞋在混凝土地面上滑行很长的距离，然后，利用类似行李领取滑道式的装置传输给楼下的包装者。1965年，该大楼每天能够处理高达45000件订单。它就是亚马逊公司成立之前的亚马逊仓库和运送中心。很早之前，这些建筑很多已经改变了用途。波士顿的那座楼就改成了电影院、商店和诊所。西雅图的那座楼成了星巴克公司的全球总部。

孟菲斯的这座大楼于1927年2月开业，它坐落于城市规划中一个位置极好的十字路口，位于该市一片狭长地带的顶端，20世纪60年代，这一地区被夷为平地，本来是为公路腾地方的，公路却从未建成。为了能够看到连接东西海岸的40号州际公路穿过该地，城市规划者将孟菲斯商业区和住宅区之间的一大片区域夷为平地，它的一面是摩天大楼与天相接的空中轮廓，从那里可以俯瞰密西西比河，另一面是住宅小区，向东

一直延伸至郊区的购物中心，最终通向农田。公路没有修建，原因是它要穿越欧弗顿公园（Overton Park）而受到了众人的严厉批评，该公园坐落于一个有历史意义的住宅区内，是一个绿色植物的天堂。1971 年的这个案子被称为“保护欧弗顿公园的公民起诉沃尔普（Volpe）”，这个公园拥护者对抗政府土地征用权的罕见官司一直打到了美国最高法院。结果保住了公园，但在孟菲斯的市中心留下了一块很大的疤。那里的建筑物就像是一块巨大的创可贴，让这个原本城市规划的伤口更加严重，凭空多出了一种空置的压力。西尔斯同城大楼的附近是一片平房，只有它高高矗立在那里，旁边即是一个面积有足球场大小的、被推土机推平的一大堆建筑垃圾。从那个土堆顶上，你可以看到轿车在已经改道的州际公路城市环路上呼啸而过，这为该市增加了一景，坐在海边看波涛拍击海岸。

如果同城大楼能重新规划建设，这个地点会把商业区和其他区域联系起来，就有可能改变这个城市的生活面貌。孟菲斯有几家大企业，比如联邦快递（FedEx）和汽车地带（AutoZone）的全球总部就设在该市，但它也是美国排名第四的最危险城市，每 10 万居民每年就有 1500 次暴力犯罪。

虽然危险重重，但它取决于克里斯托弗和托德的项目在艺术和财务上的成功。他俩做了分工。托德联系当地企业和政府的领导人，为这座更大的大厦寻求合作租户，比如学校、医疗机构和住房供应商。克里斯托弗则要设法把“同城”建成艺术中心，让同城艺术中心成为举足轻重的承租人。

征服这座 150 万平方英尺的建筑就像是在黑暗中安全地横跨大西洋一样。你需要的是一架波音 747，而不是一辆自行车。于是，托德与一个真正的房地产专家小组联手，以期建立一个财务模型。

那时，克里斯托弗和托德已经写好了76页的运营手册，把他们想让同城艺术中心要做的事情都记了下来。该手册对他们来说太重要了，你可以想象它被放在一个手提箱里，就像20世纪80年代偷盗片中的角色丹·艾克罗伊德（Dan Aykroyd）用一个链子拴在手腕上的那种手提箱。他们想建的这个艺术中心的某些愿景类似现有的模型，比如画廊或艺术村计划，但他们开动脑筋，没有照抄照搬这些模式。他们要从头开始重建。

例如，克里斯托弗想要创制一种有机咖啡，参与艺术村计划的艺术家可以饮用，也可供当地商人在附近的就餐地点饮用。克里斯托弗认为咖啡馆将是艺术中心最重要的一部分，对于这个庞大的航母型企业来说，它就是吸引客人前来的秘密武器。但最初，财务团队认为经营一家咖啡馆是一个可怕的想法。从企业角度看，当你不拥有一家食品企业时，管理一家餐饮店就是自找麻烦，会耗费很多时间。他们认为克里斯托弗应将咖啡馆外包给规模较大的专业食品供应商，它们制作三明治的成本会更低。但克里斯托弗不想要它们那样的三明治，也就是那种用玻璃纸包裹的，而且西红柿已经失色的三明治。他想要的是用爱制成的纯食品，是人工烹制的和天然的。如果克里斯托弗的艺术愿景像达·芬奇的维特鲁威人那样完美和完整，他的顾问们想的则是照着标准的财务模型，把它挤进饼干模具，做成姜饼人。

同城项目是一个鼓舞人心的想法，但是，若没有财务模型，它就永远不会实现。克里斯托弗和托德需要财务团队，否则，他们的愿景只会卡在自己想象力的死胡同里。若要克里斯托弗和托德与财务团队配合，他们需要用商业语言进行交流，并且用数字略加补充。若要财务团队与他俩一起工作，克里斯托弗和托德需要他们能够为“是的，和”留出足够的空间，最终能够围绕着“不”展开设计。他们都处在未知的领域，全都没有配备导航设备。

与公司相比，城市较复杂，且较不灵活，而与小团体和个人相比，公司较复杂，且较不灵活。在“同城”这个项目中，该建筑就像是一件艺术品，它的创造者不是单个人，而是一大群人的共同努力。正是研究、调查、规划、协作对话的过程造成了该建筑的设计和成功。就像任何人或团队一样，艺术大师就是此过程本身。

知识体系的结缔组织

他们需要的技能、信息和工作方法要求他们效法《维特鲁威人》的创造者达·芬奇，将一个多人的团队打造成一个通才艺术家。这恰好让他们陷入到如何在现代描述达·芬奇的两难境地：开始的教育结构和艺术在教育中的位置。

自从达·芬奇时代以来，我们的教育课程在数量上倍增，但范围在收窄。11 世纪，英国的剑桥大学提供 11 个学位。18 世纪，它提供 13 个学位。现在，剑桥大学提供 67 个不同的研究领域。相对于整个知识体系的概念，我们生活的时代在学习专业上可谓繁荣昌盛。

与此同时，信息量成倍增长。2010 年，谷歌董事长埃里克·施密特（Eric Schmidt）宣称：我们每两天创造的新信息相当于有史以来至 2003 年创造的全部信息。据微软公司估计，2003 年，计算机服务器管理的全世界企业的数据为 0.005 泽字节（zetabyte）。2013 年，这个数字上升到了 4.2 泽字节。国际数据公司预测，到 2020 年，这个数字将超过 40 泽字节。

现在要成为通才不能靠单打独斗，而是个人好奇心之下的亲身实践与协作对话相结合。这也是自上而下的分类和自下而上的自我定义之间以弱胜强的战斗。

新的超级通才

20世纪20年代，一种叫数字油画(paint by number)的新产品投放市场。它是业余爱好者用的一种套件，包括单张的素描，看上去像是涂色书中的一页，其中的每个分区标上了号码，每种颜色的编号对应着一个调色板。1953 年，该套件在美国售出了 8000 万美元，平均零售价为 2.5 美元。到 1954 年，更多的美国家庭摆设着用这些套件绘制的作品，而不是原创的艺术作品。

一方面，你可以说数字油画套件是一种创新，为人们想要制作某种东西的渴望开辟了一个途径。另一方面，该活动是模板化的。它要求你回答一个问题，不用先设计任务就能完成一项任务。策划在史密森尼(Smithsonian)学会美国历史博物馆展出这些绘画时，小威廉·伯德(William L. Bird Jr.) 称该套件“象征着文化的商业化和机械化”。在有些情况下，文化的机械化不是文化，而是产业。创造力往往被用作推销东西的幌子。而标准化也因为一个独特的故事而被蒙上了一层面纱，生活本身变成了多项选择题的测试，却没有“以上皆是”的选项。

我碰巧喜欢数字油画套件。它们让我产生了怀旧之情。我最喜欢它们未完成时的样子。它们并非因说明书讲的意想不到的方式和独特性而变得迷人，即使有标准的方式，我们还是会在使用中体现出人性和个性。

然而，这些套件却蕴含着道路天注定的理念。如果你遵从这些指示，你就会成功。如果你能掩饰“真我”，你就会步步高升。教育过程是可以让人们形成自我的，每个人都有自己的B点，但令人伤心的是，教育逐渐转向，开始促使人们追求模板化的成就，而非一个不求结果的过程。

2009年秋，耶鲁大学前英语教授比尔·德雷谢维奇（Bill Deresiewicz）在西点军校向新生发表演讲。一年后，他把那次讲话的内容发表了出来，标题是“孤独和领导力”。德雷谢维奇主张：为了有资格就读名牌大学，需要不断地在学校和正课之外做到一点，那就是将超常的学生改造成能以领导者的思维方式思考的领导者，而不是独自思考的技术专家。他的一个学生曾用“优秀的绵羊”一词来形容这些人。他们是“世界级的钻圈圈的人（hoop-jumper）。不管给他们设定什么目标，他们都能实现。不管给他们做什么测试，他们都会以优异的成绩通过”。德雷谢维奇担心我们会培养出一代技术专家式的领导者，而领导者是要能回答没有问及他们问题的人。我们每个人都有这种提出问题，而不只是回答问题的能力。风险在于把它挖掘出来。

威廉姆斯学院（Williams College）艺术史教授迈克尔·刘易斯（Michael Lewis）描述过类似的现象。在给学生测试时，他让学生在枯燥地分析和一个异想天开的问题之间做出选择，例如：“讨论从文艺复兴到19世纪以来巨大楼梯的发展，并举例说明”，与之相对的是：“米德（Meade）将军在葛底斯堡（Gettysburg）战役时睡过头了，南方军赢得了内战；你是新国家首都的行政长官，必须告诉我们你会选择哪些建筑师，以及会向他们发出什么指令。”

在他25年的教学生涯中，他的学生几乎全部放弃了富有想象力的那个问题，而是选择了“枯燥无味和中规中矩”的问题。正如他所写的：

今天的学生比他们的前辈更强；显然他们的社会化程度更高，更乐于助人，并且自律性大大增强。给他们讲课是一种乐事，但他们不冒任何风险，甚至是面对小测验中的一个幽默问题也不找那个麻烦。

能提出问题或对一个不以结果为导向的大问题作出响应是创造B点世界的核心要求。教育本身不是填鸭式地传授知识，而是塑造人。在一个越来越专业化的世界，很难提出一个宽泛的问题，因为有很多信息需要解析。我们想要明确表达的是：作为一位专家仍然可以拥有独创性和广博性的表现方式。我们需要找到一种方法，把葛底斯堡问题的开放性和楼梯历史的狭隘性整合在一起。我们需要将每一个人看成是他们的专业知识和特定世界观的结合体，也就是说，他们有能力回想起楼梯的发展史，也愿意考虑内战的假设。我们需要接受每个人都是多面手，但在某种程度上，都是自我界定和有独创性的人。身份的建构不是一种设计或工程行为，而是一种艺术行为。

重温“艺术和科学”的话题

斯坦福大学是许多硅谷新创企业的发源地，也是著名的哈索·普拉特纳设计学院（Hasso Plattner Institute for Design）的根据地，该学院更为人知的名称是D学院（D. School）。2006年，斯坦福大学决定不只在设计和创业方面要保持一流，在艺术方面也要追求优胜。现在的斯坦福艺术研究所产生自叫作斯坦福挑战（Stanford Challenge）的大型项目，这是一个战略规划和筹资平台，围绕着5个主题展开：人类健康、环境、K-12

教育、国际问题研究和艺术。（K-12 教育指的是从幼儿园到中学毕业之间的教育，K 指幼儿园的 kindergarten，12 指 12 年级。——译者注）

若要了解艺术的首创性，你必须了解一下当时斯坦福大学的另一个项目。从 2010 年到 2012 年，斯坦福大学就本科教育开展了一项研究，由 17 人组成的一个专家委员会对大学本科的课程进行了全面审查。苏珊·麦康奈尔（Susan McConnell）是该委员会的联合主席，她是生物学的苏珊·福特教授（Susan B. Ford Professor）。

有些人认为：在各自领域的一流人才都是很谦和的，苏珊·麦康奈尔就是奉此信仰的人之一。苏珊·麦康奈尔是一位热衷于环境保护的摄影师，也是一位神经生物学家。她的研究涉及神经元回路在大脑中的形成方式。

苏珊·麦康奈尔的委员会发表了关于本科课程的研究报告，其结论是：斯坦福大学的人文学科要求没有起到相应的作用。“听到这一切，教师就会指责学生玩世不恭，但是，错在我们，而不在他们。”读至此，你能感觉到苏珊·麦康奈尔的语气是谦逊和好奇的。

基于此，斯坦福大学取消了核心的人文学科课程，取而代之的是一个“宽要求”的体系。学生可以在 7 个不同领域中选修一到两门课程：美学和解释性探究、社会探究、科学分析、正式的定量推理、迷人的差异性、道德和伦理推理以及创意表达。最后这个“创意表达”意味着斯坦福大学的所有学生都要选修一门制作课程，形式不限。

作为艺术创造性的一部分，斯坦福大学推出了两种计划，加入计划的学生可以选择艺术专业进行毕业设计。其一，苏珊·麦康奈尔和作家安德鲁·托德亨特（Andrew Todhunter）在理科院系启动了毕业反思计划（Senior Reflection）。其二，斯坦福大学艺术学院开设了艺术创意荣誉课程。

苏珊·麦康奈尔和安德鲁的毕业反思计划将作为一个过程的艺术思维和作为一个主题的理科结合了起来。荣誉课程支持艺术和理科相结合的学术研究。同时，他们讲了一个知识体系“结缔组织”的故事，以及作为无畏探索者的艺术家的理念。

自毕业反思开课以来，超过 75% 的学生选修了它。他们花了一年的时间，开发出一个与科学研究相关的项目，并且每周与同事集中研讨该计划。像斯坦福这样的大学，学生必须是学校表现和考试成绩皆好才会被录取，毕业反思项目只根据学生的努力程度和方法给予评分。这就是说，它的构建是围绕着过程，而不是结果。正如苏珊·麦康奈尔所说：“我们乐于看到他们迷失方向和困惑不解，因为这还不够。”

相反，斯坦福大学艺术学院的荣誉艺术课程则基于艺术价值给予评价。学生必须达到一定的平均积分点（GPA）才可以申请，并且要通过竞争择优录取。在被授予荣誉学位之前，他们的最终方案须接受一个专家小组的审查。

2014 年，大四学生乔丹·布莱恩（Jordan Bryan）开发了一个音乐可视化软件，并把它当成自己的荣誉课程毕业设计。要做到这一点，他不得不解决棘手的数学问题，并把对这一问题的解答写成数学论文，因此在数学研究方面取得了实质性的进步。深入钻研数学不会比通过视觉艺术理解数学收获更多，甚至不能更好地理解数学。

从毕业反思计划的理科主修课中，苏珊·麦康奈尔注意到他们发现艺术课程比任何理科都难得多，随后，他们撞上了南墙，却破墙而过，因此产生一种自豪感。当我指出：就像科学家一样，他们的勇敢和好奇心对他们很有帮助时，她说：“作为这个星球上的人！试一试吧！”

当苏珊·麦康奈尔作为一名大学生在哈佛大学学习时，她认识的每个人都主修了艺术课，在哈佛大学，它被叫作“视觉和环境研究”。苏珊·麦康奈尔说她的绘画水平很差，但还是选修了一门绘画课。每周她都会苦苦挣扎。最后一周，她画了一辆自行车。“我只是画了辐条，很是随心所欲。”她的老师从旁走过，说道：“最后你看到它了，不是吗？”

就在那一刻，我表现出了成为一名艺术家的本质，具备了将对目前的敏锐观察和对原创的个性心理感受相结合的能力。前田约翰（John Maeda）是罗德岛设计学院前院长和克莱纳·珀金斯（Kleiner Perkins）风险资本公司第一位设计合伙人，正如他曾经说过的那样，艺术作品就像风筝一样。风常在，但风筝向你表明了它的存在。

当艺术家是人文教育的根本：培养一种世界观，并且首先学会如何学习。努力保持自我的 A 点世界满是考试分数和衡量标准，处处在跳圈。B 点世界是由独特的人创造的。你首先要关注世界，并由此出发。

斯坦福大学的艺术课程计划类似从 STEM 到 STEAM 的变动，该运动是由前田约翰发起的，当时他还是罗德岛设计学院的院长，时间为 2008 年至 2013 年。最初的 STEM 提倡在小学和中学开展科学（Science）、技术（Technology）、工程（Engineering）和数学（Math）教育。从 STEM 到 STEAM 的倡议增加了 A，它代表艺术（Art）。正如约翰在 2013 年《科学美国人》（*Scientific American*）杂志谈及艺术与科学时所说：“二者都致力于提出大问题，它们就摆在我们的面前：‘何为真？为什么它很重要？我们如何推动社会向前发展？’二者都对它们的答案进行了深入探究，只不过常常不得其门而入。”

斯坦福大学的两项计划表明了跨领域对话和结合的重要性，这种学习是把整个大学当成达·芬奇的大脑，以期在两个领域之间或多个领域交互中开辟出新的道路。

建立这些连接点是人脑算法的基础。仍然是在斯坦福大学校园里，李飞飞（Fei-Fei Li）女士是人工智能中心的主任。她训练计算机识别图像，并在此过程中，建立连接网络。在一个典型案例中，让计算机识别一只猫需要采录2400万个结点、1.4亿个参数和150亿个连接。（幸运的是，很多上网的人喜欢猫，所以，李没费多大劲就众包了大约62000张猫的图像来做这件事。）一方面，大脑有能力进行组合运算，它优于计算机，也是训练计算机进行思考所要遵循的模型，另一方面，计算机能更准确记忆的信息是海量的。而且，大问题通常需要很多头脑一起工作。

现在我们将何去何从？它会让我们接受专业化的必要性，但是方式要由我们自己来决定。要想按照观察截面图那样剖析自己的独特性，你需要明确自己几方面的优势领域，然后尽可能宽泛地精通它。就像计算机识别猫的照片，你需要拥有综合多个领域信息的能力，但要从自己独特的视角去看。像“经理人”“计算机程序员”这样的职位可能还不足以向人们表明你独特的才能，你的才能可能横跨几个领域。结果就是职业身份同时变窄和变宽了，而且更难分门别类。

职业身份的问题

就读艺术学院时，我对职业身份的概念感到迷惑不解，大概是我没有的缘故。“那么，你是做什么的？”社交聚会上经常会有人问这个问题，职业身份好像已成为现代人的一个困扰，其实不是。在大基尔特商会（great guild）的众多绘画中，就有伦勃朗（Rembrandt）1642年的杰作《夜巡》（*The Night Watch*），它收藏于阿姆斯特丹国立博物馆（Rijksmuseum in

Amsterdam），大基尔特商会的绘画实际上是一种向世人宣示职业身份的行为。（伦勃朗的画描绘了一群民兵，它就像是一张集体合影，而且他们将自己的名字刻在了盾牌上。）

《夜巡》

清晰界定职业上的自我是我们如何了解他人和认清自己的重要组成部分。想一想自己的工作场所，你可能很容易想到在基尔特绘画中出现的某些东西，比如你所从事职业的用具、工作环境和人们身上穿的明显或不明显的制服。

尽管存在这些表象，专业协会却越来越不清晰。玛希·埃尔博尔（Marci Alboher）写了一本书，描写了给职业加“斜线”的现象，比如，“老师 / 萨克斯管吹奏者”，或“律师 / 部长”。我们感觉职业并列无需加斜杠，可用“女演员－模特”或“医生－研究员”表示，且随着时间的推移而变换。在给艺术家安德烈亚·德尔·韦罗基奥（Andrea del Verrocchio）当了6年学徒之后，莱昂纳多·达·芬奇完成了自己的职业训练，之后，他被吸收进了艺术家、医生和药师等协会。当今社会，出现了同时干两种或两种以上职业的人，原来的“医生–艺术家”值得加上斜线，成为“医生/艺术家”。

只有很少的人拥有与其职业类别完全相符的个人身份，比如完全彻底的经济学家、监狱看守等等。我们都能识别其气质和个性与其职位要求完全吻合的人，而他们是否真的从事那项工作并不重要。卡尔·杰拉西（Carl Djerassi）是一位知识渊博的发明家，在开发口服避孕药方面发挥了作用，他还是小说家，而在他妻子眼里，他是一位化学家。她对他的爱称就是“化学家”，比如，在阅读他的其中一篇手稿时，抬头说道：“化学家，写得不错。”作为一个标签，“艺术家”尤其让人感到忧虑，因为这类职业比较特殊，很多人从事，有些人排斥，却对所有人开放。

跟卡尔·杰拉西是化学家一样，孟菲斯同城项目的克里斯托弗·迈纳是一位艺术家。克里斯托弗是一位很有创造性的人，亲手建自己的房子，其想开的派对并非吃生日蛋糕或开晚宴，或干点什么无关紧要的事，而是在密西西比的夏令营过周末，装扮成著名的美国国家航空航天局（NASA）的科学家。不过，克里斯托弗还有更为普遍的一面，只不过是一个人想做有价值的事情。

如果我们都不得不选择自己的专业领域，而不是成为化学家或保险精算师，那会怎样？界定自己的专业领域意味着你要把自己感兴趣的领域结合起来，从而成为权威的和有独创性的人，使得自己大于自己各个部分的总和。它意味着要在知识体系中开辟出属于自己的路径，也意味着面对铺天盖地而来的海量信息，专业化是必然的反应，但不接受专业化是由其他人选择的一个标签。

界定自己的专业领域

界定自己专业领域的方法多种多样。你的目标是用自己创作的简短故事描述自己。你并非衡量标准，也不是目标人群，更不是一个职衔。你就是一个融合体，在任何时候都像雪花一样不可再生。你的目标是概述，而方法不外乎是指出它们起源的核心，或者勾勒出它们占用空间的轮廓。你的首要目标是要感受到它的乐趣。

你可以从想象自己生活中一幅幅最具启发性的场景开始入手，也就是说，这些场景指的是：如果有人总结你的生活，打算写成故事，可能会讲的诸多逸事。例如，我的妹妹在她自己的婚礼上与乐队一起唱歌，很多人饶有兴趣地欣赏，只不过在上第一道菜之前有点早。在我俩哥哥的婚礼上，她则抓着花束，做了一个网球运动员斜身前冲救球的动作。后来她说："我认为这是一场比赛。"在其他场合，她也是主唱和运动员。相比之下，我通常害怕参与有听众的活动，不想碰卡拉 OK。我更擅长的专业领域应当是将东西连接起来，类似于建一座桥梁。

如果从生活逸事开始不奏效，那就把自己想象成是芭芭拉·沃尔特斯（Barbara Walters）式的采访者，问自己一些意想不到的问题，以期想起某种深刻的认识：

· 若置身于大自然，你愿意成为什么，原木，松鼠，犰狳，河流，还是遥远的星系？或你如何打发时间？

· 如果你不得不成为中学自然课中讲到的某种人们不太了解的动物，你愿意当什么？也许是须鲸，它给人的印象深刻，不过性格温和，而且只吃浮游生物。[这个问题也许最接近于 1981 年那次著名的访谈，当时，芭芭拉 · 沃尔特斯问凯瑟琳 · 赫本（Katharine Hepburn）想成为哪种树。]

· 如果你必须成为某部电影中的角色，你愿意是哪位，为什么？

· 汽车的哪一部分最像你想做的事？由于燃料、发动机运转、马力、踩油门的一只脚等核心部件或构成组合在一起，汽车才得以运行。你会利用想法、魅力或热情发动引擎吗？你能坚持一直推着抛锚的汽车前进吗？还是你更愿意接受导航？你天性更喜欢自行车大小的东西，还是飞机大小的东西呢？

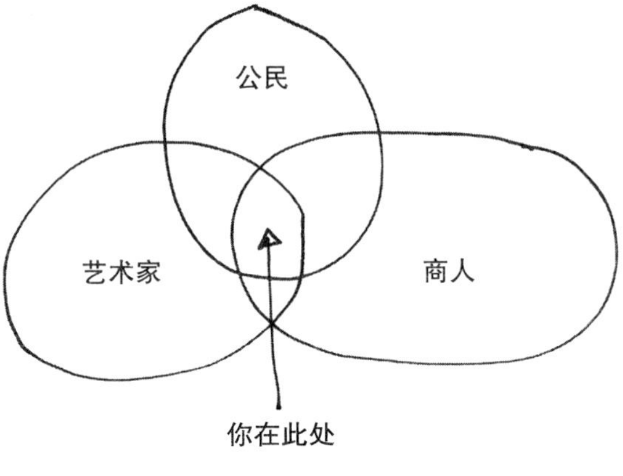

这些练习应该能让你感觉到自己在这个世界上是如何展现和成长的。你正在给自己一个简略的故事。如果目前它还没有和你一起来，你可以把它分解成多个单个问题。去散散步或跟朋友小酌几杯，并且思考以下问题：

· 你在什么时候感到最快乐？

· 最近让你觉得很有成就感的是哪一次，为什么？

· 如果你必须为一个复杂的项目做准备，比如一个大型晚宴、一次董事会会议或产品发布会，你打算如何做？你会潜下心来先制订计划、打电话给你知道能帮上你的专家、委派任务、强调重要性还是拖拖拉拉？

· 说起你时，人们会用什么特定的词描述你？如果你是一个 10 人小组的成员，有人必须用三个字来形容你，而且不能适用于其他人，他们会从何处说起呢？

· 最后，若你可以做任何想做的事情，但必须以某种方式捐助某人，明天你会做什么？

你也可以考虑一下自己是否擅长货币汇率方面的事情。我的意思是说，通常你可以做一些稍稍远离自己舒适区的事情，只不过它们会耗费你更多的精力。这就像是基于不很有利的汇率兑换货币，单位精力的消耗远远超过单位产出。不过，若是事情容易处理，你有可能会事半功倍。你能想到哪些事情十分艰难，哪些事情可以轻松地处理，而且你还会沉浸其中吗？这些方法表明了哪些事情是你喜欢的，以及随着时间的推移，哪些是最适合你的。

要想把这些想法付诸实践，你需要在自己的工作场所尝试弄清楚自己擅长的领域。尤其是当人们干着相似的工作时，看看你是否能够辨别他们的独特方法。例如，我的朋友玛格丽特（Margaret）从事业务拓展的工作。她的同事干的也是业务拓展，请让我叫他史蒂夫（Steve）吧。但这就是他们的相似之处。史蒂夫想方设法追求大量的新客户。他像是一个猎巨兽的猎人那样“看守”着他们。相比之下，玛格丽特则是扫视一群人，立即发现哪些人是可以培养的。她是一位园丁。

另外一人在一家大型美国公司任职，请允许我叫他萨姆（Sam）。他说当他环视与自己共事的营销和产品团队时，他看到了很多农夫，很少是渔民。就像园丁玛格丽特一样，萨姆看到了很多可以耕种土地，并且能经受住不确定性折磨的人，很少有人敢冒大风险，抛线撒网。他看到的更多是守成的人，而不是冒险者。

最终，界定自己的专业领域会让你在真实身份的构建中成为一名艺术家。它会让你把激励自己的、如何解决问题的以及你知道和想知道的所有碎片拼在一起。

技术是弄清自己专业领域的一个方面，方式如下：当我们在第四章探讨股权时，技术使得管理小股票的投资组合成为可能。拆零比用大块构件使管理更加容易。花费较少的协调成本，技术可以管理零碎的组件，这种能力是我们当今时代的主要标志之一。像优步这样的公司消除了运输的中间环节。许多领域的工人（包括优步的司机）成为独立的自由职业者，他们汇聚成形形色色的网络，而不再是受雇于某家公司的员工。在确立自己的优势领域时，你同样可以自行设计一个体系，保护自己持有的权益。技术本身可以为自己绘制一幅更精细的图像，从而明确自己是什么样的人。有些人会称之为“你的品牌”。它也是你的财产，而当面对“如何以及为什么要活在这个世界上”这些最基本的问题时，它就是你的导航方法。

人们对于可能存在的特殊性有一个基本的信仰，这个理念就是每个人都是匠心独具的。虽然你做的工作各种不同的人都可以胜任，但是你做的方式与众不同，方法独特，因为这就是你这个个体如何立于世的一种延伸。你在利用自己的能力提出问题和全身心地投入工作方面差别越细微，这个世界和你所在的组织就会越成功。

通用插座

在这个越来越要求我们跨越理解上的巨大鸿沟，增进对话的世界，除了明确优势领域外，每个人还需要尽可能地精通它们，并充分运用一系列的技能。这并非需要掌握一套知识体系，而是一系列技能，人们据此可以与其他人建立联系，精通其他领域，并且理解其他人认为正确的方法。对于律师来说，它可能就是辩论的逻辑。对于化学家来说，它可能是科学方法。对于剧作家来说，它可能就是故事的结构。

想象一个小孩子玩的形色配对积木，它有圆柱，可插入圆孔，也有方柱，可插入方孔，而我们需要变成一个玻璃球，可以穿过两种孔洞。我们要能够接收任何领域的信息，变成可以插入任何东西的通用插座。这些都是用于方便携带和连接的工具。

在你确立自己优势领域的特殊性时，不妨考虑以下在其他领域培养这种接受能力和素养的习惯。在业余时间，看看你能否采用一种“分区要求”的做法。文理学院的课程设置要求你选修人文、社会科学和硬科学的课程［硬科学（hard science）指物理学、化学、生物学、地质学和天文学等自然科学。软科学（soft science）则指社会科学或行为学，如政治学、经济学、社会学和心理学。——译者注］，以同样的方式，看看你能否在日常生活中加以应用。下次去机场时，阅读《科学美国人》，而不是买一本商业杂志或生活杂志，或者相反。我母亲是中世纪史学家，她在机场时会阅读《哈佛商业评论》（*Harvard Business Review*）。下次若遇到某人对你觉得无趣、晦涩难懂的事情感兴趣，看看你能否产生根本的转变，对它产生好奇心。下次阅读报纸时，不妨从你通常会跳过不读的版块开始看起。

生活在一个比以往更加专业化的世界里，我们需要承担很多道义上的责任，专家就其各自的专业领域向众人做出解释就是非常现实的责任之一。作为专家，你有责任了解自己的专业领域以及该领域与每个人的福利相关的重要问题，但需要在何种程度上为人所理解呢？

在某种程度上，我父亲是从事某一专业的科学家，才华横溢，有很多地方让我钦佩，他似乎真的很高兴向任何人解释他的专业领域是怎么回事，这是最让我佩服的事情之一。在他最喜欢的一种酶中，他非常喜欢某个蛋白质序列，而且穷其一生都在研究多发性硬化症，但你若要问他这是一种什么病，他会解释说这就好比是一棵树的树皮出了问题。的确如此，神经细胞看上去就像是一棵树，而多发性硬化症就是髓鞘上的一片疤痕，而髓鞘是神经元“树干”周围的绝缘物质。之所以能用“树皮”加以解释，源自此人写过至少 7 本书，本本讲的都是髓鞘。[多发性硬化症（multiple sclerosis）简称 MS，病灶位于脑部和脊髓，是常见的中枢神经系统非外伤性疾病。人体自身免疫系统攻击和破坏髓鞘就会导致多发性硬化症的发生。在自身免疫反应引起的炎症消停后，无数受到破坏的神经纤维会留下疤痕，称之为“硬化”。由于该疾病在整个中枢神经系统多个地方随机出现，所以，多发性硬化症意为“很多疤痕”。——译者注]

就粒子物理学、人体循环系统或人工智能而言，我们能了解多少？我们赞成邀请我们入门的人，他们会想方设法为我们讲解，由浅入深，引导我们挂上一挡和二挡，而不是要求我们从还在旋转着的三挡发动汽车。

邀请人们进入到其他领域是一种亲切善良的行为，差不多就是一种教育。这种热情好客使得它能把很多不同背景的人聚在一起，共同致力于解决大型的复杂问题。

凭借自己拥有的优势领域和共有的玻璃球的适应性，我们变成了便携和多孔的通用插座，让我们变得有独创性的那个核心价值将我们锚定，让我们彼此对话的那个网络把我们相连。正如夸梅·安东尼·阿皮亚（Kwame Anthony Appiah）所说："那是新思维的发生之地，却不在任何人的两耳之间。"

亚当·斯密是一位艺术家

谈及职业身份这个话题，隐藏在本书背后充满智慧的神秘人物是经济学的创始人亚当·斯密。事后他被贴上了"经济学家"的标签，但在他开创这一领域之前，他不可能是经济学家。从这个意义上讲，他是一位艺术家，他开创的领域是他创造的B点世界。

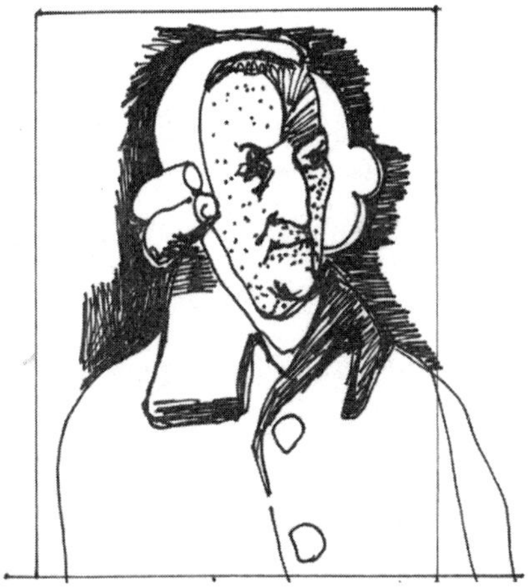

亚当·斯密是一位艺术家

1776年，亚当·斯密发表了《国富论》（*The Wealth of Nations*），从而奠定了经济学的基础，并提出了那个著名的比喻"无形的手"，也就是说，如果我们的一切行为都是精明自利的，它就会成为引导市场的力量。但在此之前，亚当·斯密是苏格兰的一位道德哲学家。沃尔特·白芝浩（Walter Bagehot）是《经济学人》的创始编辑，在《文如其人的亚当·斯密》（*Adam Smith as a Person*）这篇精彩却晦涩的文章中，他称斯密是“最无条理的人之一”。他是“一位笨拙的苏格兰教授，显然是个书呆子，专注于抽象思维。他从未做过任何形式的交易，可能从来没有赚过什么钱，即使有，也不会多于6便士。他的心不在焉令人惊叹”。曾经有人要求斯密签署一份文件。他没有写自己的名字，而是在他应该签名的那条线上面“精心模仿了”一个签名。还有一次，爱丁堡鱼市一位出摊的工人认为斯密显然疯了，即使穿衣打扮很好，却很不相称，“误认为他是一个挣脱了锁链的白痴”。斯密4岁时被吉卜赛人绑架，后来被送回，反思其童年时的这段插曲，斯密的传记作者约翰·雷（John Rae）说：“恐怕他原本想做一个贫穷的吉卜赛人。”

在A点世界，亚当·斯密看上去不像是经济学的创始人。200多年前，他还写过一本《道德情操论》（*The Theory of Moral Sentiments*），那本书讲的不是贸易，而是“同情”的重要性，同情即是换位思考的能力。斯密强调了想象力和移情作用作为社会黏合剂的重要性。开始写《国富论》时，他并不打算写经济学，而是想讲解人类的进步史，不完全是一个没有野心的计划。正如白芝浩所写：

> 在其作者心里，《国富论》只是很多书中的一本，或只不过是他打算写的一本巨著的一部分。……他不仅想要追溯种族的进步，也想追溯个人的进步；他想阐明天生没有多少才能（他是这样认为的）的每个人是如何学会很多杰出才能的。他想要回答的问题是：不管是种族，还是个人，人是如何明白何为人的？

斯密碰巧在重商主义时代提出了灯塔问题，而重商主义强调国家层面的囤积财富。当时，人们普遍认为，为了国家的富裕，必须将已得财富限制在国境之内。重商主义的反面是贸易，斯密支持贸易，认为那样会让所有的社会更加富裕。在此过程中，他描述了市场这门社会科学。他创造了我们现在生活的 B 点世界，从这方面看，他是一个艺术家。经济学体系的基础一旦创立，它就会被再次创立。

当今的大问题

跟斯密一样，我们全都可以选择自己的问题，并尽可能以我们喜欢的古怪或个性的方式跟它们展开对话。你不必是一位艺术家，甚至不必是一位理想主义者。不管我们制造什么都会成为我们的 A 点，因此，创造 B 点有其必要性。敢冒与众不同、失败和得不到证明的风险是我们觉察下一个普通环境的方式。

我们之所以为人的基础在于我们有创造力。从最广泛的意义上讲，艺术是我们展现在世人面前的任何东西。我们每个人都必须选择在多大的范围内成为自己生活的艺术家。它可能是你的家人、工作或邻居。你可能是一个实业巨头，或做一番伟大的事业。你可能与其他人协作或独自工作。从最广义上讲，每个人既是艺术家，也是商人，也都是公民。

这些领域结合在一起，共同回答当今的大问题，仅举几例，其中就包括环境和学生借款，大规模监禁的性质和现代战争的结构，不断增长的医疗费用和为竞选筹款改革立法的难题。

若将艺术思维方式应用于大学教育，我们可能会就“何为学习”提出一组全新的问题，甚至可能重新定义“什么是大学”。大学具有非营利的地位，却无法避免资本主义式的增长，比如需要变得更大，提供更多的服务，竞争大学排名等，对此，我们可能会有不同的理解。我们不妨看看最近一些大学的资本扩张项目，不管是已经规划好的，还是已经实现的，并想象一个这样的教育世界：教育变成了杠铃，两头大，中间细小，那些获得巨额捐款的大学和销量巨大的网络教育得以生存，那些通过大量举债扩大规模的大学不是被迫关闭，就是捉襟见肘了。大学关闭并成为住宅区的想法似乎令人费解，而在工厂的工人看来，纽约索霍区（Soho）未来变成豪华住宅区和高档购物区同样难以理解，要知道，20 世纪 40 年代，工人每天都在该区出出进进，到了 60 年代和 70 年代，艺术家还在购买他们的阁楼。

我们可能对网络教育和大学的关系有不同的理解，有些大型开放式网络课程（MOOCs）成为实体大学的一个分支，其他的则不满足于此，变成了技术平台创业公司。我们会看到大学继续分散化，再次呈杠铃式的两极化，一边是尊贵的和终身教授制的教育体系，一边是自由兼职教授组成的网络，作为自由人，这些教授最终会拥向创业教育平台。白天有员工上班的写字楼一般都有会议室，它们也会被人预订，以便在晚上用作教室。教育会成为房地产开发的一个问题。学历也可以碎片化，以契合上班和非工作时间的空隙，好比数码照片的一个个像素，可以根据情况重新设置一样。所需要的无非是提供学习证明文件的服务，大学除了教书育人之外，还要发放文凭，而如果能用图片或图表来反映每个学生的技能和知识，证明学生学到了什么，它很容易就可取代学历教育。

我们可以重新考虑人们为教育付费的方式。在学生负债达到 1.2 万亿美元时，我们看到人们正用创造性的方法帮助解决学生债务问题。比如，占领华尔街（Occupy Wall Street）运动的罢免债务（Strike Debt）委员会已经在二级市场上尽可能以极低的价格购买了400多万美元的学生债务，然后免除了这些债务。俄勒冈大学提议给学生以选择权，让他们自己决定现在付学费，或是在职业生涯的头20年里每年把收入的3%付给大学。不管学生主修工程还是艺术，比率都是相同的。这些解决方案是实验性的，尚处于早期阶段，但它们暗示将来会有更多的工作可做。它们现在好比处于1英里跑4分钟1.4秒，使得突破1英里4分钟的屏障看上去触手可及。

在思考环境是当今的一大问题时，我们不妨考虑一下集体行为这个难题，不是从使用低瓦数灯泡和回收利用的角度看，而是像活动家和作家比尔·麦吉本（Bill McKibben）那样追问：如果地球温度上升2度，这个世界将会怎样。科学家们认为，如果石油公司将其储备的石油全部开采出来，地球的温度会比现在上升得多得多。然而，这些石油储备未来的收益已包含在这些公司的股价之中。我们该如何理解这些看似矛盾的信息呢？公司的价值评估与大环境的研究似乎拧着劲。理解价值评估和气候科学的关联是一个非常复杂的问题。复杂的问题需要创造力和跨多个领域的专家集体行动才可以取得进步。

在近代，技术领域出现了很多最伟大的发明，但与此同时，众多的发明也引发了很多大麻烦。如果可扩展技术非常重要，我们如何保护不可扩展技术的空间，以便我们不会完全失去它？在基于保护少数人利益的机制而建立的民主国家，如果计算机可以按照算法学习和思考，那么，当我们使用数学按照概率训练计算机，计算机模型开始永久保存大多数人的见解时，那会是怎样的情形呢？

作为一种媒介，技术使得之前从无可能的集体行为成为可能。如果有位政治家厚着脸皮假装征求某科技企业家的意见，其实是为后面要钱打掩护，那么，该企业家会把他的经历发到网上，很多人就会给那位政治家的竞争对手捐5美元。每有资源的集中，技术就会使得集体行为更容易积聚在方程的另一边。通过技术无缝整合很多较小行为人的能力，利益的分散和集中问题重新获得平衡。这些相同的平台可以帮助我们全都拥有小部分自己的创造之物，通常越来越接近可以代表非货币的和整体的价值，而与此同时，以市场术语讲，价格代表价值。

最终，在这个过程中，不管是单打独斗，还是携手合作，我们都是创造者。我们始终在创造东西。我们交友、活出价值、犯错、尝试、维修、制订计划、安排时间、生孩子、打赌、制作卡片、绘画、做报告、架桥、竞选、辩论、尽心尽力、体验和策划活动。还有艺术创作，以及谋生。不管项目大小，通过参加并产生影响，表达善意，展示才能，以及共同努力，所有人都在创造价值，贡献自己的一份力量。你可能得到名誉，也可能得到报酬。你可能知道或不知道自己行为会产生什么影响。我们很少是从一张白纸开始的，实际上是吃力地拉着这个笨重的世界，使之更接近我们心目中的理想境地。

显而易见，艺术的创造性火花存在于以下这些人的工作之中：数据库设计者，税收筹划师，消防员，教师，警察，职员，汽车维修工，客服代表，图书馆员，泥瓦匠，知道如何用混凝土建楼梯的人，让狗静坐并摆姿势照相的人，不害怕将其年少的孩子赶出家门、让他们到新的城市找一份新工作的人，以及本身属于“在制品”、还没有成熟到无需改变习惯的“成品”人。

再贡献

2015年2月21日，距离最初西尔斯同城在孟菲斯开业88年之后，新的同城破土动工。5年前，艺术家克里斯托弗·迈纳和艺术史家托德·理查森首次凝视这个笨重的庞然大物，想知道他们可以用它做什么。从产生想法、破土动工一直到重新装修那几年里，他们已经在街对面开了店面，得到当地慈善家、银行和政府官员的支持，并组建了一个更大的专家团队，这个“达·芬奇”是由很多不同人的双手和头脑组成的。该团队包括建筑师、设计师、工程师、民选官员、神职人员和商界领袖，甚至还有一位医生兼神学家。托德不愧是艺术史学家，他称他们这一组合跟建造佛罗伦萨大教堂（Florence Cathedral）穹顶的团队涉及的角色和职业大致相同。

随着日期的临近，孟菲斯却赶上了一周的鬼天气。温度从感觉温和直降到了零度以下。人行道上结了一层薄薄的冰，一直到还十分青翠的阔叶山麦冬边缘。我从纽约乘坐飞机赶往孟菲斯，最后半小时，飞机不祥地颠簸起来，在穿越了雨雪区和能见度为零的湍流之后，飞机落地，飞行员的操控像芭蕾舞般精确，我几乎要哭了。

奠基仪式那天是星期六，这是你想待在家里的那种日子，但该项目的活力和集体所有的感觉让每个人走出了家门。建筑本身看上去已被摧毁，正被赎回和重新利用，很多窗户消失了，它的外壳看上去像是一个身体很强壮但需要治疗的橄榄球中后卫。在仪式上，两个大型的桁架婚庆帐篷立在同城办公室的临时店面后面。主帐篷里挤满了老老少少。在一队孟菲斯人蜂拥而入时，克里斯就站在外面，从一个巨大的蓝红色高尔夫伞下面，用快活的艺术眼光扫视着人群。

托德起身启动仪式，他发现了他们一开始要追寻的那个问题，那是一种基本而普遍的“这岂不是很酷吗”的感觉。随之而来的合作导致了一个迄今为止通用而丰富的项目。每个人都心中有数。斯特利·凯茨（Staley Cates）是一位慈善家，他是在项目的最初阶段支持最大的人之一，那天他没有参加，因为那个周末他的女儿大学毕业，他要去参加毕业典礼，这是一种众人完全认同的价值观。

克里斯托弗和托德始于相似的全景生活方式，即用宽阔的视角看待他们自己的生活，托德仍在大学工作，克里斯托弗则是一位职业艺术家。他们已经在问题的引导下，从杂草中蹚出了一条道路，进入到拥有很多积极主动的内部成员和外部合作伙伴的地带，来到了破土动工的时间点。该建筑会成为艺术中心和医疗机构、办学资源和住宅楼。它将以自己的方式帮助保护这座城市的生活，也是一个吃午饭和交谈的场所。

该项目的规模令人惊叹，一方面，经历了无数次的对话，而另一方面，维修的灰缝足够长，以至于如果把它们首尾相连，长度会达到360英里。

克里斯托弗、托德及其合作者恰好站在艺术和商业之间。一方面，他们要创建一个艺术中心，给人们一个休闲的去处；另一方面，它会从经济上重振这个城市，存在现实的必要性，这需要他们在财务、组织和个人方面加大投入，才能将如此宏大的设想变成现实。他们已经开始考虑2012年的财务状况，开始与潜在的租户联系，并向政府和金融机构接触，筹集翻新所需要的资金。同城筹集了2亿美元，资金来源有20多个，既有公共资金，也包括个人投资。太阳信托银行（SunTrust）带领一个贷方财团，以优先债的形式投入8000万美元。太阳信托银行社区资本公司（SunTrust Community Capital）通过联邦新市场免税计划（New Market Tax Credits program）达成了5600万美元的交易。高盛城市投资集团

（Goldman Sachs Urban Investment Group）通过联邦历史免税计划（Historic Tax Credit program）投资3500万美元，孟菲斯市捐赠1500万美元。孟菲斯市长沃顿（A. C. Wharton）说：“对这样一个规模巨大的项目，目前绿灯不是很多；整个世界都是由红灯构成的。”但是，不管怎样，他们做到了。5年间，该项目从开始时“如此奇异，以至于人们同意召开会议讨论”，一直到破土动工，最后变成了现实。

他们工作的尊严与创造性带他们走到了暂停下来庆祝的那一刻。就在同城空旷却坚定地矗立在雨中时，被风吹雨打的帐篷因为唱诗班和铜管乐队的存在而变得活跃起来，还有一位市长和一位县长，不管来的地方是近还是远，大家彼此交谈，洋溢着本地人的自豪感。

大家共同建起的不像是一座建筑，更像是一个社区。银行家和市民以及从医疗服务提供者到一所当地大学的参与，使得租户达到了一定的量，确保了此项目的成功，而且在某些情况下，筹集资金使得该建筑的改造如此成功，以至于它本身就像是一个艺术项目，而筹资是税收减免和融资复杂而有趣的结合。

奠基仪式马上就成为结束和开始，成为很多工作的高潮和新过程的起点。在意志和信心、决心和信仰、乐观主义和坚持到底的奇特组合促进下，团队继续前进。托德说：“我们永远不会对前进的道路失去希望。我们只需要找到它。”他们的口号是“发出你的光和热，走到目之所及的尽头”，此后，再次前行。

致谢

本书的问世得益于很多人，他们既是“信”，也是“信封”，一路之上，他们陪伴我探索理念，诚挚地向我提供写作的空间和时间。

首先，我要感谢阅读本书“在制品”的慷慨读者。当我无疑置身于草丛时，伊桑·克莱恩（Ethan Kline）、萨布丽娜·莫伊尔（Sabrina Moyle）和杰夫·惠特克（Jeff Whitaker）阅读了完整手稿的第一版。萨布丽娜最初建议我阐述创造力的分类法，并把她围绕着此主题记的长长的笔记送给我。

在负重前行的阶段，迈克尔·约瑟夫·格罗斯（Michael Joseph Gross）是可靠而明智的领路人。他教会我很多，他目前写的是关于体力的书，我得承认，那书稿也让他付出了真正的体力。

维罗妮卡·罗伯茨（Veronica Roberts）是一位真正的同事朋友和朋友，正是从她那里我才对索尔·勒维特和伊娃·黑塞有所了解。希瑟·诺林（Heather Nolin）提供了达·芬奇和佛罗伦萨货币的文献笔记，极为有用。朱迪丝·普罗达（Judith Prowda）分享了她在艺术法方面的专业知识。不用说，若有什么错误，那也是我造成的，而且我也无意进军竞争激烈的艺术史领域。

其他读者也很有助益，包括马特·阿尔斯多夫（Matt Alsdorf）、马西娅·康纳（Marcia Connor）、娜塔莎·德根（Natasha Degen）、克里斯蒂娜·费兰多（Christina Ferando）、史黛西·古特曼（Stacey Gutman）、丽莎·基茨林斯基（Lisa Kicielinski）、萨莉·克莱恩（Sally Kline）、玛莎·奥尼尔（Martha O' Neill）、埃米莉·鲁宾（Emily Rubin）、戴维·特泽（David Tze）、乔纳森·特泽（Jonathan Tze）、伊夫林·斯彭斯（Evelyn Spence）和伊莱恩·惠特克（Elaine Whitaker）。在飞往利比里亚的飞机上，在南乔治亚岛度周末时，在附近的米色小隔间里，喝酒的时候，走在蓝人乐团（Blue Man Group）外面的人行道上，都有人在阅读本书的手稿。非常感谢每一个人。

从本书的信封角度看，我非常感谢以下朋友和家人，他们慷慨地给我提供栖身之地，让我可以在工作之余专心写作：希瑟·诺林（Heather Nolin）、赫伯特·艾伦（Herbert Allen）、哈罗德·瓦默斯（Harold Varmus）、康斯坦斯·凯西（Constance Casey）、贝弗利·蔡平（Beverly Chapin）、罗西（Rosie）和迪克·古特曼（Dick Gutman）以及达比·英格利希（Darby English）。其他朋友包括彼得・墨菲（Peter Murphy）、奥黛丽・蒂尔（Audrey Thier）、乔纳森・克卢特（Jonathan Cluett）、科妮莉亚・奥尔登（Cornelia Alden）、朱莉・卡洛（Julie Carlo）、佐伊・吴（Zoe Woo）和珍妮弗・庞塞（Jennifer Ponce），他们邀请我去度假，以便在做客期间还可以写作，让我感觉自己像是最幸运的外国交流生。

与哈珀・柯林斯出版集团的团队合作既荣幸，又愉快：霍利斯・海姆鲍奇（Hollis Heimbouch）在出版界就像是《星球大战》中尤达（Yoda）那样的智慧大师，给我写本书的机会，并始终给我以指导。斯蒂芬妮・希区柯克（Stephanie Hitchcock）理解我想做的事，并使之更加完善，指引我走上一条明智而坚定的道路。在早期的编辑中，科琳・劳里（Colleen Lawrie）提供了很有创见的建议。非常感谢哈珀・柯林斯很多其他的人，包括主编辛迪・阿查尔（Cindy Achar）和出版编辑尼基・巴尔德奥夫（Nikki Baldauf），在他们神奇的指导下，一些基础材料变成了一本书；感谢莎拉・布罗迪（Sarah Brody）为本书设计封面和威廉・罗托（William Ruoto）的内部设计；感谢文字编辑汤姆・皮托尼亚克（Tom Pitoniak），他是一位对语言及其形式的优雅而老式的保护者。对于一本讲述在职责范围内如何实现创造过程的书来说，我尤其要感谢很多在商务方面促成本书的人，包括高级公关经理尼克・戴维斯（Nick Davies）和高级营销经理彭妮・马克拉斯（Penny Makras），以及我在哈珀・柯林斯公司的电梯上不期而遇的凯西・施奈德（Kathy Schneider）、道格・琼斯（Doug Jones）和莱恩・马歇尔（Len Marshall）组成的销售团队，并且莱恩・马歇尔跟我的编辑一块还担任这个项目的“制片人”。我还要感谢席娃・雷兹瓦尼（Sheiva Rezvani）在给作者照相时极大的耐心和幽默，感谢我的经纪人皮拉尔・奎因（Pilar Queen）对本项目的信任，以及对本书成功面世的指导。

感谢本书中文版译者黄延峰，他很认真负责，每遇不理解或拿不准的，就跟我沟通交流，确保译文准确无误。感谢北京时代华语国际传媒股份有限公司的编辑马利敏和兰红新，感谢我的版权代理人黄家坤（Jackie Huang）和苏珊·霍布森（Susan Hobson）。

本书开始时，我还是曼哈顿下城文化协会（Lower Manhattan Cultural Council）工作空间驻村计划（Workspace program）的作家，感谢曼哈顿下城文化协会，感谢梅利莎·莱文（Melissa Levin）、威尔·彭罗斯（Will Penrose）、肖恩·卡罗尔（Sean Carroll）、克莱尔·麦克纳尔蒂（Clare McNulty）、萨姆·米勒（Sam Miller）、武田凯（Kay Takeda）和工作空间驻村计划的同行，尤其要感谢德鲁·多诺万（Dru Donovan），他建议我要想方设法见到我要写的人，于是就有了探访哈珀·李的冒险之旅；还要感谢塔克·越梅斯特（Tucker Veimeister）、贝丝·罗森博格（Beth Rosenberg）及其曼哈顿下城文化协会莎拉·韦尔多内写作奖（Sarah Verdone Writing Award）的那个大家庭。

很多文章的编辑让我有机会表达自己的想法，他们有《快公司》的克里斯·丹能（Chris Dannen）、《艺术21》（*Art21*）的凯利·辛德勒（Kelly Schindler）、《建筑设计》（*Architectural Design*）的客座编辑萨曼莎·哈丁厄姆（Samantha Hardingham）和《众多》（*The Millions*）的马克斯·玛吉（C. Max Magee），克里斯·加文（Chris Garvin）也给我提供了机会，他邀请我以“设计和商业”为题在学院艺术协会（CAA）的小组委员会上发表演讲，还有跟我合写《艺术产权的社会生活》（*The Social Life of Artistic Property*）的卡罗琳·伍拉德（Caroline Woolard）、比尔·波辛达（Bill Powhida）、迈克尔·曼迪伯格（Michael Mandiberg）和巴勃罗·埃尔格拉（Pablo Helguera），加入这个小组之后，我第一次提出了艺术家所有权的论点。

很幸运，我跟很多人交谈、通信或正式访谈过，我提及的只是一部分，但他们全都慷慨地付出时间：安东·安德鲁斯（Anton Andrews）、娜塔莉·鲍尔斯洛普（Natalie Balthrop）、卡门·班姆巴什（Carmen Bambach）、安德烈亚斯·贝赫托什（Andreas Bechtolsheim）、尼尔·布卢门撒尔（Neil Blumenthal）、布莱恩·博伊尔（Bryan Boyer）、安娜·康塞尔曼（Anna Counselman）、马修·德莱吉特（Matthew Deleget）、威廉·德雷谢维奇（William Deresiewicz）、安东尼·多尔（Anthony Doerr）、卡罗尔·德韦克（Carol Dweck）、埃德·埃平（Ed Epping）、路易丝·弗洛伦科特（Louise Florencourt）、托马斯·福格蒂（Thomas Fogarty）、迪克·福斯特（Dick Foster）、丹尼尔·吉尔伯特（Daniel Gilbert）、戴夫·吉鲁阿尔（Dave Girouard）、尼尔·格拉博伊斯（Neil Grabois）、海迪·哈克默（Heidi Hackemer）、斯蒂芬·辛顿（Stephen Hinton）、戴恩·霍华德（Dane Howard）、希沙姆·易卜拉欣（Hisham Ibrahim）、克莱尔·约翰逊（Claire Johnson）、杰西·约翰逊（Jesse Johnson）、拉扎·卡恩（Raza Khan）、迈克尔·刘易斯（Michael Lewis）、李飞飞（Fei-Fei Li）、马特·梅森（Matt Mason）、苏·麦康奈尔（Sue McConnell）、比尔·麦吉本（Bill McKibben）、克里斯托弗·迈纳（Christopher Miner）、肖恩·莫斯-普尔茨（Sean Moss-Pultz）、休·缪齐克（Hugh Musick）、道格·纽堡（Doug Newburg）、亚历山大·冯·佩法尔（Alexander von Perfall）、莱斯利·佩罗（Leslie Perlow）、里卡多·普拉达（Ricardo Prada）、西蒙·派尔（Simon Pyle）、杰斐逊·拉布（Jefferson Rabb）、埃文·拉特利夫（Evan Ratliff）、詹姆斯·雷多赫（James Reddoch）、玛米·莱因戈尔德（Mamie Reingold）、J. P. 鲁埃尔（J. P. Reuer）、托德·理查

森（Todd Richardson）、丹·罗姆（Dan Roam）、威尔·罗森茨维格（Will Rosenzweig）、汤姆·萨克斯（Tom Sachs）、彼得·斯科特（Peter Scott）、米利亚·苏厄德（Melea Seward）、韦斯利·特尔·哈尔（Wesley ter Haar）、马修·蒂夫斯（Matthew Tiews）、珍妮弗·特雷纳·汤普森（Jennifer Trainer Thompson）、艾琳·沈（Eileen Tram）、埃米·瑞斯尼斯基（Amy Wrzesniewski）、乔纳森·齐特林（Jonathan Zittrain）、玛丽·朱伯（Mary Zuber）和亚拉巴马州门罗维尔整个镇的居民，尤其是道恩（Dawn）和阿尔·布鲁顿（Al Brewton），还有就是克里斯·阿尔德（Chris Ard）、康妮·巴格特（Connie Baggett）、史蒂夫·比利（Steve Billy）、帕齐·布莱克（Patsy Black）、南森·卡特（Nathan Carter）、汤贾·卡特（Tonja Carter）、罗伯特·钱皮恩（Robert Champion）、哈维·加斯顿（Harvey Gaston）、埃里克·古尔德（Eric Gould）、约翰·格赖德（John “Doc” Grider）、罗伯特·马龙（Robert Malone）、蒂姆·麦肯齐（Tim McKenzie）、克里西·内特尔斯（Crissy Nettles）、K. T. 欧文斯（K. T. Owens）和康拉德·沃森（Conrad Watson）。

我感谢哈珀·李、罗杰·班尼斯特、托马斯·福格蒂和本书所讲故事中的所有人。其他人的前期研究也很有帮助，尼尔·巴斯康普写罗杰·班尼斯特、韦斯·桑蒂和约翰·兰迪的那本精彩的《完美的一英里》尤其有用，还有查尔斯·希尔兹（Charles Shields）写哈珀·李的书《反舌鸟》（*Mockingbird*），史蒂文·利维写惠特菲尔德·迪菲的《加密》及其在《连线》杂志写迪菲的文章，罗恩·鲁宾（Ron Rubin）写弗雷德·勒博和纽约马拉松的书《全都是为了一件 T 恤》（*Anything for a T-Shirt*）。我还想向已故的唐纳德·基奥（Donald Keough）致敬，他写的《避免生意失败的十条戒律》（*The Ten*

Commandments of Business Failure）很早就给我以启发。

我很幸运生活在一群慷慨的人之中，包括桑尼·贝茨（Sunny Bates）、前田约翰和罗里·里格斯（Rory Riggs），他们向我介绍了很多我要写的人和主题。同样幸运的是，陌生人的善意让我感动，包括罗杰·班尼斯特之前的邻居，他跨越大西洋给我邮寄了一个包裹，还附上了一封短信，尽管我从未见过埃米莉·福伦德（Emily Forlund），而且她也不是安东尼·多尔的经纪人，她仍然介绍我认识了多尔。

很多位我的老师帮助我了解本书的论题，并学会如何教、学和研究：梅根·巴斯（Megan Busse）、埃德·埃平、詹姆斯·福西尔（James Forcier）、迈克·格利尔（Mike Glier）、伊娃·格鲁金（Eva Grudin）、加里·雅各布松（Gary Jacobsohn）、大卫·莱弗里特（David Leverett）、迈克尔·刘易斯、保罗·麦卡沃伊（Paul MacAvoy）、特德·马默（Ted Marmor）、巴里·纳尔巴夫（Barry Nalebuff）、莎伦·奥斯特（Sharon Oster）、帕特里夏·菲利普斯（Patricia Phillips）、内森·谢德洛夫（Nathan Shedroff）和杰西·谢夫瑞（Jessie Shefrin）。特别感谢斯莱德艺术学院的布鲁斯·麦克莱恩（Bruce McLean），他首先鼓励我开始教授商业课程。

从以下学校和机构的同行、学生和讲习班学员身上，我也学到了很多东西：威廉姆斯学院、罗德岛设计学院、加州大学艺术设计策略MBA班、设计艺术硕士学位的视觉艺术产品学院、苏富比艺术学院、曼哈顿下城文化协会、创意资本公司、纽约现代艺术博物馆、艺术家资产（Assets for Artists）计划和琼·米切尔基金会（Joan Mitchell Foundation）。

除上述诸位外，我还要感谢：朱利安·阿布迪（Julian Abdey）、格雷格·阿尔伯斯（Greg Albers）、玛希·埃尔博尔（Marci Alboher）、约翰·亚历山大（John Alexander）、罗希尼·阿洛伊修斯（Roshinee Aloysius）、凯茜·阿尔特（Casey Alt）、盖尔·安德鲁斯（Gail Andrews）、卡洛斯（Carlos）和利兹·阿奈斯（Liz Arnaiz）、克里斯蒂娜·巴德（Christine Bader）、阿加特·德拜连库特（Agathe de Baillencourt）、埃米莉·巴尔茨（Emilie Baltz）、露西·贝茨－坎贝尔（Lucy Bates-Campbell）、凯茜·巴蒂斯塔（Kathy Battista）、亚历克斯·比尔德（Alex Beard）、特雷·贝克（Trey Beck）、乔安娜·贝里特（Joanna Berritt）、约翰娜·布莱克利（Johanna Blakely）、赫丽斯塔·布拉奇福德（Christa Blatchford）、史蒂夫·布拉德（Steve Blood）、萨拉·博丁森（Sara Bodinson）、玛丽·利兹·布伦尼克迈耶（Mary Liz Brenninkmeyer）、尼克·布朗（Nick Brown）、克丽丝蒂·布赖斯（Kristy Bryce）、艾琳·布克曼（Irene Buchman）、克里斯多夫·伯韦尔（Christopher Burwell）、莱斯莉·卡德曼（Lesley Cadman）、蒂莫西·凯奇（Timothy Cage）、 贝德福德·卡彭特（Bedford Carpenter）、埃米·凯谢尔（Amy Casher）、格雷·塞西尔（Grey Cecil）、安吉洛·陈（Angelo Chan）、埃德里安·奇蒂（Adrian Chitty）、阿伦·肖希诺夫（Allan Chochinov）、格利高里·克里斯蒂安松（Gregory Christianson）、珍·楚（Jane Chu）、乔纳森·克兰西（Jonathan Clancy）、亚历克斯·克拉克（Alex Clark）、珍妮·克拉斯（Jeanne Classe）、凯特琳·康德尔（Caitlin Condell）、彼得·康克林（Peter Conklin）、伊丽莎白·康罗伊（Elisabeth Conroy）、黛安娜·库克（Diane Cook）、艾比·科弗特（Abby Covert）、亚当·克兰德尔（Adam Crandall）、马克·克罗斯比（Mark Crosby）、亚历克斯·达比（Alex Darby）、克丽茜·达斯（Chrissy Das）、维吉尼亚·戴维森（Virginia Davidson）、安娜·登普斯特（Anna Dempster）、卡拉·戴安娜（Carla Diana）、尼科·迪奥斯（Nico Dios）、朱迪丝·多布任斯基（Judith Dobrzynski）、德鲁·多诺万（Dru Donovan）、布鲁克·唐

顿（Brook Downton）、劳拉·爱德华兹（Laura Edwards）、卡丽·埃阿萨尔（Kari Elassal）、查克·埃利奥特（Chuck Elliott）、奥斯卡·埃斯特韦斯（Oscar Estevez）、埃里克·法比安（Erik Fabian）、波莱特·费伊（Paulette Fahy）、希瑟·费恩（Heather Fain）、摩根·福尔克纳（Morgan Falconer）、玛丽亚·菲格罗阿（Maria Figueroa）、埃迪·菲什曼（Eddie Fishman）、艾莉森·方斯（Allison Fones）、马库斯·福克斯（Marcus Fox）、雷内·弗里德曼（Renee Freedman）、盖尔·弗里卡诺（Gail Fricano）、吉姆·弗里卡诺（Jim Fricano）、阿德莱德·富勒（Adelaide Fuller）、詹妮·格斯滕（Jenny Gersten）、杰茜卡·格莱泽（Jessica Glaser）、亚历克斯·格劳伯（Alex Glauber）、亚当·格利克（Adam Glick）、丹尼尔·戈德曼（Daniel Goldman）、玛丽莲·戈德曼（Marilyn J. S. Goodman）、埃琳·格兰菲尔德（Erin Granfield）、蒂莫西·古拉（Timothy Gura）、奥利维亚·古特曼（Olivia Gutman）、保罗·古特曼（Paul Gutman）、戴维·哈伯（David Haber）、伊丽莎白·冯·哈布斯堡（Elizabeth von Habsburg）、马克·哈德利（Mark Hadley）、乔纳森·海特（Jonathan Haidt）、罗杰·黑尔（Roger Hale）、诺尔·霍尔（Nor Hall）、布拉德·哈格里夫斯（Brad Hargreaves）、黛比·哈里斯（Debbie Harris）、马特（Matt）和杰茜卡·哈里斯（Jessica Harris）、珍妮·希思（Jeanne Heath）、珍·霍勒伦（Jen Holleran）、詹妮·霍尔泽（Jenny Holzer）、詹森·赫夫（Jason Huff）、凯瑟琳·英曼（Catherine Ingman）、彼得（Peter）和贝姬·爱尔兰（Becky Ireland）、达比·杰克（Darby Jack）、冈纳·雅各布松（Gunnar Jakobsson）、皮特·詹森（Pete Jensen）、安娜·乔布森（Anna Jobson）、杰西·约翰逊（Jesse Johnson）、玛丽·泰勒·约翰逊（Mary Tyler Johnson）、乔治·贾斯特（Jorge Just）、

朱莉亚·卡甘斯基（Julia Kaganskiy）、塞文·耿（Sewon Keng）、萨拉·凯（Sara Kay）、盖布里尔·凯尔纳（Gabrielle Kellner）、金基范（Kibum Kim）、汤姆·柯克（Tom Kirk）、凯蒂·克兰（Katy Kline）、查尔斯·纳普（Charles Knapp）、埃里克·克尔贝尔（Erik Koelbel）、洛丽·科尼盖伊（Lori Kornigay）、莫利·库齐厄斯（Molly Kurzius）、乔舒亚·拉克特（Joshua Lachter）、贝弗莉·莱顿（Beverly Layton）、蒂姆·莱贝雷希特（Tim Leberecht）、桑迪·李（Sandy Lee）、卡蒂·伦敦（Kati London）、比尔·朗（Bill Long）、莎伦·劳登（Sharon Louden）、史蒂文·麦基弗（Steven MacIver）、盖伊·马利松（Guy Mallison）、艾伯特（Albert）、彭妮（Penny）、丽莎（Lisa）、史密斯（Smith）和修·马洛里（Hugh Mallory）、马尔科·马丁内斯（Marko Martinez）、帕蒂·马克斯（Patty Marx）、劳拉·麦卡锡（Laura McCarthy）、布伦娜·米德（Brenna Meade）、玛丽娜·米哈拉奇斯（Marina Mihalakis）、三方洋子（Yoko Mikata）、安德鲁·米勒（Andrew Miller）、科里·莫德斯特（Corey Modeste）、萨莉·莫伊尔（Sally Moir）、斯科特（Scott）和波特·蒙哥马利（Porter Montgomery）、马尼·莫里斯（Marney Morris）、埃姆斯·莫斯普尔兹（Eames Moss-Pultz）、克莱尔·马尔登（Claire Muldoon）、莫·马伦（Mo Mullen）、温迪·姆万迪亚（Wendy Mwandia）、桑迪·奈恩（Sandy Nairne）、舍尔沃内·奈克勒斯（Shervone Neckles）、乔纳森·尼尔（Jonathan T. D. Neil）、路易丝·迈·纽伯里（Louise Mai Newberry）、卡罗尔·奥克曼（Carol Ockman）、克里斯廷·奥格登（Kristin Ogdon）、格里·奥尔斯多姆（Gerry Ohrstrom）、阿曼达·奥利森（Amanda Oleson）、艾梅·奥尔森（Amee Olson）、海蒂·奥尔森（Heidi Olson）、巴里·奥尼尔（Barry O’Neill）、凯蒂·奥伦斯坦（Katie Orenstein）、谢夫·奥蒂斯

（Sheff Otis）、热纳瓦·奥弗霍尔泽（Geneva Overholser）、珍·帕内塔（Jane Panetta）、梅利莎·珀尔曼（Melissa Pearlman）、斯蒂芬妮·佩雷拉（Stephanie Pereira）、伊丽莎白·佩尔冈（Elizabeth Pergam）、维罗妮卡·佩桑特斯（Veronica Pesantes）、洛厄尔·佩蒂特（Lowell Pettit）、普瑞斯·皮尔斯（Prish Pierce）、乌拉·皮塔（Ulla Pitha）、丹尼尔·波尔斯比（Daniel Polsby）、凯蒂·波尔斯比（Katy Polsby）、简·波斯特马（Jan Postma）、艾莉森·布（Alyson Pou）、卡基·里德（Kaki Read）、朱莉·莱特（Julie Reiter）、陶森·雷梅尔（Towson Remmel）、萨拉·理查森（Sarah Richardson）、杰恩·瑞友（Jayne Riew）、埃丝特·鲁宾逊（Esther Robinson）、保罗·鲁森（Paul Roossin）、珍·罗克（Jen Rork）、玛丽·罗泽尔（Mary Rozell）、约翰·拉斯特姆（John Rustum）、邓肯·扎纳（Duncan Sahner）、戴维·索瓦热（David Sauvage）、阿利克斯·施瓦茨（Alix Schwartz）、劳伦斯·施瓦茨（Laurence Schwartz）、安迪·塞尔（Andie Sehl）、吉尔·塞尔斯曼（Jill Selsman）、尼古拉斯·塞罗塔（Nicholas Serota）、丹·塞瓦尔（Dan Sevall）、丽贝卡·谢金（Rebecca Shaykin）、杜威（Dewey）和特丽萨·西福德（Teresa Sifford）、劳拉·西尔弗（Laura Silver）、伊桑·斯莱文（Ethan Slavin）、辛克莱·史密斯（Sinclair Smith）、蒂姆·史密斯（Tim Smith）、德洛雷斯·斯诺登（Delores Snowden）、德米·斯帕迪德斯（Demy Spadideas）、弗雷德里克·斯皮尔斯（Frederick Speers）、朱丽叶·斯普特斯（Juliette Spurtus）、迈克尔·邦吉·斯塔尼尔（Michael Bungay Stanier）、亚历山大·史蒂文森（Alexander Stevenson）、丹尼斯·史蒂文森（Dennis Stevenson）、芭芭拉·斯特龙金（Barbara Strongin）、柯克·戴维斯·斯旺哈特（Kirk Davis Swinehart）、卡尔·塔什安（Carl Tashian）、曼蒂·塔沃库（Mandy

Tavokol）、库里安·塔拉坎（Kurian Tharakan）、鲁希·蒂尔（Ruthie Their）、埃斯特尔·汤普森（Estelle Thompson）、乔·汤普森（Joe Thompson）、科琳娜·蒂尔（Corinna Till）、亚力克斯·特里克特（Alex Trickett）、萨拉·范安登（Sarah Van Anden）、珍·范德梅尔（Jen van der Meer）、莱昂内尔·贝拉斯克斯（Leonel Velasquez）、丽贝卡·沃尔默（Rebecca Vollmer）、梅格·沃斯伯格（Meg Vosburg）、鲍勃利·瓦尔策（Bobbly Waltzer）、肖恩·沃特森（Sean Watterson）、艾丽森·韦弗（Alison Weaver）、艾丽西亚·韦施勒（Alicia Weschler）、亚历克西·惠特克（Alexi Whitaker）、杰克·惠特克（Jack Whitaker）、沃伦·伍德芬（Warren Woodfin）、盖理·伍德利（Gary Woodley）、苏珊·沃思曼（Susan Worthman）、盖尔·卡伦·扬（Gayle Karen Young）、李俊贤（Li Jun xian）、艾格尼丝·延（Agnes Yen）、亚历克斯（Alex）、詹姆斯（James）和威廉·阿布迪（William Abdey）。

我尤其要感谢托马斯·费伊（Thomas Fahey）、约瑟夫·詹（Joseph Tjan）、大卫·安德森（David Anderson）、埃丽卡·施林德拉（Erica Schlindra）、埃琳·哈西特（Erin Hassett）、杰西卡·亨利（Jessica Henry）、塞缪尔·曼（Samuel Mann）、罗泽迈瑞·马里恩（Rosemerie Marion）、罗谢尔·卡茨（Rochelle Katz）、安德烈亚斯·圣马丁（Andreas San Martin）、克里斯托弗·舒尔茨（Christopher Schultz）、乔舒亚·齐姆（Joshua Zimm）、罗伯特·穆诺茨（Robert Munoz）、珍妮弗·普拉森西亚（Jennifer Plascensia）、斯蒂芬妮·琼斯（Stephanie Jones）和伊丽莎白·瓦格纳（Elizabeth Wagner）。没有他们的帮助，我是不可能写出这本书的。

感谢我的妈妈伊莱恩（Elaine），她是一位非常严谨的学者；感谢我的姑妈贝弗莉（Beverly），她是讲故事的高手，也赋予我们生活以动力；感谢我的妹妹斯泰茜（Stacey），她真心实意地经商办企业；感谢我的哥哥杰夫（Jeff），他是我家的原创艺术家。有些人已经去世，却常驻我们的心田，其中就有我的父亲，感谢他们。

由衷地感谢北京时代华语国际传媒股份有限公司的编辑马利敏和兰红新、译文出色而孜孜不倦的译者黄延峰、安德鲁·纳伯格联合国际有限公司北京代表处的优秀团队黄家坤（Jackie Huang）和孙敬（Jenny Sun），以及纽约麦考密克出版公司（McCormick Literary）的苏珊·霍布森（Susan Hobson）。

在本书写作期间，有人拯救了我的生命，有人让我完全成了“值得拯救”的人。谢谢诸位。

埃米·惠特克

图书在版编目（CIP）数据

深度工作7步法 / (英) 埃米·惠特克著；黄延峰译.
-- 北京：北京联合出版公司，2018.6
ISBN 978-7-5596-0940-3

Ⅰ. ①深… Ⅱ. ①埃… ②黄… Ⅲ. ①商业模式－研究 Ⅳ. ①F71

中国版本图书馆CIP数据核字（2018）第042186号

著作权合同登记号 图字：01-2018-0966

深度工作7步法
作　　者：（英）埃米·惠特克
译　　者：黄延峰
总 发 行：北京时代华语国际传媒股份有限公司
责任编辑：孙志文
封面设计：红杉林文化
版式设计：姜　楠

北京联合出版公司出版
（北京市西城区德外大街83号楼9层 100088）
北京市松源印刷有限公司印刷　　新华书店经销
字数220千字　　700毫米×1000毫米　1/16　　18印张
2018年6月第1版　　2018年6月第1次印刷
ISBN：978-7-5596-0940-3
定价：59.80元